古代技術史攷

古代技術史攷

横 山 浩 一 著

岩波書店

目　次

Ⅲ　考古学からの問い

I 刷毛目技法の研究

——技術史の細部 1

第一章　刷毛目調整工具に関する基礎的実験

はじめに

土器の上には装飾のほかに、製作の過程で生じた種々の痕跡が残っている。それは粘土のつぎ目であったり、粘土をおさえた指の跡であったり、また、製作中の土器の面を叩き、削り、なで、磨いた跡であったりする。前の工程で生じた痕跡は、後の工程でかき消されてしまうことが多いが、部分的に残っていることも少なくない。

これらの痕跡は土器製作技術の復原に重要な手がかりを与えてくれる。理想をいえば、土器の上に残ったあらゆる痕跡の意味が、一点もあまさず明らかにされていることが望ましいのである。本稿では土器の上に残るさまざまの痕跡のなかから、従来その意味を正確に理解されていなかった刷毛目《はけめ》を選んで研究の対象とした。

ここでいう刷毛目とは、原始古代の土器・土製品の内外面にしばしば見られるところの、密接した多数の平行条線を指す。これは土器の製作中に器面の凹凸をならすため、なんらかの工具で器面をなでつけた痕跡である。別に陶磁史の上では、陶器に刷毛で釉がけをする際、釉薬のカスレを意識的に残したものを刷毛目とよぶが、これは本稿の対象とは無関係である。

刷毛目をつけながら器面を調整する技法は弥生時代の開始期に九州の北部に定着したのち、しだいに日本の全土にひろまり、土器製作の基本的な技法の一つとしてながく継承された。この技法が盛んに適用された範囲は、弥生式土器、土師器、埴輪、擦文式土器、須恵器等々にわたり、現代の民芸的陶器や祭祀用土器の一部にもその名残りをとどめている。

刷毛目が今日まで、まとまった形で研究の対象とされなかったのは、それがあまりにも通有の、些々たる痕跡であり、また一見、乱雑無秩序な外観を呈しているからであろう。しかし、筆者は実物の観察と工具の試作実験によって、この乱雑無秩序な現象のなかにも整然たる法則がひそんでいること、また、この些細な現象がやはり歴史の大きな動向とかかわりを持っていることに気づいた。以下に、刷毛目調整に使われた工具がいかなるものであるかを論じる。[1]

一　刷毛目調整工具に関する従来の諸説

土器・土製品につけられた細密な平行条線の名称として明治時代から慣用されている「刷毛目」という言葉は、使用工具についての厳密な検討を経ることなく使いはじめられ、学界に定着したものである。(1) すでに指摘されているように刷毛のような柔かなもので粘土の表面をなでつけても、刷毛目と称されている平行条線は生じない。大部分の刷毛目が、刷毛ではなく、刷毛よりもさらに剛い工具によってつけられていることは現物を観察すれば明らかである。

そこで、刷毛目調整の工具として、以前から刷毛以外のいろいろのものが想定されてきた。発掘報告書等には刷毛目調整の工具を草茎の束、ササラ状工具、櫛状工具、櫛ベラ等の言葉で表現したものがある。これらの言葉は構造の詳細な説明を伴わないで使われているが、執筆者の考えをおしはかると、草茎の束、ササラ状工具の場合は、刷毛より硬いが刷毛に似た構造を持ち、若干の弾力性のある工具が想像されているようである。櫛状工具、櫛ベラの場合は、さらに硬くて弾力性のない工具が想像されているようである。いずれも、刷毛目調整の工具として、刷毛よりも硬く、弾力性の少ない工具を考える点では一致している。

刷毛目工具の構造を具体的に論じたものは少なく、わずかに賀川光夫氏の説と、小林行雄・佐原真両氏の説があるにすぎない。賀川氏の説[2]は刷毛目調整の工具と、刻目文、櫛歯文、櫛描文の施文具とは同じものであるという認識を基礎にしている点に特色がある。同氏は、一つの工具でこれらの痕跡が生じ得るとすれば、その工具は断面V字形もしくは舟底形の先端に刻目を付したものであるはずであると推定した。氏の記述に従って試みに図をえがくと第1図a・bのようなものになる。

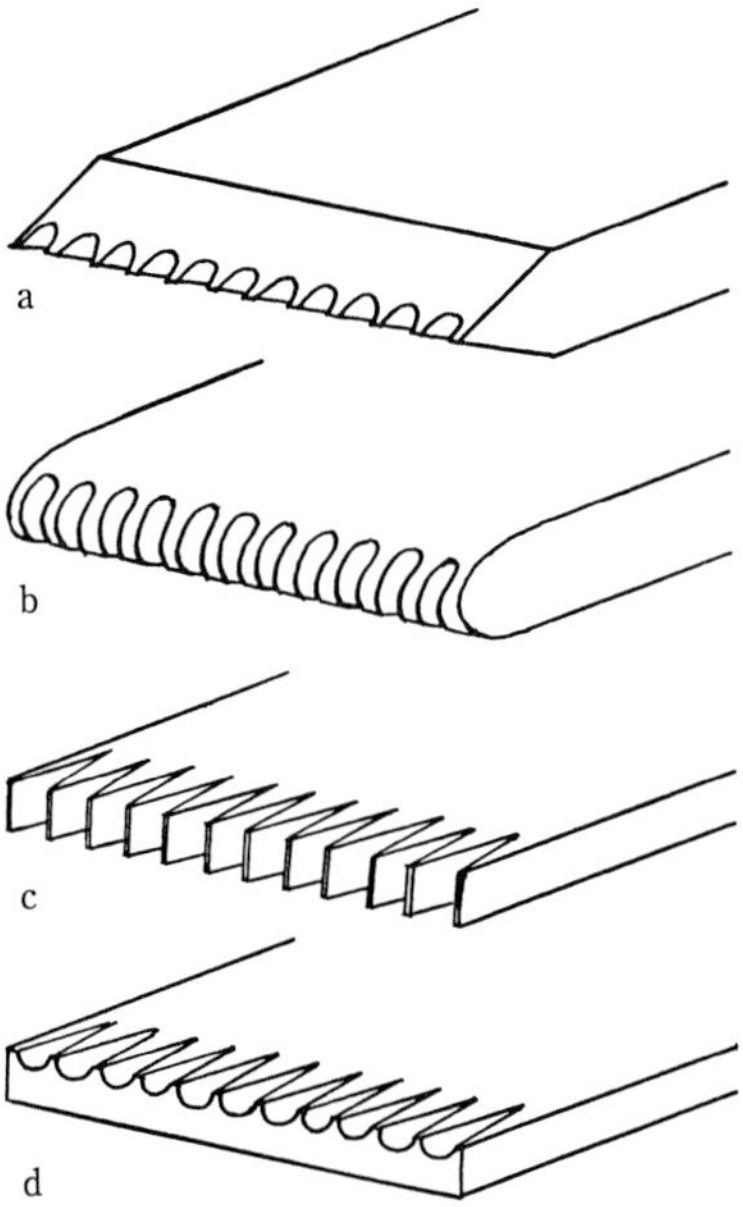

a・b　賀川説　　c・d　小林・佐原説

第1図　従来考えられていた刷毛目工具

小林・佐原両氏の考える工具は薄板の先端を直線に切り、(1)ここにこまかい切り込みをいれて櫛状にしたもの、(2)切り込みを片面のみにいれたもの、(3)自然の柾目の凹凸を利用したものの三種である。[3] 両氏の記述に従って試みに図をえがくと第1図c・dのようなものとなる。(3)の場合を除くと、賀川氏、小林・佐原両氏とも、刻目をいれた竹木製品を考える点では一致している。

刷毛目工具の形を具体的に考えた説としては、上記両説のほかに坪井正五郎氏の注目すべき意見がある。これは大野雲外氏の論文(4)に引用された坪井氏の旅行日記に見えるもので、古く発表されたため現在の研究者から忘れ去られていたが、筆者の考えに近い説が述べられている。

大野氏が引用する坪井日記の一節は、伊勢神宮所用の土器を製作している簑村（現三重県多気郡明和町）在住源七方を見学した時の記録である。同工房で製作している土器に刷毛目のような筋がついているので、どのような方法でつけたかを質問したところ「杉板を長き間土こすりに使い居ると木目が漸々顕れて来る、これにて擦ると如斯《かくのごとき》跟付くなり」という回答を得た。これについて坪井氏は「埴輪の筋も此の如くして附けしならん、祝部提げ壺の渦線も或は同様ならんか」という意見を付記している。つまり、刷毛目はスギ板の木目の擦痕であるというのである。坪井氏はいわゆる埴輪柴垣説(5)を唱え、埴輪の刷毛目を重要な論拠としていたので、特に敏感に祭祀用土器の刷毛目に注意したのであろう。

ところで、以上列記した諸説は、刷毛目工具を木・竹のような比較的硬い材料でつくられていたと考えるのであるが、刷毛目とよばれているもののなかには少数ながら、木竹製の工具でつけたとは思えないほど繊細かつ細密なものがあって、これが問題を複雑にする。賀川光夫氏はこれらの繊細な刷毛目を通常の刷毛目とは区別し、その工具として、真正の刷毛や藁様の細い繊維を想定している。(6) また横山英介・直井孝一・石橋孝夫の三氏は、北海道の土師器にクマイザサの葉およびトクサの葉でつけた刷毛目のあることを報告している。(7)

以上が刷毛目調整工具に関する従来の考えであるが、筆者が刷毛目の実物の観察と、工具の試作実験によって到達した結論は、これまでの諸説とはかなり異なったものとなった。節を改めて、まず結論をさきに示し、次いでその論拠を述べることとする。

二　刷毛目調整工具は一枚の板である

刷毛目調整用の工具はきわめて単純なものである。それは製作途上にある土器の表面をかきならし、なでつけるための一枚の木の板にすぎない。形状や大きさには多少のバラエティがあったであろうが、最も単純な形としては、掌に握れる程度の大きさの、長方形ないし方形の薄板を想像すればよい。工具とよぶに値しないほどの簡単なものであるが、これで刷毛目工具としての役割を十分に果すことができる。この板には従来考えられていたような刻目その他、複雑な工作は一切必要としない。刷毛目調整工具が備えるべき最低の要件は、板の一端が材の繊維方向と交差して一直線に近く切り整えられていることである。

このような板の切り整えられた一端を粘土にあてがい、粘土をなでつけると、粘土の上に自然と平行した多数の条線があらわれてくる。あらかじめ板に刻目を付していないにもかかわらず、粘土の上に条線があらわれるのは、板が自然に備えている木目に原因があるのである。

板の木目が粘土の上に平行条線を生じさせるにいたる経過については、二つの可能性を考えておかねばならない。日本の原始古代にはまだ製材用の縦挽き鋸がなく、板の製作はもっぱら打ち割りの技法でおこなわれていた。割り取られたままの板の表面は、鋸で挽かれた板ほど平らでなく、かなりの凹凸がある。このような板の表面を平らに削り整えてから工具として使用したか、あるいは、凹凸を残したまま、木口を切り整えただけで工具として使用したかによって、その後の経過に若干の違いが生じる。

まず第一の場合、すなわち、木口以外の面をも平らに削り整えた板を使った場合について述べよう。

日本のような温帯に生育した樹木は木部に年輪を持っている。一つの年輪において樹心に近い部分は、春に形成されるので春材(早材)とよばれ、粗い軟かな組織から成っている。樹心から遠い部分は夏に形成されるので夏材(晩材)とよばれ、緻密な硬い組織から成っている。[8] 板をもって粘土を擦過すると、軟かい春材部は急速に摩耗するが、硬い夏材部は摩耗が遅れる。この摩耗の遅速が板の粘土に接する部分に凹凸を生ぜしめ、その凹凸の軌跡が粘土の上に条線として残るのである。

粘土との摩擦による板の摩耗は机上で想像しているよりも急速に進行する。従来、刷毛目工具について種々の誤解が生じたのは、この点について認識が欠けていたからである。試みに鋭利な刃物を用いて、柾目板の柾目面と木口面を平らに削り整え、柾目面の端を粘土に当てがって、木口の稜で粘土をなでつけると、最初の擦過で、すでに粘土の上にいくつかの条線があらわれる(図版第1―1b)。これらの条線の多くは工作の不手際による板の凹凸に起因するものであるが、その間にすでに、かすかながらも木目の擦痕を認めることができる。擦過の回数を重ねるごとに、工作の不手際による条線はうすくなり、木目に起因する条線が明瞭になる(図版第1―1c・d)。スギのような軟かい材では、およそ一〇メートルの擦過によって明瞭な木目の擦痕があらわれる。このことは、新しい板を用いて埴輪円筒の表面調整をおこなった場合、全面を調整し終るよりも早く、粘土の上に木目の擦痕があらわれはじめることを意味する。板の摩耗による木目擦痕の出現は、板を長期にわたって使用したのちはじめておこる現象ではなく、新しい板の使用開始後たちまちにしておこる現象である。

つぎに、さきに指摘した第二の可能性、すなわち、打ち割った板の表面を調整することなく、木口を切り整えただけで工具として使用する場合について述べる。もっとも、このような使用法はすべての樹種に適用できるわけではない。スギ・ヒノキのように割裂性のよい樹種に限られる。

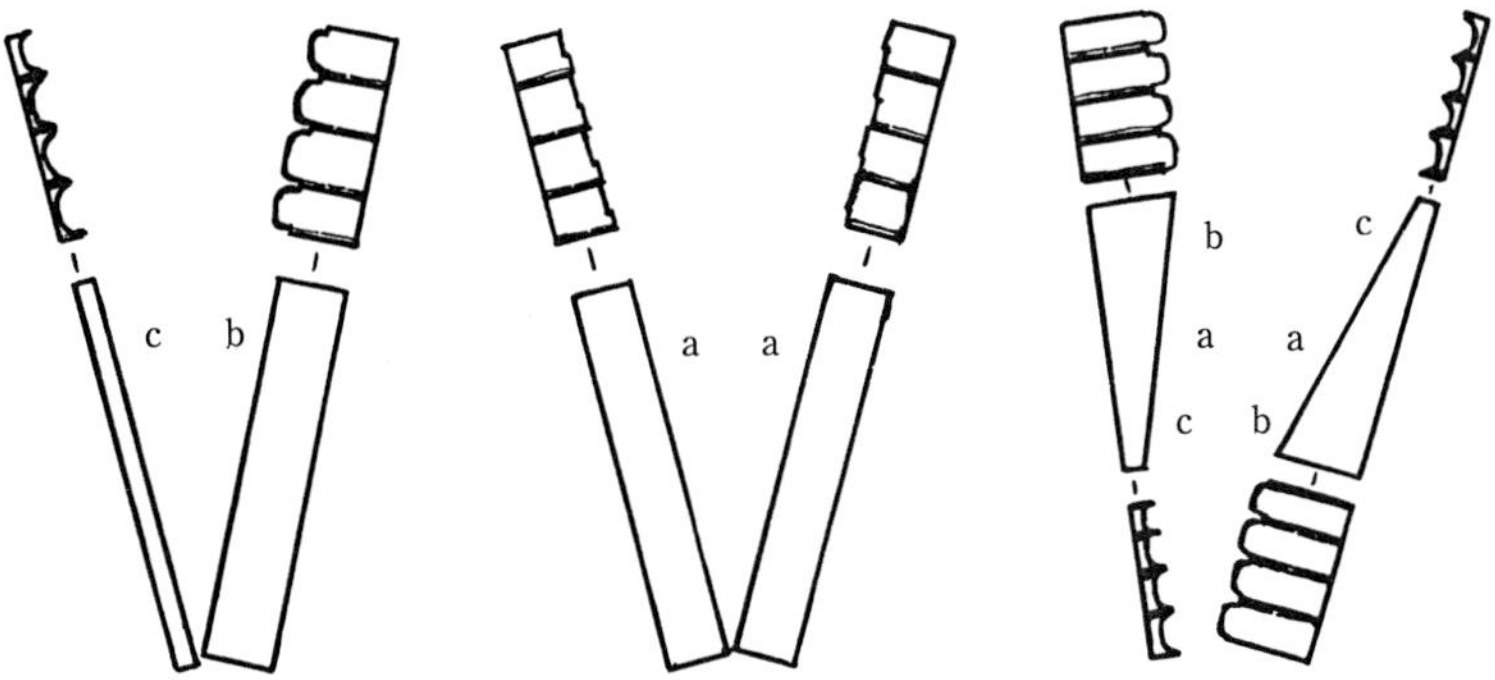

a　比較的平ら　b　春材突出　c　夏材突出

第2図　針葉樹材の割裂面の形状模式図

割裂性のよい材からは、多少の凹凸はあっても、表面調整具として実用的に差支えのない程度の平らな板を、打ち割りによって得ることができる。ヒノキ・スギ・カラマツについて実験した結果によると、打ち割りによってつくられた薄板の割裂面の形状には一定の規則性がある（第2図）。すなわち、これらの針葉樹材のブロックを薄い片と厚い片の二つに打ち割ると各年輪の夏材部は比較的忠実に意図した割裂面にそって裂けるが、春材部はそうではなく、本来薄い方の片に属すべき春材部の表面が厚い方の片に残留する。そのため、薄い片の割裂面では夏材部が突出して、春材部が陥没し（図版第1－4ａ）、反対に、厚い片の割裂面では春材部が突出して、夏材部が陥没する（図版第1－3ａ）。材のブロックを厚さの等しい二つの片に打ち割った場合も、夏材部は比較的忠実に割裂面にそって裂ける。春材部は多少の不規則な凹凸を生じながら裂けるが、その凹凸は二つの片の割裂面に均等にあらわれる。両片の割裂面は、全体として、材を不均等に打ち割った場合よりも平らである（図版第1－2ａ）。

要するに、これらの針葉樹の板の割裂面には、(a) 比較的平らなもの、(b) 春材部が突出するもの、(c) 夏材部が突出するものの三種を区別できるわけである。

(a)の比較的凹凸の少ない割裂面を持つ板を用い、木口を切り整えただけで粘土を擦過すると、最初は擦痕に不規則な凹凸が目立つが、ほどなく、面を平らに調整した板から生じるのと同様な擦痕があらわれはじめる(図版第1―2b・c・d)。(b)の春材部が突出した板を用いると、最初は、面を調整した板の擦痕と陰陽が逆転した擦痕を生じるが、突出した春材部が摩耗するにつれて、面を調整した板と同様な擦痕があらわれはじめる(図版第1―3b・c・d)。(c)の夏材が突出した板を用いると、最初から、面を調整した板の擦痕と似通った擦痕が生じる。ただし、擦痕の彫りは、面を調整した板の擦痕にくらべると、いちじるしく鋭く深い(図版第1―4b・c・d)。

このように、割裂性のよい材の割板を用いる場合は、割裂面をそのままにしておいても、平滑に削り整えても、結局は似通った擦痕が生じるのである。割裂面を調整するか否かは、刷毛目工具にとって、むしろ第二義的な事柄である。さきにも記したように、刷毛目調整工具が備えるべき最も重要な条件は、板の一端が繊維方向と交差して一直線に近く切り整えられていることである。

三　刷毛目が木目の擦痕であることの証明

1　樹種・木取りと刷毛目の形

実験の方法

木の板をもって粘土の表面をなでつけると、粘土の上に木目に応じた擦痕の生じることは、前章の説明によりほぼ了解していただけるものと思うが、このようにして生じた擦痕が、果して現実に刷毛目とよばれている条線と同じであるかは、さらに証明が必要である。その証明の手段としてここでは実験的方法を採用したい。すなわち、種々の木目の擦痕を実験的に作成してその特性を抽出し、現実の遺物に見られる刷毛目の特性と比較することによって、両者の異同を検討するという手順をふむこととする。

木目の擦痕には多くの変異があるが、その変異を規定する最も基本的な条件は樹種と木取りであると予測されたので、実験は主としてこの二つの条件についておこなった。

樹種については、まず全体を針葉樹と広葉樹に分ち、広葉樹はさらに散孔材、環孔材、輻射孔材、紋様孔材に細分し、それぞれについて代表的な樹種を一種ずつ選んで試料とした。

木取りについては、まず、年輪の半径方向に切断された本柾目板と、年輪の接線方向に切断された板目板とを区別し、さらに板目板については、樹心に面したいわゆる木裏面を使う場合と、樹心と反対の方向に面したいわゆる木表面を使う場合を区別した(第3図)。ただし、現実の刷毛目には極端な板目板を使用したものが少ないことが予測されたので、実験では板目板というよりはむしろ追柾目板と称すべきものを使用した。追柾目板とは、年輪の接線方向に切断された板であるが、木口にあらわれた年輪が板の平の面に対し四五度前後の傾きを持ったものをいう(第4図)。

試料とする板は両端を繊維方向と直角に切断し、実験の結果に関係す

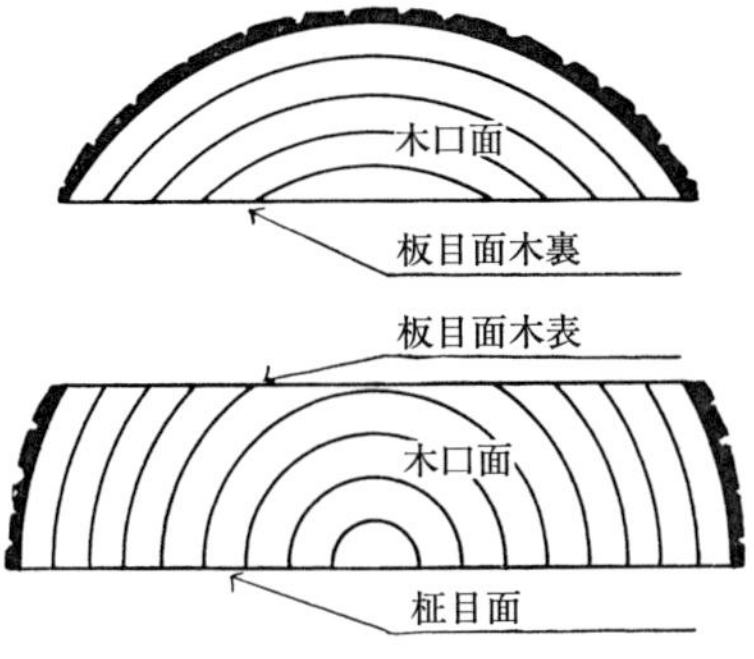

第3図　木材断面の名称

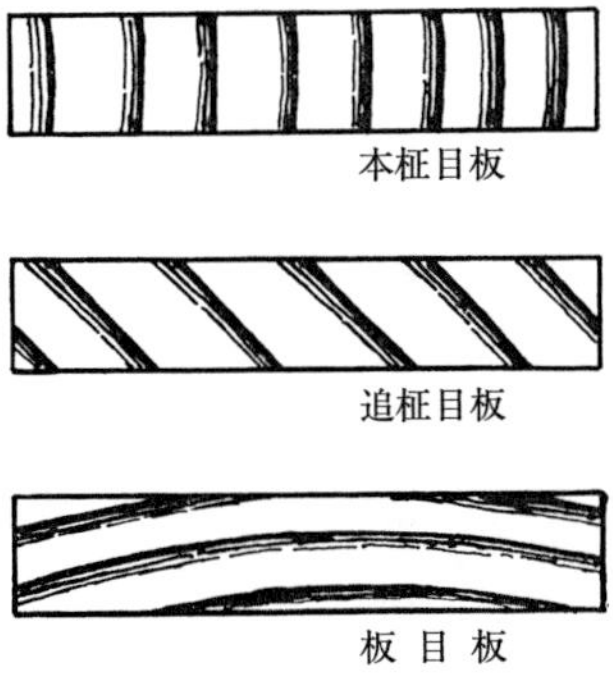

第4図　木口面にあらわれた年輪と板の名称

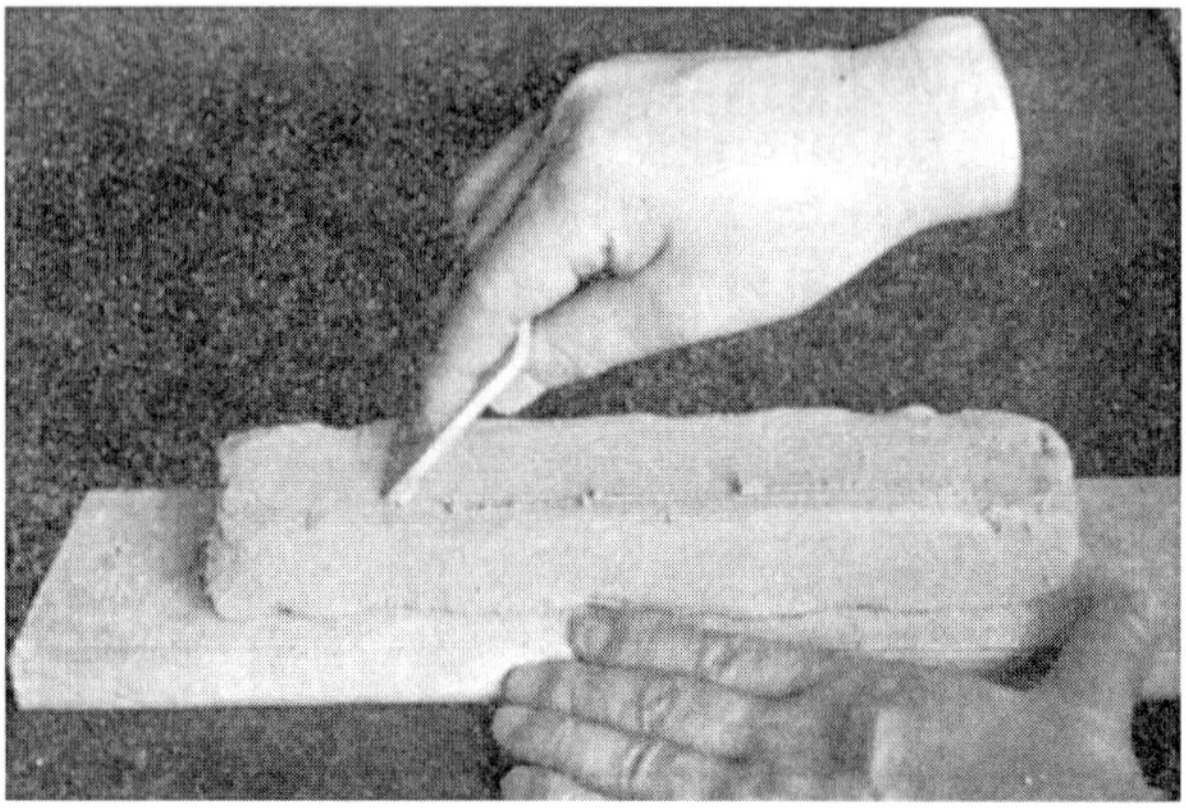

第５図　板の擦過実験

る各面を鋭利な刃物で不規則な凹凸がないよう削り整えた。実験は板の平の木口面に接する一端を粘土に当てがい、板で粘土を擦過する動作をくり返すことによっておこなった[9](第5図)。

針葉樹材の擦痕

実験の報告に先立って、まず、針葉樹材の組織を簡単に説明しておこう。

針葉樹の木部の主要な構成要素は細長い仮道管細胞であって、これが樹軸の方向にそって併列している。春材部の仮道管は径が大きくて細胞膜が薄く、夏材部の仮道管は扁平で細胞膜が厚い。夏材部と次の年に形成された春材部の間には明瞭な境界線がある。春材部から次の夏材部への移行は、樹種によって緩急があるが、いずれにせよ漸移的で確然たる境界はない。

針葉樹の試料としてはスギを選んだ。スギは針葉樹のなかでは軟かい材であって、比較的摩耗が早い。一年輪のなかでの春材から夏材への移行はやや急激な方である。

スギ板によって粘土の上に生じた擦痕は横断面が波形をしている。これは春材部の摩耗が急速に進むために生じたもので、波の谷底から次の谷底までの間が板の一年輪に対応することはいうまでもない。波形の一単位がえがく曲線は、年輪一単位のなかでの部分による摩耗速度の違いに応じ、微妙な変化を示している。

まず、本柾目板を用いた場合、擦痕の横断面がえがく波の一単位は左右対称でなく、春材に対応する側が急傾斜、夏材に対応する側が緩傾斜となる（第６図１左、図版第２－１左）。早期の春材に対応する部分が垂直に立ち上ってもよいように思えるが、実際には、一年輪で最も早く摩耗が進行する個所は、年輪境界線から若干樹皮側に入りこんだところとなる。それに応じて、擦痕の断面でも早期春材対応部は垂直に立ち上らず、急傾斜となるにとどまる。擦痕の断面は、早期春材対応部で頂点に達したのち、晩期春材対応部で反対側にゆるやかに傾斜しはじめ、夏材対応部に入ってふたたび傾斜を増し谷底にいたる。夏材対応部の断面はわずかに内反りの傾向を示し、春材対応部から夏材対応部に移るところに、あまり明瞭ではないが傾斜変換点が認められる。

追柾目板木裏面の擦痕も、本柾目板の擦痕と同じく横断面が波形をなすが、春材対応部の傾斜がより強く、夏材対応部の傾斜がより緩やかとなるため、波の一単位に見られる左右の非対称性がより強くあらわれる（第６図１中、図版第２－１中）。

追柾目板の木表面の擦痕では、横断面の一単位に見られる左右の非対称性がやや緩和される（第６図１右、図版第２－１右）。ただし、これは、板の木口にあらわれた年輪が、平の面と四五度前後の傾きを持っている場合であって、年輪の傾きが四五度から遠ざかるにつれ、左右の均衡がくずれてくる。木表面の擦痕断面は、前年の夏材の背面で擦過される部分が直線的になり、これと春材対応部との間に明瞭な傾斜変換点ができるのが特徴である。ただし、摩耗が進行した板の擦痕は木裏面の擦痕と区別し難いことがある。

本柾目板では、いったん安定した木目の擦痕が生じはじめると、擦痕の形状はさほど変らないが、追柾目板では、板の摩耗の進行につれて、擦痕の横断面はしだいに変化する。すなわち、木裏面の場合は夏材の樹心側の面で擦過される面が広くなり、木表面の場合は夏材の樹皮側の面で擦過される面が広くなるため、擦痕一単位の断面では、頂上の平坦面が狭くなり、左右の非対称性が強まってくる。

注意すべきは、追柾材の摩耗が極度に進むと、擦痕を生じなくなることである。その経過を説明すると、まず、板の摩耗によって板の端の稜が摩滅し、ここに新たな面が生じる。新たに生じた面には年輪の夏材部が突出しながらならんでいるが(図版第3―12)、この突出した部分は、板の動かされる方向と交差しているため、粘土の抵抗を強く受ける。そのため、このような状態にまでなった板を用いてなおも擦過を続けると、夏材部がかえって早く摩滅して、板の先端に摩耗によって生じた面はしだいに平滑となり、遂には木目の擦痕を生じなくなるのである。

以上がスギ材を用いた実験の結果である。この結果をもって他の針葉樹材の場合を類推して差し支えないと考えるが、念のため、春材から夏材への移行が緩やかであるヒノキと、春材から夏材への移行がスギよりさらに急激であるカラマツを用いて擦過実験をおこなった。ヒノキ材の擦痕は彫りの浅い、目立たないものである(図版第3―11)。カラマツ材からは、春材対応部が広い平らな面をなし、夏材対応部が急傾斜で深く切れ込んだ擦痕が得られた(図版第3―10)。

広葉樹材の擦痕

まず、広葉樹材の組織を簡単に説明しておこう。

広葉樹は針葉樹よりも進化した組織を持っている。その木部の主な構成要素は木繊維と道管である。木繊維は木部の基礎組織として樹木を強固に保持する役割を持ち、道管は水分を通す役割を受持つ。道管の形や配列は樹種による変化が多いが、一つの年輪のなかで早く形成された道管が大きく、晩く形成された道管ほど小さい樹種が多い。林学では、木口面にあらわれた道管の横断面、すなわち管孔の配列により、広葉樹材をつぎの四つに分類する。

1　散孔材――管孔が一つの年輪内にほぼ一様に散在する。管孔の大きさにはいちじるしい差がない。
例：ホウノキ(第6図2)　ブナ　トチノキ

2　環孔材――比較的大きな管孔が春材の樹心に近い側にそって密にならび、いわゆる孔圏を形づくる。年輪のその他の部分には比較的小さな道管が散在するか、あるいは紋様風にならぶ。
例：ケヤキ(第6図3)　クリ　ミズナラ

3　輻射孔材――管孔が半径方向にならぶ。ただし、列がやや傾いたり、波状にうねったりすることがある。
例：アカガシ(第6図4)　シラカシ　マテバシイ

4　紋様孔材――管孔が網目状ないし火焔状にならぶ。　例：ヒイラギ(第6図5)

木繊維と道管のほかに、広葉樹の構成要素として柔細胞とよばれるものがある。(10) 柔細胞には、樹木を垂直に通っている木部柔組織と、樹木の中心から外側へ放射状に通っている髄線柔組織とがある。

以上のような組織を持つ広葉樹の板で粘土をなでつけると、道管と柔細胞の部分がさきに摩耗し、擦痕のうえに微細な多数の隆起した条線を生じる。木繊維部は遅れて摩耗し、擦痕の上に年輪に応じた起伏を生じるが、針葉樹材の年輪がつくり出す擦痕の起伏にくらべると微弱で目立たない。このため、広葉樹材の擦痕は、一般に平面的で、多数の微細な隆線がならんだものとなる。

広葉樹材の擦痕の形状は、道管の形と配列に左右されることが多いと予測されたので、上記した道管の配列による分類にしたがい試料を選んで擦過実験をおこなった。

まず、散孔材については、ホウノキを試料とした。ホウノキは均質な材であるが、夏材の外側に近いわずかの部分だけはやや緻密な組織になっていて、不明瞭ながら年輪を形成する。道管は小さく、一個だけ独立したものと、二〜三個連結したものとがある。いずれも年輪のなかに一様に散在する。ホウノキの擦痕には本柾目板、追柾目板木裏面・木表面とも年輪に対応したごく浅い起伏があり、その上に道管に対応した微細な隆起がある(第6図2、図版第2—2)。全体の印象は摩耗が進んでいない段階の針葉樹の板の擦痕に似通っている。

環孔材はケヤキを試料とした。ケヤキ材では、大きな道管が一〜三列にならんで環孔部を形成している。その他の道管は小さく、多数集って夏材のなかに接線状にならんでおり、さらにこれらの小道管集団のまわりを柔組織がとりかこんでいる。ケヤキ材の擦痕横断面には、幅せまい山と、平らな幅広い谷とが交互にあり、谷の底にはさらに小さな山がいくつかある。大きい方の山が孔圏に対応し、谷底の小さな山が小道管と柔組織の集団に対応するわけである。本柾目板の擦痕では、それぞれの山の両側が直角に近い急傾斜で立ち上るが(第6図3左、図版第2—3左)、追柾目板の擦痕では山の傾斜が緩く、山の断面は三角形に近くなる。木裏面と木表面の擦痕は判別が困難である(第6図3中・右、図版第2—3中・右)。

輻射孔材についてはアカガシを試料とした。アカガシ材では道管が放射状にならぶが、直線的にならぶのではなく、多少波状を呈する。夏材部には柔組織の帯が接線方向に何列もならんでいる。また、全体に平均的にある薄い放射柔組織のほかに、ところどころに厚い放射柔組織がある。アカガシの擦痕は、いままで述べてきた樹種の擦痕にくらべると不規則である。既述の樹種の擦痕は、一年輪対応区間ごとにくり返す定まったパターンのみによって構成されているが、アカガシの場合はそうではない。というのは、既述の樹種では、擦痕に影響を与える組織が輪状にならんでいるのに対し、アカガシでは輪状にならぶものと放射状にならぶものがあり、しかも後者が傘の骨のような幾何学的に整然とした配列をとっていないからである。アカガシ本柾目板の擦痕では道管に対応するやや太い隆線が不規則な間隔をおいてあらわれ、道管の擦痕のない部分には接線状柔組織に対応する微細な隆線があらわ

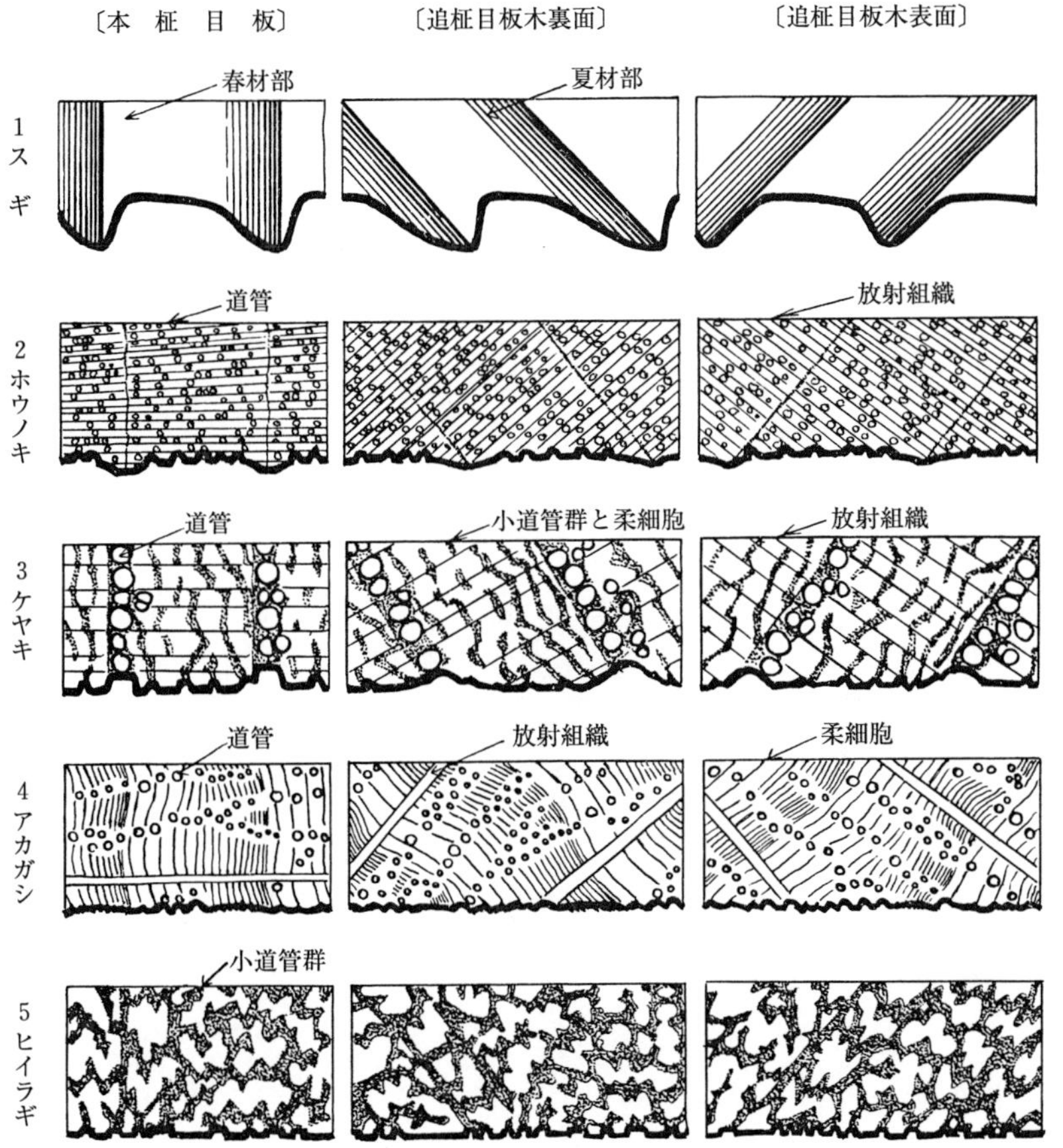

第6図 木口面にあらわれた木材の組織と擦痕横断面との関係模式図

れる(第6図4左、図版第2―4左)。追柾目板の擦痕では、道管と接線状柔組織に対応する隆線のほかに厚味のある放射柔組織に対応する隆線も加わるので、全体として、本柾目材よりも太目の隆線が多くなる(第6図4中・右、図版第2―4中・右)。

紋様孔材の試料としてはヒイラギを用いた。ヒイラギ材では、微細な道管の集団が年輪と関係なく、火焰状にならんでいる。したがって、その擦痕は、輻射孔材と同様、一年輪対応区間ごとにくり返す定まったパターンを持たない。小道管集団に対応した隆起が、不規則な間隔をおいてあらわれる(第6図5、図版第2—5)。木取りに応じた擦痕の形状の変化は明瞭でない。

以上が広葉樹材の擦過実験の結果である。広葉樹は樹種ごとに組織の配列が大きく変化するので、以上の実験結果のみで全般を推測するには不安がある。また、広葉樹材には摩耗の速度が遅いものが多いため、本稿提出までには、スギ材でおこなったような極度の摩耗状態にいたる実験を完了できなかった。これらの点については、さらに実験を継続し、補足することにしたい。

試作品と実物の対比

試作した擦痕を刷毛目の実物と比較するには、横断面の比較によるのが理想的である。しかし、試作品なり遺物なりの断面を削り出し、これを直接に顕微鏡で観察しても、断面の凹凸があまりにも浅いため、その特性をつかむことは困難である。擦痕の断面の特性を把握するには特別の機械装置を必要とするが、手元にはその装置がないので、顕微鏡下での平面の観察によって断面を推定しつつ比較をおこなった。

試作した擦痕の特徴を念頭において遺物の上にある刷毛目を観察すると、現在「刷毛目」と称されているものの圧倒的大部分が針葉樹材の擦痕の特徴を備えていることがわかる(図版第3—1~5)。すべての刷毛目について工具の正確な木取りを判定することはできないが、典型的な追柾目板ないし板目板を用いたものは容易にこれを指摘できる(図版第3—3・4)。工具の樹種はスギに類する材、すなわち春材から夏材への推移がやや急激な材が最も多い。しかし、土師器の甕の内面には、春材から夏材への移行が緩やかな材の擦痕を見かけることがある(図版第3—5)。工具の摩耗の程度もある程度推測できる。特に、摩耗が過度に進行したものは見分けやすい。

多くの刷毛目は、原材の割裂面を平らに削り整えた工具でつけたと考えられるが、東海・近畿地方のいわゆるS字状口縁土器[11]を特徴づける彫りの鋭い刷毛目(図版第3－6)は、針葉樹材の夏材が突出した割裂面をそのまま残した工具の擦痕と推定される。試作品(図版第3－9)と対照されたい。

広葉樹材の擦痕の特徴をそなえた刷毛目は、針葉樹材の刷毛目にくらべると数少ないが、各地の弥生式土器に散見する。ことに、環孔材の擦痕は、孔圏対応部の盛り上りが特徴的なので一見して判別することができる(図版第3－7)。その他の広葉樹材による刷毛目は、くわしい材種を判別し難い。図版第3－8に掲げたものは輻射孔材の擦痕ではないかと思われる。

要するに、沖縄を除く西日本において筆者がこれまでに観察した「刷毛目」は、少数の例外を除き、すべて板の擦痕としての特徴を備えている。そして、これまで、刻目を付した工具の擦痕と考えられていた刷毛目は針葉樹材の擦痕であり、その他の、繊維等の擦痕かと見られていた繊細な刷毛目は、広葉樹材の擦痕である。

以上は、刷毛目のなかで擦過がスムーズにおこなわれた部分について述べたのであるが、このほかに刷毛目には、工具の使用時に生じた種々の痕跡が伴っている。それらの痕跡も、工具を木の板と考えることによって合理的に説明ができ、また、実験によって再現が可能である。

まず、刷毛目の起点には工具の先端の圧痕(図版第4－1)が残っていることがあるが、これは板の圧痕として再現可能である(図版第4－4)。刷毛目の途中に短い間隔をおいていくつもの工具先端の圧痕を残すいわゆる簾状刷毛目は、単に土器表面の凹凸をならそうというだけでなく、表面から相当量の粘土をかきとろうとして、工具に力を加えるために、工具の動きをしばしば停止したところ、あるいは、製作者に対する土器の位置をしばしばかえる必要があって、その都度、工具の動きを停止したところに見られる。土器底部内面、高坏の脚内面によく見受ける蜘蛛の巣状の刷毛目（図版第4－9）も同じ性質のもので、板を用いて簡単に再現できる（図版第4－12）。

刷毛目の終点には、刷毛目の乱れ（図版第4－2）や、工具によってかきよせられた粘土の溜り（図版第4－3）を認めることがあるが、このような痕跡も板によって簡単につくり出せる（図版第4－5・6）。

刷毛目のなかには、櫛歯状の工具でなでた跡のように見えるものがある（図版第4－7）。これも特別の工具から生じた擦痕ではなく、工具の粘土面への接触が不完全であったために生じた痕跡である（図版第4－10）。

刷毛目工具が施文具としても用いられたことは、すでに賀川光夫氏によって指摘されているが、(12)筆者の考える工具の形はこの説と矛盾しない。弥生式土器・土師器・須恵器等に見られる刻目文、櫛歯文（図版第4－8）、櫛描文等は、先端が摩耗した板によって再現することができる（図版第4－11）。

ただし、このことは、この種の文様のすべてが刷毛目工具でつけられたことを意味しない。(13)弥生式土器にも須恵器にも、真正の櫛を使った文様があり、真正の櫛状工具と刷毛目工具のいずれを使ったかは、時代的・地域的特色の一つになっている。発掘報告書等において、いずれの工具を使用したかを個々の土器について註記することは、いたずらに記述を繁雑にするだけであるが、誤解を生じるおそれのある場合には、真正櫛描文、板による擬似櫛描文等の言葉を用い、両者を区別すべきである。

2　年輪幅と刷毛目の条線幅

刷毛目には形の変化ばかりでなく、条線幅にもいろいろの変化があり、条線幅の変化もまた、刷毛目工具を木の板と考えることによってはじめて合理的に説明できる。(14)

刷毛目の条線の幅が工具の年輪の幅に応じていることはいうまでもないが、刷毛目の条線幅は必ずしも工具の原材において、直径方向に測った年輪幅と一致するわけではない。本柾目板を用いた場合は、刷毛目の条線幅と原材の年輪幅は一致するが、追柾目材や板目材を用いた場合、刷毛目の条線幅は直径方向に測った年輪幅より広くなる。条線幅を容易に判定できる針葉樹材の刷毛目について見ると、幅一ミリ以下の微細なものから、幅一センチに近い粗大なものまであるが、その横断面の特徴に注意すると、細密な刷毛目は本柾目板でつけられ、粗大な刷毛目は追柾目板ないし板目板でつけられているという傾向を明らかに認めることができる。

刷毛目のなかには、しばしば条線幅の不揃いなものがある。よく見かけるのは、ほぼ平均した幅をもついくつかの条線の間に、異常に広い条線や、狭い条線をまじえるものである。このような条線幅の不揃いは、樹木の年輪幅に当然おこり得る変動を反映したものとして説明できる。樹木の年輪幅が年々の気候条件によって変動し、生育に好適な気候の年には幅広い年輪が、不適当な気候の年には狭い年輪が生じることは、年輪年代学の基本的前提としてよく知られていることであり、特にくわしく説明するまでもなかろう。

また、埴輪円筒の外面横刷毛目のように幅広い工具によってつけられた刷毛目のなかには、条線幅の広いものから狭いものへと、条線が幅の順序にしたがってならんでいるものがあるが、これも樹齢を経るにしたがって自然に生じる年輪幅の変動を反映したものとして説明できる。すなわち、樹木では一般に樹心に近い部分では年輪幅が広く、樹心から遠ざかるにしたがって年輪幅が狭まり、大木の辺材部には細密な年輪が生じる。通常の刷毛目は幅の狭い工具でつけられているため、樹齢に応じた年輪幅の変化が目立たないが、特に幅広い板を使用する場合には、これが刷毛目の上にあらわれてくるのである。もっとも、原材の年輪幅のそろった部分を利用しても、材を接線方向に切断して工具とすれば、同様な刷毛目条線幅の逓減がおこり得る。いずれの場合に相当するかは、刷毛目の断面の特徴から判断しなければならない。

3　吟味と補足

本稿は、実験的に刷毛目を作成することによって、工具の実態を明らかにしようと試みたものであるが、逆に、従来想像されていたような、人工的に刻目を付した板によって、刷毛目をつくり出せるかどうかを吟味しておくことも無意味ではなかろう。

人工的な刻目のある板によって刷毛目をつけることは、不可能でないにしても、簡単ではない。

まず、個々の刻目が板の繊維方向にそって切り込まれている場合について述べる。もちろん、刻目は板の木目と無関係につけられているものとする。このような板を用いて粘土を擦過すると板は木目にしたがって摩滅するので、当初つけた刻目にたちまち乱れが生じ、刻目を付したことは無意味となる。

つぎに、個々の刻目が板の繊維方向と直交して切りこまれている場合は、刻目の突出した部分が欠けやすく、このような板で砂粒を含んだ粘土を擦過すると刻目はしだいに欠失し、やはり、わざわざ刻目を付した意味が失われる。もっとも、ツゲのような均質で硬い材を使えば、刻目は簡単には消失しないであろうが、現実の刷毛目と同じような微妙な断面を持つ刻みを付けることは困難であり、また無意味である。刷毛目調整工具が単なる一枚の板であることの証明は、何よりもその単純さのなかにあるといえよう。

以上で刷毛目工具が板であることの証明を終り、つぎに、これまで一切無視して論を進めてきた刷毛目工具の大きさ等について、簡単に補足をしておく。

土器に印されている刷毛目工具の圧痕から復原すると、工具先端の幅は二・五～四センチのものが多い。通常の土器では、幅広い板を用いても、粘土に接触させ得る幅は限られるので、おのずから工具の幅に限度があったのであろう。ただし、埴輪円筒外面の横方向の調整では、広い範囲にわたって工具先端を器面に接触させ得るので、幅数センチの広い板を使うことがある。

工具の長さや厚さについては、くわしいことはわからない。ただ、小さな壺の内部で使用するものは、長さに制限があったはずである。追柾目板の過度の摩耗によって刷毛目が生じなくなるのを防ぐため、薄い板の両面を交互に使用することもおこなわれたかもしれない。先端の構造についてはいろいろのバリエーションが考えられるが、まだ確信のもてる結論を得ていないのでふれないことにする。

おわりに

本稿は、刷毛目調整の工具が単なる木の板であることを立証しようとしたものである。この目的はほぼ達し得たと考えるが、工具に関する検討は、筆者が構想する刷毛目の研究全体から見れば一つの基礎作業にすぎない。本章の所論を出発点として今後展開すべき刷毛目の研究には、二つの方向が考えられる。

第一は、刷毛目を指標として、広い地域にまたがる技術の伝播交流の状況を追跡する方向である。この方向にそった研究課題のうち日本の研究者にとって最も重要なものは、弥生式土器における刷毛目技法の源流を明らかにすることである。具体的にいえば、弥生式土器の刷毛目技法が縄文式土器の製作技術から発展したところの日本固有の技法であるのか、あるいは、朝鮮無文土器の刷毛目技法につながる外来の技法であるのかという問題である。この問題の解明は、単に土器製作の一技法について系譜を明らかにするというだけではなく、いまなお不明な点が多い弥生式土器の成立過程をさぐる上にも、有力な手がかりを与えることになるであろう。

刷毛目の研究がとり得る第二の方向は、一地域、一遺跡の遺物に見られる刷毛目の微視的な検討にもとづき、技術伝承の機構や生産組織の実態などをくわしく追求することである。この方向にそった研究としては、すでに埴輪の刷毛目に関する微視的な研究がおこなわれつつあるが、(15)[2]このような研究も、本稿で取り扱ったような工具についての検討を基礎とすることにより、より広い展開を期待することができるであろう。

筆者が刷毛目工具の試作実験を開始したのは、奈良国立文化財研究所在勤中(一九六四―七七年)のことであったが、身辺の事情のため数ヵ月で研究を中断した。一九七七年、九州大学に着任後実験を再開し、ようやく本稿をまとめることができた。この間、一九七三年五月、考古学研究会例会(於岡山大学)でおこなった口頭発表が、この研究に関する唯一の公式発表であった。そのため、筆者の所説が口頭で伝えられる間に誤解を生じ、誤った形で引用されたこともあった。論文の形での発表が遅延したことをおわびし、今後は誤解のないようにとお願いをしたい。

研究の進行中、奈文研の佐原真氏、岡山大学の近藤義郎・春成秀爾両氏からは終始有益な助言と激励を受け、また、京都大学の小野山節氏には木材サンプルの収集について配慮をいただいた。

木材関係の事項については、京都大学木材研究所在勤中の貴島恒夫氏、九州大学農学部の松本勗・北原竜士・村瀬安英諸氏の教えを受けた。ただ、原稿を閲読いただく余裕がなかったので、せっかくのご教示を誤解している点がないかとおそれている。

最後に、資料の閲覧を許された諸研究機関と、忍耐を要する実験を助けてくれた九大文学部学生沢下孝信・山田克己両氏に謝意を表する。

註

(1) 刷毛目の存在は江戸時代から認識されていた。たとえば、木内石亭著、黒川真道校訂『曲玉問答』(『考古界』四巻一二号)に須恵器の刷毛目に関する記載がある。「刷毛目」の語を誰が、いつ頃使いはじめたかは詳かでない。蒔田鎗次郎「弥生式土器(貝塚土器ニ似テ薄手ノモノ)発見ニ付テ」(『東京人類学会雑誌』一一巻一二二号、一八九六年)にすでに「刷ケ目」の語が見える。
(2) 賀川光夫「弥生式土器細論」九州文化総合研究所編『大分県国東町安国寺弥生式遺跡の調査』毎日新聞社、一九五八年。
(3) 小林行雄・佐原真『紫雲出』詫間町文化財保護委員会、一九六四年。なお、佐原氏によると、「自然の柾目の凹凸を利用した」場合について、具体的な考えはなかったという。
(4) 大野雲外「埴瓮土器に就て」『東京人類学会雑誌』一七巻一九二号、一九〇二年。
(5) 坪井正五郎「埴輪土偶に基いて古代の風俗を演ぶ」『東京人類学会雑誌』三巻二三号、一八八八年、瓦片生「埴輪円筒に就て」『考古界』二巻九号、一九〇三年。
(6) 註(2)に同じ。
(7) 横山英介・直井孝一・石橋孝夫「北海道の土師器」『考古学研究』第二二巻第二号、一九七五年。
(8) 本稿での木材の組織に関する記述は主としてつぎの諸書によった。貴島恒夫・岡本省吾・林昭三『原色木材大図鑑』保育社、一九六二年、島地謙『木材解剖図説』地球社、一九六四年、島地謙・須藤彰司・原田浩『木材の組織』森北出版、一九七六年。
(9) 粘土はアート学教社製楽焼用粘土を使用。粘土の湿り工合、板に加える圧力は特に厳密に定めず、擦過の距離だけを測定した。
(10) 針葉樹にも柔細胞があるが、擦痕に与える影響が少ないので、今回の実験では無視した。
(11) 大参義一「S字状口縁土器考」『いちのみや考古』一三、一九六七年、安達厚三・木下正史「飛鳥地域出土の古式土師器」『考古学雑誌』第六〇巻第二号、一九七四年、石野博信・関川尚功『纒向』橿原考古学研究所編、桜井市教育委員会、

一九七六年。なお、近畿地方の庄内式土器に見られる刷毛目と見まがうような細密な叩き目は、夏材部が突出した針葉樹割板の圧痕ではないかと考えている。

(12) 註(2)に同じ。なお、唐古第二様式甕の口縁部刻目が刷毛目工具によってつけられていることは、早く小林行雄氏が指摘している。末永雅雄・小林行雄・藤岡謙二郎『大和唐古弥生式遺跡の研究』(『京都大学文学部考古学研究報告』第一六冊、一九四三年)六一頁参照。

(13) 註(3)に同じ。

(14) 何をもって刷毛目の条線幅とするかは問題である。本稿では一応、一年輪対応区間の幅を条線幅としたが、広葉樹輻射孔材・紋様孔材の擦痕では、これを正確に判定することは困難である。

(15) 吉田恵二「埴輪生産の復原」『考古学研究』第一九巻第三号、一九七三年、轟俊二郎『埴輪研究』第一冊、一九七三年、川西宏幸「淡輪の首長と埴輪生産」『大阪文化誌』二巻四号、一九七七年。

図版第 1　針葉樹材割裂面の形状と擦痕との関係(約 1.5 倍)

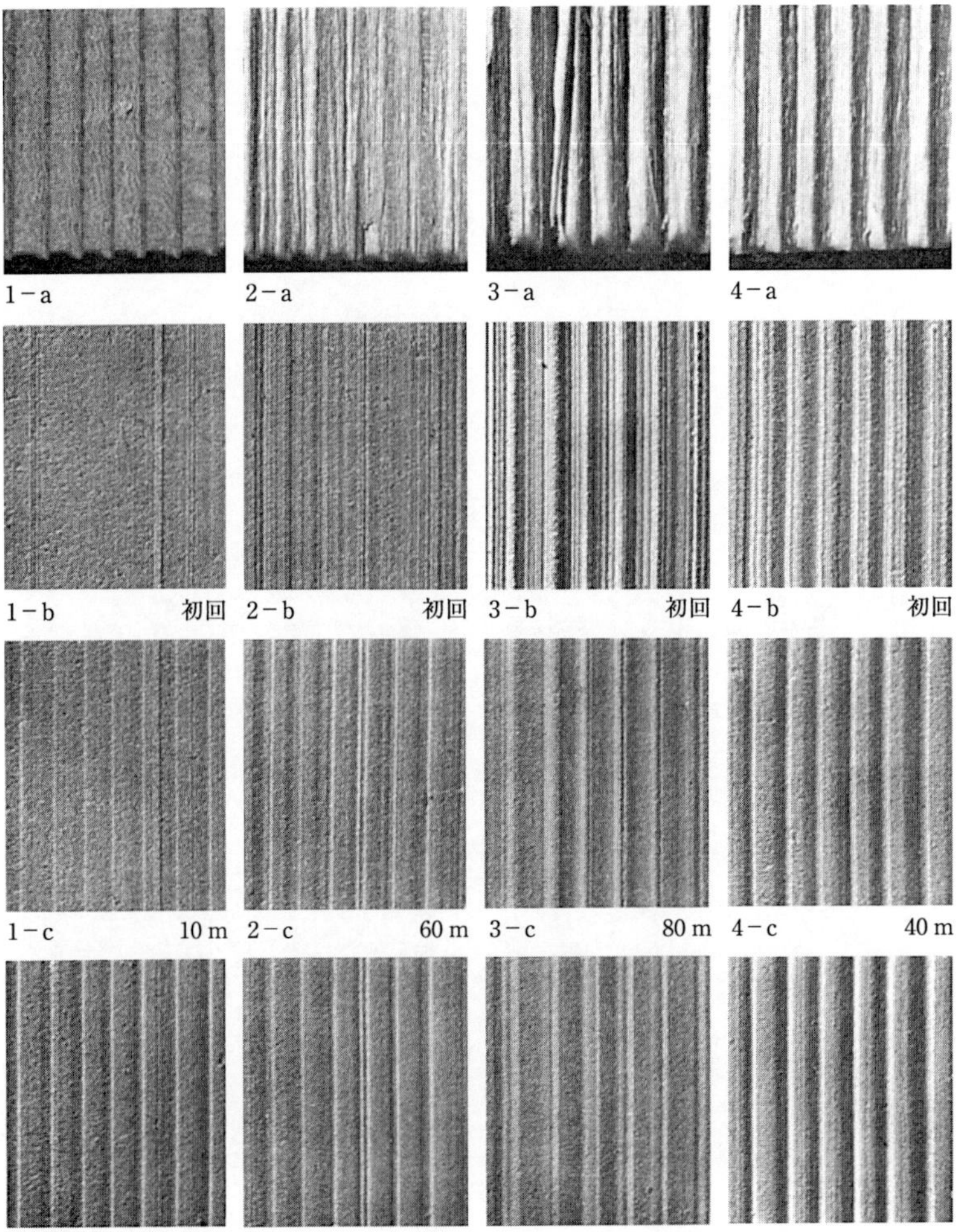

原体写真は使用後の状態・擦痕写真下の m 数は擦過距離を示す

図版第 2　樹種・木取りと擦痕との関係(約 2 倍)

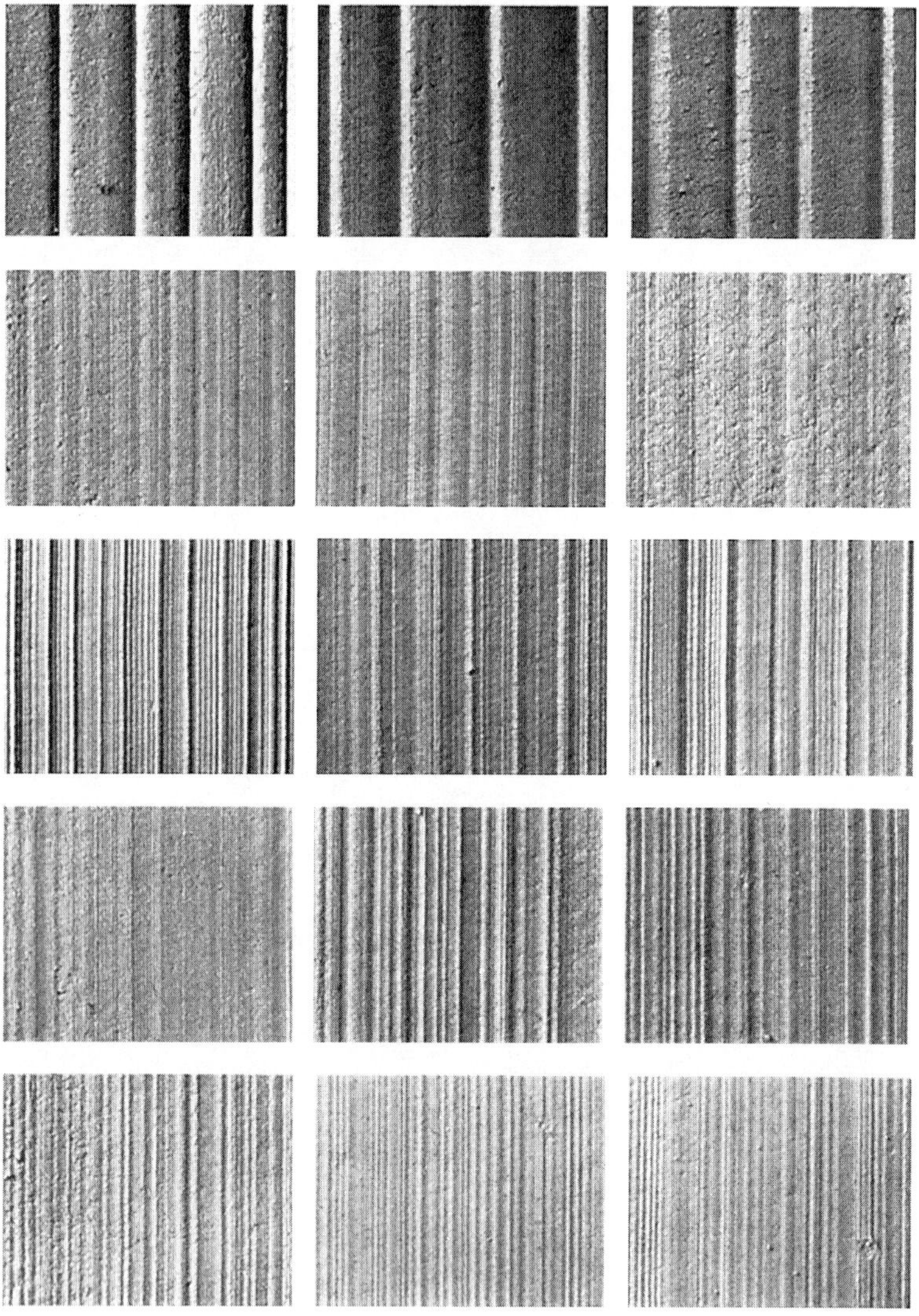

図版第 3　刷毛目の実物と試作品(約 2 倍)

1　針葉樹材の刷毛目

2　針葉樹材の刷毛目

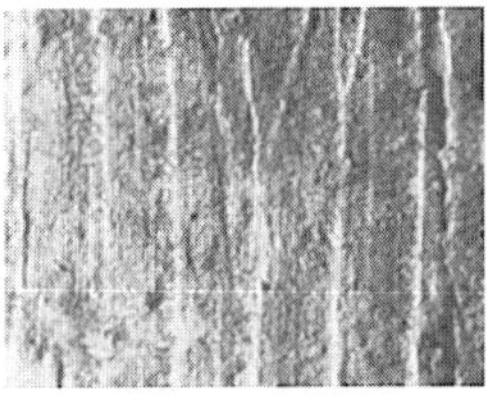
3　針葉樹材の刷毛目

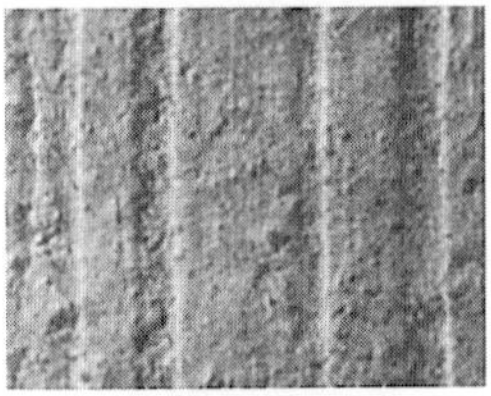
4　針葉樹材の刷毛目

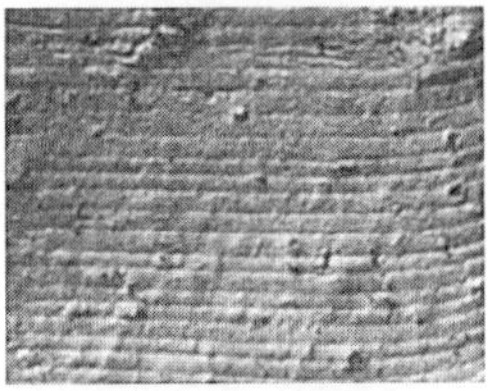
5　針葉樹材の刷毛目

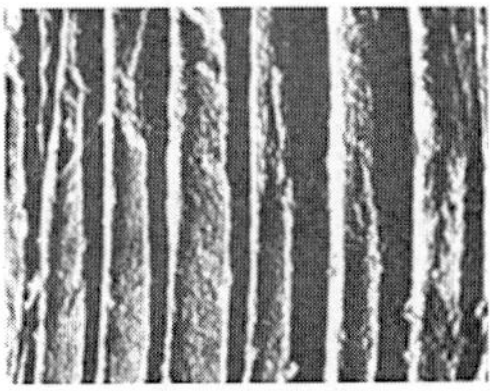
6　針葉樹割板の刷毛目

7　広葉樹環孔材の刷毛目

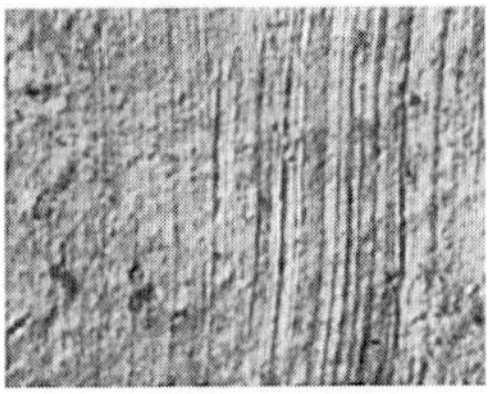
8　広葉樹材の刷毛目

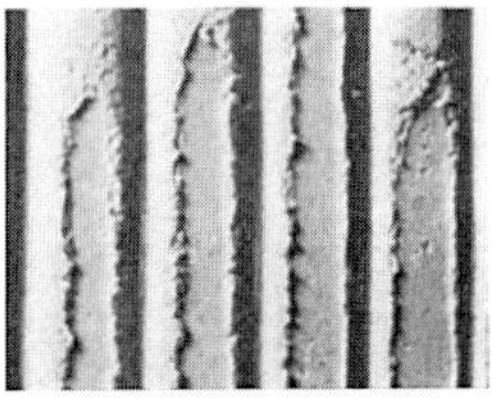
9　針葉樹割板の試作擦痕

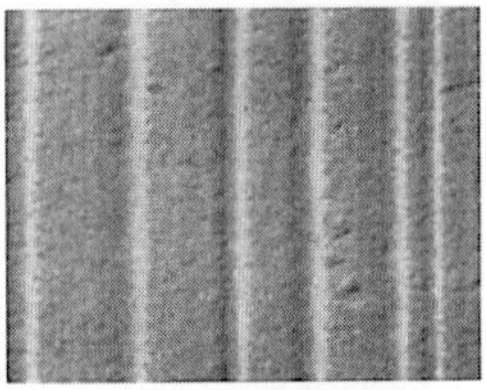
10　カラマツの試作擦痕

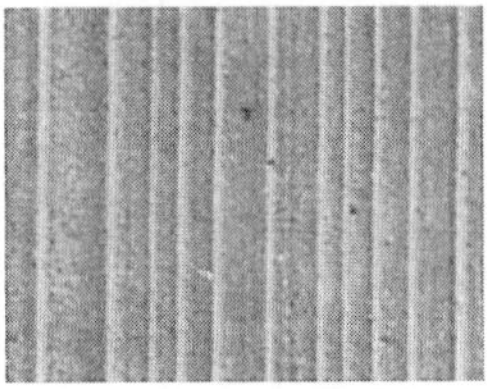
11　ヒノキの試作擦痕

12　スギ板先端の摩耗状況

1　大分・安国寺遺跡　弥生式壺腹部外面(九大文学部)　2　福岡・乗場古墳　埴輪円筒外面縦刷毛目(九大文学部)　3　奈良・唐古遺跡　弥生式甕外面(京大文学部)　4　出土地不明　弥生式土器破片外面(九大文学部)　5　奈良・羅城門跡　土師器甕腹部内面(奈良文化財研究所)　6　奈良・佐紀町　土師器 S 字状口縁甕腹部外面(奈良文化財研究所)　7　岡山・津島遺跡　弥生式高坏(岡山大法文学部)　8　長崎・カラカミ遺跡　弥生式壺頸部外面(九大文学部)　(　)内は所蔵者・保管者

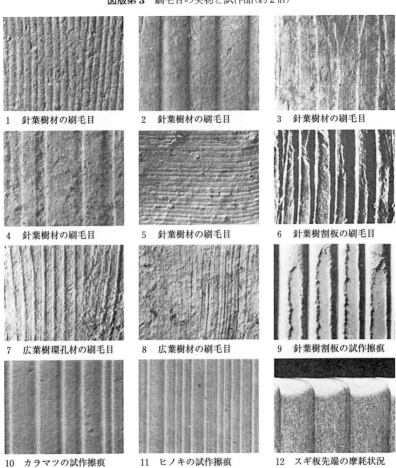

図版第 4　刷毛目の実物と試作品(9・12を除き約 2 倍)

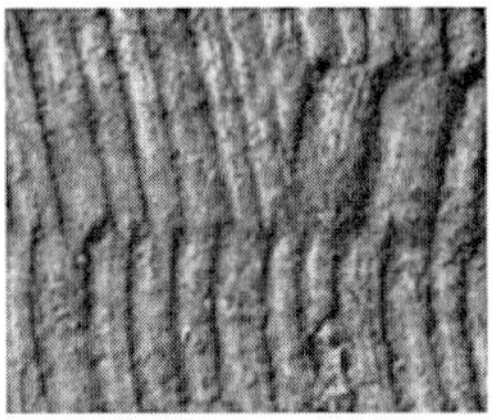
1　刷毛目の起点

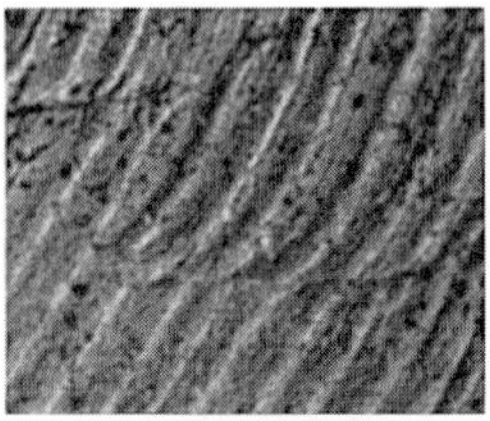
2　刷毛目の終点

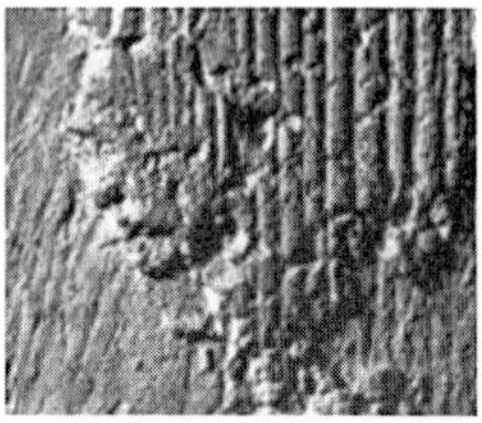
3　刷毛目の終点*

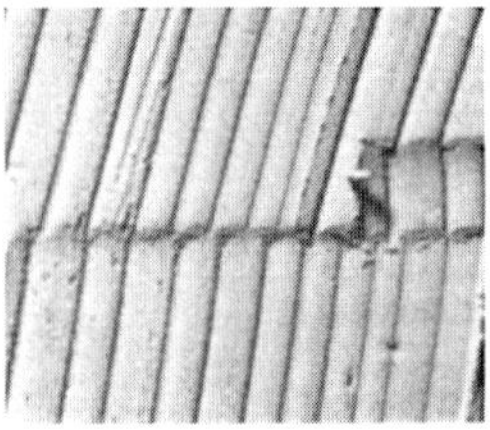
4　刷毛目の起点試作

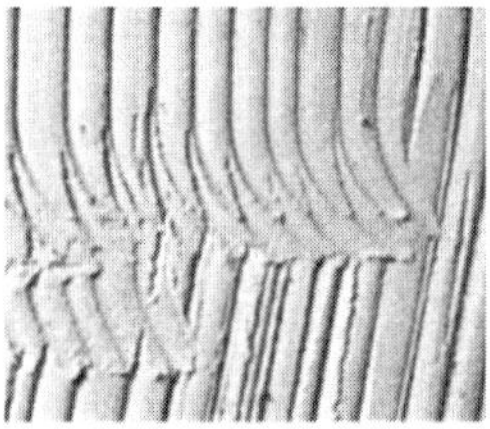
5　刷毛目の終点試作

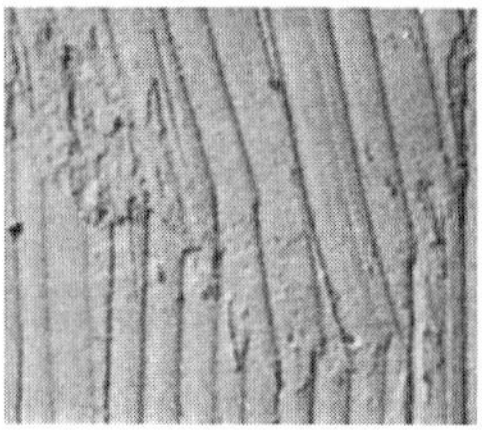
6　刷毛目の終点試作

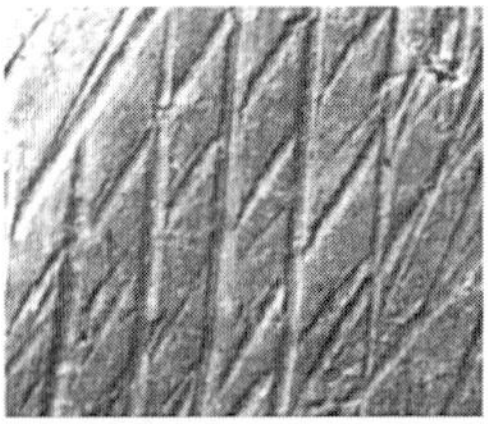
7　工具接触不良の刷毛目

8　擬似櫛歯文

9　蜘蛛の巣状刷毛目

10　工具接触不良の刷毛目試作

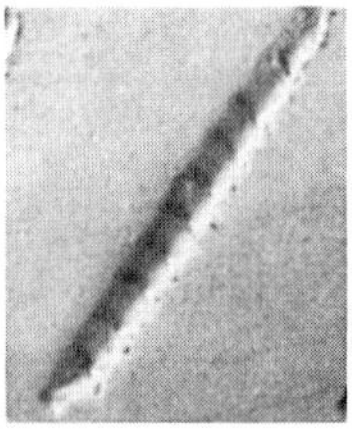
11　擬似櫛歯文試作

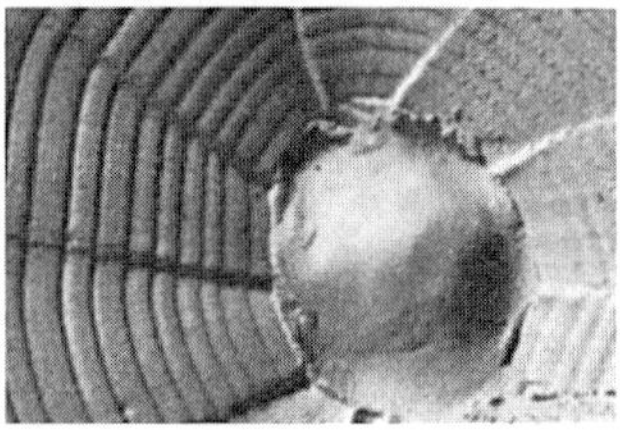
12　蜘蛛の巣状刷毛目試作

1・2　長崎・カラカミ遺跡　弥生式壺頸部外面(九大文学部)　3　大分・安国寺遺跡　弥生式壺腹部外面(九大文学部)　7　奈良・平城宮跡　土師器甕底部外面(奈良文化財研究所)　8　岡山・伝上伊福遺跡　弥生式器台(工楽善通氏)　9　愛知・欠山貝塚　弥生式甕台部内面(京大文学部)　(　)内は所蔵者・保管者

＊　本書第二章　註(12)参照

第二章　刷毛目技法の源流に関する予備的検討

はじめに

弥生文化のなかに、先行の縄文文化から継承した伝統と、新たに大陸から受け入れた文化要素とが併存することは、周知のとおりである(1)。また、弥生文化の成立期に、その数は限られていたにせよ、海外からの渡来者のあったことも形質人類学の立場から指摘されている(2)[3]。しかしながら、縄文文化から弥生文化への移行期に当って、在来人である縄文人の行動と大陸からの渡来者の行動とが、どのようにからみ合って弥生文化を成立させるに至ったかについては、まだ十分な説明が与えられていない[4]。

問題を弥生式土器の成立過程に関する研究に限ってみても、状況は同じである。朝鮮からの影響を完全に否定する説はないとはいえ、縄文式土器の伝統を重視する見解(3)から、弥生式土器の直接の祖型を朝鮮無文土器に求めようとする見解(4)にいたるまで、ニュアンスを異にするさまざまの見解が併存している(5)[5]。この問題に最終的な解答を与えるには、文化の担い手である集団のあり方にまで踏みこんだ考察が必要であろうが、それに至る道程で果しておかねばならない種々の基礎的な作業がある。特に、弥生式土器が持っている諸要素の一つ一つについて、それが縄文系の要素であるか、外来系の要素であるか、あるいはまた、弥生時代の開始期に日本で創出された要素であるかを見定めておく作業が必要である。すでに弥生式土器の胎土や器形文様については、右の視点からある程度の検討がなされているが、本稿では同様な検討を加えるべき要素の一つとして、弥生式土器の刷毛目技法を取り上げてみたい。

刷毛目技法とは、土器の製作に際し、木の板でもって器面をかきならす技法の一つである。木の板で器面をかきならすには大別して二つの方法がある。第一は、板の繊維方向にそう稜で粘土をかきならす方法である。板の稜が忠実に繊維の方向と併行している場合は、粘土の上にかすかな擦痕しか残らない。第二は、板の繊維方向と交差する稜で粘土をかきならす方法である。この方法をとると、粘土の上には、板の木目に応じた明瞭な擦痕が残る。この第二の方法が刷毛目技法に当るのであって、この技法によって生じる擦痕が、以前から刷毛目とよばれていたものであることは、すでに本書第一章で論じたとおりである(6)。

刷毛目技法で表面を調整された土器は、器面に刷毛目を残したまま焼かれることもあるが、丁寧な仕上げをおこなう場合は、さらに器面をなぜあるいは磨きによって平滑にし、刷毛目を消し去ってしまう。しかし、その場合でも、なぜや磨きのゆきとどかなかった部分にしばしば刷毛目の痕跡が残っている。そのような痕跡から判断すると、西日本弥生式土器の多くは、最終仕上げ面に刷毛目を残す残さないにかかわらず、製作の過程で一度は刷毛目調整の工程を通過したようである。

弥生式土器の器面に刷毛目がついていることは、弥生式土器の存在が最初に認識された時から知られていた。それ以来、刷毛目は弥生式土器の破片を縄文式土器の破片から弁別する目安の一つとして一般に用いられてきたにもかかわらず、今日に至るまでその出自が問題にされなかったのは、むしろ不思議な感じをさえ受けるのである。

本稿は、弥生式土器の成立過程をさぐる一つの手段として刷毛目技法の出自を取り上げ、この技法が縄文式土器、朝鮮無文土器、いずれの製作技術の流れをひくものであるか、検討を試みたものである。しかしながら、縄文式土器について、厖大な量に達する既出土品を再点検することは容易な業でなく、また、朝鮮無文土器の製作技術については、決定的に情報が不足しているので、今回は目標をごく初歩的な作業に限った。具体的には、縄文式土器、朝鮮無文土器のそれぞれについて、刷毛目に類似した擦痕の有無を検討するにとどめた。時期尚早であることをもかえりみず本稿を草したのは、既出資料の再点検について学界の注意をうながし、また、将来新しい資料が出現した場合、それを速かに消化できる素地を整えておきたいと考えたからにほかならない。

一　刷毛目技法出現の時期

刷毛目技法の源流を考えるに当って、まず、本格的な刷毛目技法が、いつ日本に出現したかを正しくつかんでおく必要がある。刷毛目は、常識的には、弥生式土器を縄文式土器から区別する特徴の一つであると考えられてきたが、果して刷毛目技法の出現は、最古の弥生式土器の出現、すなわち、北部九州における板付I式土器の出現と正確に一致するであろうか。[6]

ここで注意されるのは、北部九州で弥生式土器が成立する直前にあらわれ、弥生式土器の成立後も、一時期、弥生式土器と併存する縄文式土器系の土器、すなわち夜臼式土器に、刷毛目を持つもののあることである。夜臼式土器の甕は横位の貝殻条痕を施されるのが普通であるが、一部に刷毛目仕上げのもののあることは、夜臼式土器の存在が認識されて間もない頃から知られていた。一九五一〜五四年に日本考古学協会がおこなった福岡市板付遺跡の発掘報告書は、出土した夜臼式甕C類の口縁部破片約三〇〇個体分のうち、六個に繊細な刷毛目が見られ、刷毛目

第１図　夜臼式土器の貝殻条痕(左)と刷毛目(右)
福岡・板付遺跡出土(九州大学保管)

の方向には横、縦、斜の三種があること、また、同類甕底部破片約一九〇個体分のうち、二個の側面に刷毛目が残っていることを記している。[7] さらに、その後の北部九州での発掘によって、刷毛目のある夜臼式土器の出土例はかなりの数に達した(第１図)。

ここで問題になるのは、刷毛目を持つ夜臼式土器と弥生式土器との年代関係である。夜臼式土器の刷毛目が夜臼式―弥生式併存期にのみ限って見られる現象であれば、夜臼式土器の刷毛目は縄文系土器製作者が弥生式系の技法を模倣したものとする解釈が成立ち、刷毛目技法が外来の技法である可能性が高くなる。反対に、夜臼式土器の刷毛目が夜臼式単純期にまでさかのぼるものであれば、刷毛目技法が縄文系の技法である可能性が高くなるわけである。従来公表されていた資料のみでは、この点に関し明確な判断を下すことができなかったので、確実な夜臼式単純層出土の土器について刷毛目の有無を点検できる機会の到来することを待ち望んでいた。

一九七八年春、福岡市教育委員会がおこなった板付遺跡Ｇ７Ａおよび７Ｂ地点の発掘によって、夜臼式単純期から板付式期にわたる水田と水路の遺構が検出され、水路部分から相当量の土器が出土した。遺跡の土層は表土を含めて七層に分れる。主題に関係のある層のみを記すと、最下層である第七層が夜臼式単純層、第六層が無遺物の間層、第五層がふたたび夜臼式の単純層であって、第四層にいたって夜臼式と板付Ⅰ式との共存層となる。発掘担当者である山崎純男氏の教示によると、第七層の夜臼式土器には貝殻条痕が顕著であって、刷毛目を見ないが、おなじく夜臼式単純層である第五層出土の壺には、外面の磨研下地と内面に明瞭な刷毛目が認められ、夜臼式—板付Ⅰ式共存層である第四層になると、夜臼式の甕にも刷毛目を持つものがあらわれるとのことである。[7][8]くわしくは今後の整理の結果にまたねばならないが、このような層位関係が北部九州で普遍的に認められるということになれば、刷毛目の初現は板付Ⅰ式の出現よりも古く、わずかながら夜臼式単純期のなかにさかのぼることになるわけである。

しかしながら、刷毛目技法の初現がわずかながら板付Ⅰ式土器の出現に先立つとしても、そのことからただちに刷毛目技法を縄文系の技法と考えることは速断にすぎるであろう。弥生文化は、縄文時代晩期以降の漸進的な大陸文化の受容によって、徐々に熟成され来ったものである。支石墓、米等の朝鮮無文土器文化系の要素と同様、土器製作における刷毛目技法も、本格的な弥生文化の開始に先立って朝鮮から移植された文化要素の一つである可能性は、依然として考慮に入れておかねばならないであろう。[8]

二　縄文式土器に見る刷毛目類似の擦痕

1　土器の一部に残った木の擦痕

縄文式土器の製作技術のなかに弥生式土器の刷毛目技法に似たものを求めると、まず、貝殻条痕技法がある。工具の材質は違うが、細かな凹凸のある物体の縁で粘土をなぜつけるという点では、両技法は似通った発想にもとづいている。縄文時代人が晩期に至るまで貝殻条痕技法を伝えていたのは、果して、土器の製作に木を利用することを知らなかったためであろうか。このことを検討するために、縄文式土器の器面に全く木の擦痕が認められないかを点検することにする。

貝殻条痕のように器面の広い範囲にわたってつけられている擦痕ばかりでなく、器面のごく一部に残っている擦痕をも取り上げると、縄文式土器の上に見られる擦痕のなかには、木材の繊維方向にそう稜から生じた擦痕と、繊維方向に交差する稜から生じた擦痕の両種が認められる。板の繊維方向にそう稜で粘土をなぜる場合、板の稜が繊維の方向に忠実に併行し、年輪境界線が稜を横断していなければ、擦痕の上にはごくかすかな条線しか残らない。卒然として見れば、指によるなぜ痕と見分けがつかないほどである。しかし、実際には、一、二の年輪境界線が稜を横断している板や、稜に工作の不手際による傷のある板をも使っており、この場合には擦痕のなかに多少の条線が残る。図版第1にその実例を示した。同図版の1は熊本県阿高貝塚出土阿高式土器の内面、2は鳥取県布勢遺跡出土後期粗製土器の内面である。二例とも擦痕の起点に工具先端の圧痕が明瞭に残っていて、この種の擦痕を残した工具の先端が一直線に切り整えられていたことを示している。

この種の擦痕は縄文式土器の場合、内面に見かけることが多い。ただし、内面の全部にあるのではなく、一部にのみ残っているのが普通である。木の繊維方向にそう稜で粘土をなぜる技法は、縄文式土器に限らず、弥生式土器以降の日本の土器陶器にも、中国の陶器にも見かけることがある。刷毛目のような目立った痕跡を残さないで器面を平らにならそうとする場合におこなわれた技法であろう。

刷毛目様の擦痕、すなわち、木の繊維方向と交差した稜から生じる擦痕もまた、縄文式土器の器面の一部に残っていることがある。一、二の例をあげると、まず、図版第1—3は先に例示した同図版1の土器の外面であって、底部に近いところの一部に刷毛目様擦痕がある。この土器の外面は仕上げのなぜを施していないので、普通の場合、消されてしまうはずの擦痕が残ったのである。図版第1―4に示したのも、やはり阿高貝塚出土阿高式土器の外面である。この場合は、仕上げの際に刷毛目様擦痕を消しているが、一部、仕上げのゆきとどかなかったところに擦痕が残っている。ただし、この擦痕が弥生式土器の刷毛目のように、施文やなぜ・磨きの工程に先立って、外面の全部につけられていたか、あるいは、先に示した図版第1―3の場合のように、一部にのみつけられていたかは不明である。

詳細はわからないが、上記の諸例から、縄文式土器の製作に木片が、ある程度、工具として使われたことを知ることができる。木材は入手が容易で、しかも加工がしやすい材料であるから、土器製作の工具として早くから利用されたのはむしろ当然のことであろう。

2　刷毛目に酷似した細密条痕

前節で述べた木の擦痕は、製作者が擦痕自体を意識してつけたものではない。むしろ、製作の過程で生じた擦痕が、たまたま器面の一部に残ったと見るべきものである。ところが、縄文式土器のなかには刷毛目に酷似した細密な条痕を、器面の広い範囲に、意識的につけたものがある。この種の細密条痕が木の擦痕であるかどうかは、なお検討の余地があるが、外観がきわめて刷毛目に似通っているので、刷毛目の源流を考える場合にこれを無視することはできない。

問題の細密条痕は、一九七三年の京都府桑飼下遺跡の発掘において、はじめてその存在を注意されたものである。この条痕は細密な条線から成ることを特徴とし、一見しただけで、縄文式土器の上にしばしば見かけるハイガイ・サルボウなどの貝殻条痕とは異種のものであることがわかる。むしろ、土師器や埴輪の刷毛目と見まがうばかりである。調査に当った渡辺誠氏はこの条痕について「原体は、おそらく年輪の細かい木の板ではないかと推定される」と記している。(9)

この細密条痕を持つ縄文式土器は、桑飼下遺跡ではじめてその存在を知られたのであるが、その後、新しい遺跡の発見や、既出資料の再点検によって、同種の土器を出す遺跡がかなりの数に上ることが判明した。つぎに、渡辺誠氏をはじめ、諸氏の教示によって知り得たこの種の土器の出土遺跡を一括して記しておく。(10)

〔滋賀県〕

坂田郡伊吹村　杉沢遺跡　出土品京大文学部博物館保管

〔京都府〕

京都市左京区北白川追分町　京大植物園内　中村徹也『京都大学理学部ノートバイオトロン実験装置室新営工事に伴う埋蔵文化財発掘調査の概要』京大理学部、一九七四年

舞鶴市　桑飼下遺跡　渡辺誠編『京都府舞鶴市桑飼下遺跡調査報告書』舞鶴市教育委員会、一九七五年

〔兵庫県〕

高砂市　日笠山貝塚　喜谷美宣他『日笠山貝塚』Ⅰ・Ⅱ、高砂市教育委員会、一九六四・一九六五年

揖保郡太子町　東南遺跡　一九七八年、太子町教育委員会発掘

赤穂郡上郡町　神子田遺跡　一九七八年、上郡町教育委員会発掘

宍粟郡一宮町　杉田遺跡　一九七七年、一宮町教育委員会発掘

宍粟郡一宮町　西安積遺跡　一九七五年、一宮町教育委員会発掘

〔鳥取県〕

鳥取市　桂見遺跡　『桂見遺跡発掘調査報告書』(『鳥取市文化財調査報告書』Ｖ)、鳥取市教育委員会、一九七八年
鳥取市　布勢遺跡　鳥取県立博物館保管、若林久雄氏採集品
鳥取市　青島遺跡　とっとり考古談話会「青島の遺跡」(『郷土と科学』一一巻一号)、鳥取県立博物館、一九六五年
岩美郡福部村　栗谷遺跡　亀井熙人「栗谷縄文遺物包含地出土遺物についての一考察」(『郷土と科学』九巻一号)、鳥取県立博物館、一九六三年
岩美郡福部村　直浪遺跡　亀井熙人「古代を発掘する」(4)(『郷土と科学』一五巻二号)、鳥取県立博物館、一九七〇年

以上の諸遺跡のうち、これまでに多量の一括遺物を発見した遺跡は、京都府の日本海岸にある桑飼下遺跡と、鳥取県下の諸遺跡であって、現在のところ分布の中心は日本海沿岸にあるように見える。しかし、少量の遺物を出した遺跡をも拾うと、その分布は滋賀県・京都府の淀川水系から、兵庫県の瀬戸内海沿岸にまで及び、今後の調査によって分布範囲はさらに拡大するものと予想される。

この種の細密条痕が施されるのは、主として粗製の土器である。上記諸遺跡から発見された条痕付土器のうち最も古いものは、鳥取市桂見遺跡から中期最終末の様式と、後期初頭の中津式に伴って出土した多量の粗製土器(第2図)である。中期最終末の様式と中津式の精製・半精製土器にも細密条痕を一部に施したもの(第2図2・3)があるので、これらの精製・半精製土器と粗製土器との同時性は疑いない。桂見遺跡の出土品より新しく、編年的位置が検討ずみの一括遺物としては、京都府桑飼下遺跡の出土品(第3図)がある。同遺跡出土土器の大部分を占めるのは桑飼下式と命名された様式の土器であって、多量の細密条痕付の粗製土器もこの様式に属するとされている。桑飼下式の精製・半精製土器にも細密条痕を一部に施したもの(第3図2・4)のあることは、桂見遺跡の場合と同様である。桑飼下式は新しく設定された様式であるが、関東の加曾利ＢⅠ式の移入品・仿製品を伴い、また、瀬戸内

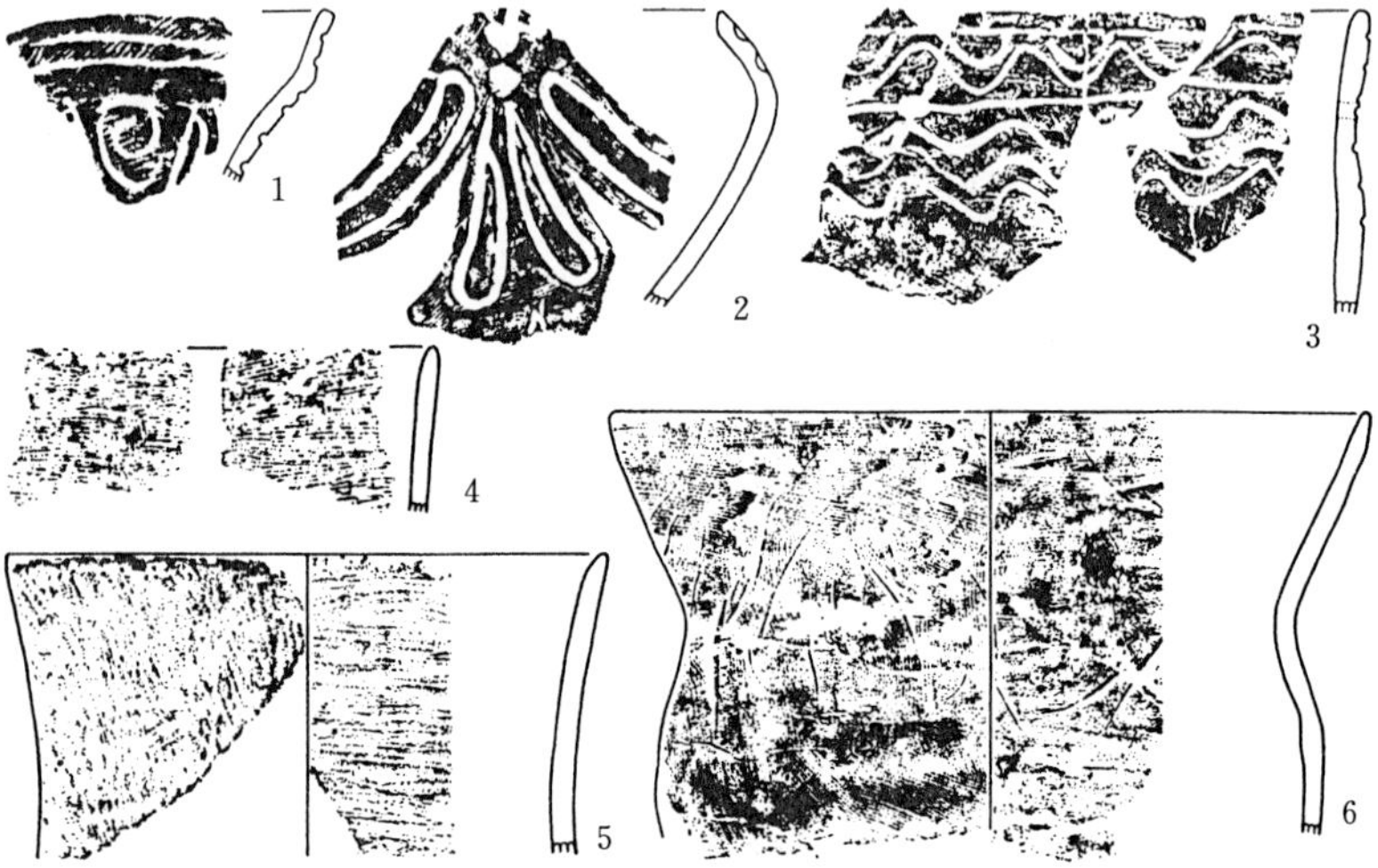

第2図　鳥取・桂見遺跡の土器　1/5
1条痕なし　2～6条痕あり(鳥取市報告より)

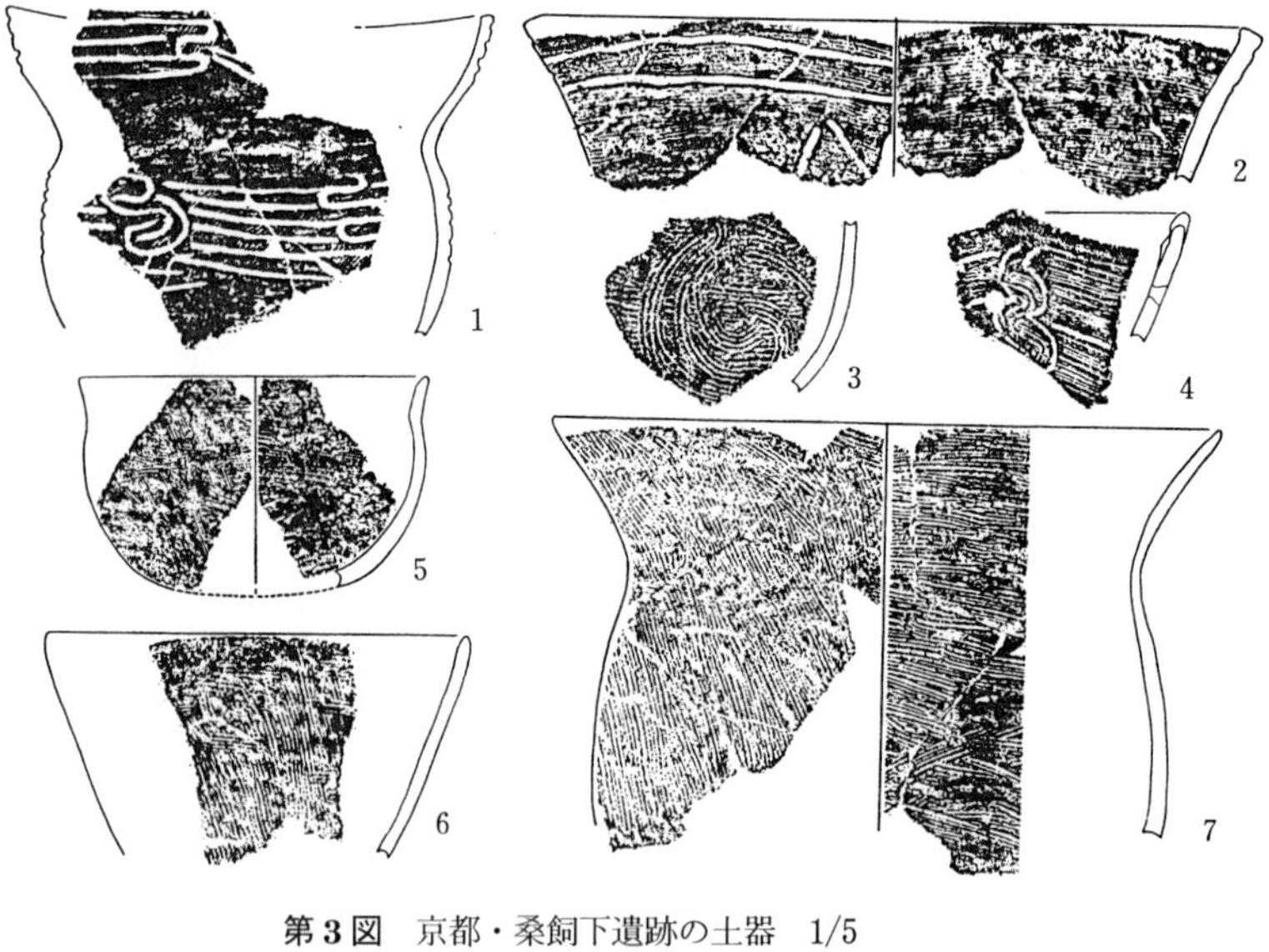

第3図　京都・桑飼下遺跡の土器　1/5
1条痕なし　2～7条痕あり(渡辺誠氏報告より)

の津雲Ａ式・彦崎ＫⅠ式をも伴うので、その編年的位置が後期中葉にあることがわかっている。その他の遺跡の出土品は、出土品が僅少であったり、整理が進行中であったりして、編年的位置の詳細はわからないが、その多くは福田ＫⅡ式・津雲Ａ式を伴う。要するに現在の資料によると、問題の細密条痕は縄文時代中期末から後期中葉にかけて存続したといえる。

細密条痕が最も多用されるのは、深鉢を主とする粗製の土器である。内外面ともに条痕を施すものが最も多く、外面のみに施すものがこれに次ぎ、内面のみに条痕を施すものは例外的にしか認められない。条痕の方向は内面では横位、外面では斜位・縦位が多い。条痕のつけ方は整正とはいえないが、かなりの程度にまで方向をそろえてあり、また外面では、口縁部・頸部・胴部で方向をかえて外観に変化をもたせるなど、製作者がある程度、装飾的効果を意識していたことが読み取れる。すでに触れたように、条痕はまた、有文の精製・半精製土器にも施される。その施し方には、沈線文の下地として使ったもの、一部を消して磨消縄文風の効果を出したもの、沈線と組み合わせて文様をえがいたもの、条痕だけで文様をえがいたものの各種がある(11)。

つぎに、この細密条痕の特徴を、弥生式土器や土師器の刷毛目と比較しながら見てみよう。条痕が細密であることはすでに述べたが、筆者が直接実物を観察できたもののなかで最も細かなものは、条線の幅が〇・七ミリであり、最も太いものは三・七ミリであった。概して、条線幅一・五〜二・〇ミリ程度のものが多い。この条線幅の変異は、弥生式土器等における刷毛目条線幅の変異の範囲内におさまる。

細密条痕は、いずれも針葉樹材の木口から生じる擦痕と似ており、広葉樹材の擦痕に似たものはない。条痕一単位の横断面は、左右非対称の度合が弱く、針葉樹柾目材の擦痕に似たもの(図版第２−４・５)と、左右非対称の度合が強く、針葉樹追柾目材ないし板目材の擦痕に似たもの(図版第２−９)がある。工具の粘土面への接触が不完全であったため、あたかも櫛状の器具で器面をなぜたかの如く見える擦痕のあることも、刷毛目の場合と同様である。条痕の起点に生じる粘土のたまりは、[12] しばしば見かける（図版第2―1・2）。おなじく条痕の起点に生じる工具先端の圧痕は、例が少ないが、やはり認められる（図版第2―3）。圧痕の形から判断すると、工具の先端は刷毛目工具と同様、一直線に整えられている。

以上のように、細密条痕と刷毛目との間には多くの共通点が認められるが、多少の相違点もないわけではない。細密条痕は一般に条線の彫りが深く、摩耗の進んでいない板から生じるような浅い擦痕を見かけない。もっとも、このことは、割板の割裂面を平らに調整することなく工具として使用したと考えれば、一応の説明はつくであろう。このほか、細密条痕と刷毛目との間には、擦痕の横断面の形状に、わずかではあるが違いのあることも無視できない。細密条痕のなかには、刷毛目と区別し難いほど似通ったものもあるが、擦痕の谷が刷毛目よりわずかに広いものが多い。そのほか両者の横断面の形状には、まだ言葉では的確に表現できない微細な相違がある。種々の割板を用いて実験を試みたが、本稿提出まで（一九七九年段階）に細密条痕と完全に同じものを、安定して作り出すことはできなかった。今後は木以外の材料をも用いて、実験を試みたいと考えている。細密条痕の原体については、実験による再現ができるまで判断を保留しておきたい。

以上述べた西日本の細密条痕と関連して、ここで触れておかねばならないのは、東日本にもこれに似た細密条痕があることである。東日本の細密条痕も通常の貝殻条痕と異種の擦痕であることは、一見して明らかであるので、従来から「櫛状器具による擦痕」などの言葉を用いて、貝殻条痕と区別されていたものである。細密条痕をつけた縄文式土器は、最初、長野県氷遺跡[13]、同・庄ノ畑遺跡[14]等の中部高地でその存在を注意され、さらにその後、神奈川県杉田遺跡[15]などからも発見されて、分布が西関東に及ぶことが知られるようになったものである。これらの土器は、晩期の大洞A式に併行する細隆線状の変形工字文をもつ土器に伴出するので編年的位置が明らかであり、変形工字文土器と組み合わせて、中部高地では氷I式、関東では杉田Ⅲ式として分類されている(第4図)。

細密な条痕は粗製深鉢ばかりでなく、有文の半精製深鉢に施されることが多く、また、壷にもこの種の条痕をもつものがある。有文の条痕付深鉢では、装飾が原則として口縁部付近に限られるが、条痕を下地として、胴部にジグザグの沈線文をえがいたものもある。条痕を施す面は粗製土器、半精製土器ともに原則として外面に限られる。条痕の方向は、縦位もしくは縦位に近い斜位が多い。方向のそろえ方は、桑飼下式に代表される一群よりは、やや整正である。

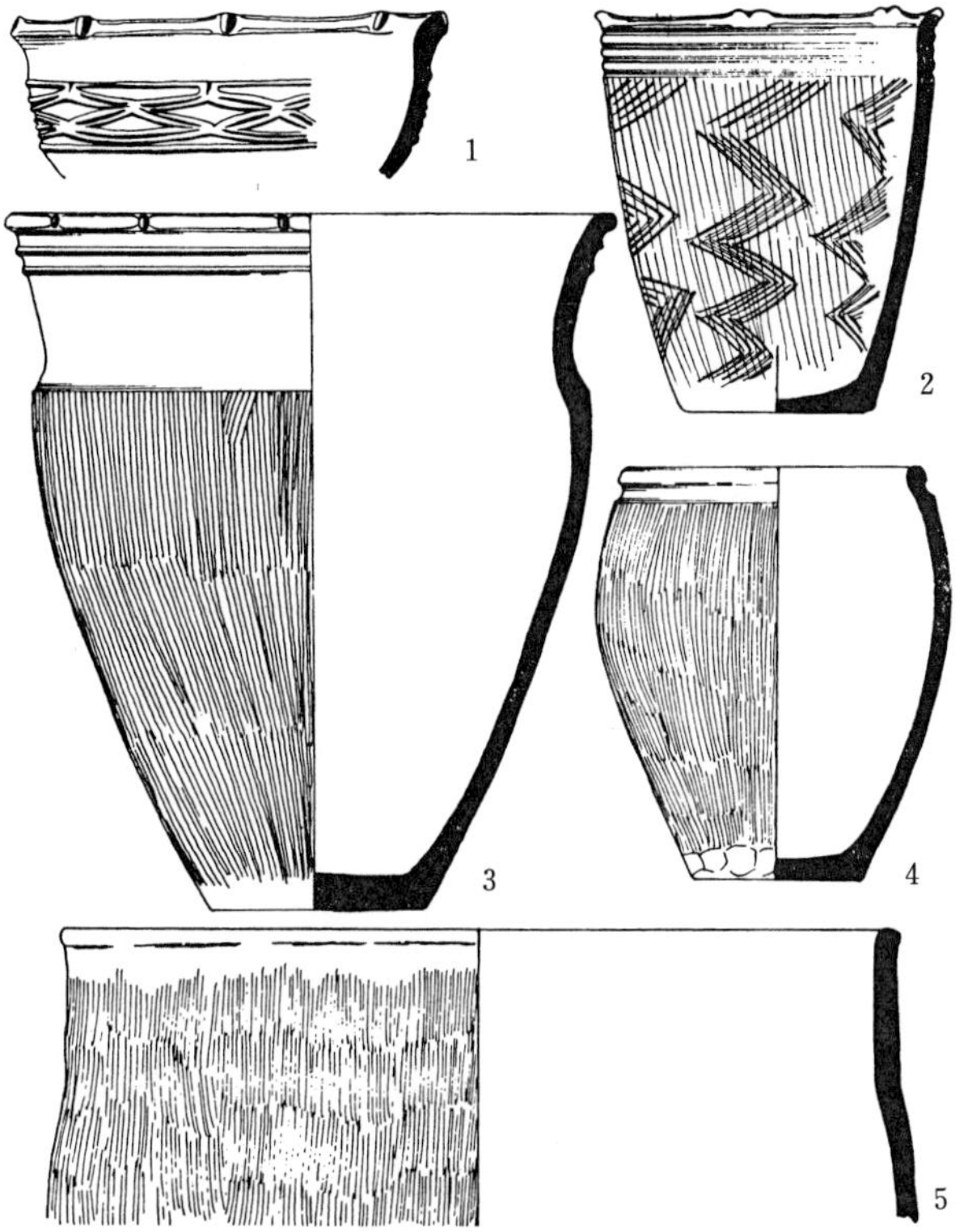

第4図 長野・氷遺跡の土器 1/5
1条痕なし 2～5条痕あり(永峯光一氏報告より)

氷I式に代表される細密条痕(図版第2—11・12)を桑飼下式に代表される一群の細密条痕とくらべてみると、条線幅や形状は類似しているのであるが、両者を同種の原体から生じた擦痕と断定するには、なお、一抹の不安が残る。というのは、氷I式に代表される条痕には、まだ条痕の起点にある工具の圧痕を確認していないうえ、この一群の条痕は彫りに鋭さが乏しく、また条痕の山の頂部にわずかながら工具に接触しない部分を残すものが多いという点で桑飼下式の条痕との間に相違が見られるからである。

以上に略述したように、西日本と東日本の縄文式土器には、それぞれ刷毛目と酷似した細密条痕をもつ一群がある。細密条痕の原体については判断を保留したが、たとえ、これらの細密条痕が木の擦痕であったとしても、弥生式土器の刷毛目の直接の祖先とは考え難い。なぜなら、桑飼下式に代表される細密条痕は、その分布、存続年代において、初期弥生式土器(板付I式土器)の刷毛目と全くかけはなれている。また、氷I式に代表される細密条痕は、存続年代が初期弥生式土器に併行するというものの、分布範囲が弥生式土器発祥の地である北部九州からかけはなれていて、やはり、弥生式土器の刷毛目の直接の祖先と見なすには無理がある。両者の間に系譜的関係があるとしても、氷I式の細密条痕が弥生式文化伝播の前駆現象である可能性の方が高いといえる。

しかしながら、これらの細密条痕が弥生式の刷毛目と系譜関係を持たなくとも、木の擦痕であることが証明されれば、そのことはすなわち、縄文式土器の技術が刷毛目技法を容易に生み出す素地を持っていたことを示す証拠となる。この故にやはり、これらの細密条痕の原体の究明は、刷毛目技法の源流を考えるのに避けて通ることのできない課題であるといえよう。

三　朝鮮無文土器・金海式土器の刷毛目

朝鮮の無文土器系の土器に刷毛目をもつもののあることを最初に指摘したのは鳥居竜蔵氏であるが、(16)その後、日本人学者で朝鮮の土器の刷毛目に注意を払った人は全く無い。この状態は朝鮮の解放後も続き、韓国の学者の間でも、土器の刷毛目は研究の視野の外に置かれていた。筆者の知る限り、刷毛目に関心を持った最初の韓国人学者は金元竜氏である。同氏が一九六六年に発表した天安市鳳竜洞遺跡の報告[17]に、出土した無文土器の刷毛目様擦痕について簡単な記載がある。その後、一九七六年になって、韓炳三氏が編纂に関与した貝塚の発掘報告書のなかに、ようやく、刷毛目についてのくわしい記述や図があらわれるようになった[18]。このように、朝鮮の刷毛目は最近（本章執筆当時一九七九年頃）ようやく注意されはじめたばかりであって、まだ十分なデータは蓄積されていないが、学界の注意を喚起する意味から、一応の素描を試みてみたい。

乏しい資料から判断しても、無文土器の製作技術のなかに、刷毛目技法の萌芽と見るべき技法が含まれていることは確実である。そのことを示す資料としては、まず、金元竜氏が報告している京畿道水石里の出土品がある[19]。この資料は六軒の竪穴住居跡から発掘された無文土器の良好な一括遺物である。報告書には記載されていないが、金元竜氏および西谷正氏の教示によると、壺の外面に縦位の刷毛目様擦痕をもつものがある[20]（図版第３－２）。水石里の土器は口縁部に断面円形の凸帯をはりつけた甕を含み、無文土器を三群に分つ後藤直氏の分類によると、最も新しい第三群に属する。ただし、土器の形態や伴出の石斧から見て、第三群のなかでは比較的時期のさかのぼるものであろうと、後藤氏は推定している[21]。

忠清南道天安市鳳竜洞採集の無文土器も、金元竜氏が報告しているように刷毛目様擦痕をもっている[22]。ただし、くわしい年代は不明である。

慶尚南道釜山市朝島貝塚、慶尚南道馬山市外洞城山貝塚の発掘報告書にも、刷毛目をもつ無文土器の出土が報告されている。いずれの貝塚も、主として金海式土器の時期に形成されているが、包含層の下部から無文土器を出土する。

朝島貝塚出土の無文土器は、三層に分れる文化層のうち最下層から、金海式土器と混在して発見されたものである。[23] 無文土器として選別され、報告書に図が掲げられているもののなかには、後藤氏がいう甕I類、[24] すなわち、口縁下に小孔をつらねる類、甕Ⅲ類、すなわち、口縁下に断面円形の粘土帯をはりつける類、第Ⅳ類、すなわち、単純なつくりの口縁をもち、器壁が若干外反あるいは内反する深鉢形の器形、以上各種が含まれていて、いずれも金海式土器出現以前の土器と思われるが、単一の時期のものではない。このうち、刷毛目を持つのは、単純な口縁をもつ一個の深鉢で、外面に縦位の刷毛目がある(図版第3―1)。また、実測図のなかには、内面に刷毛目をもつ底部の破片が示されている。[25]

なお、朝島貝塚の報告書は、参考資料として、慶州九黄洞の住居跡から採集した無文土器の破片に、刷毛目をもつ腹部破片と底部破片のあることを述べ、その写真を掲げている。[26]

城山貝塚の東区貝塚では、最下層から無文土器のみが、下より第二層では無文土器が金海式土器とともに出土する。[27] ただし、最下層の土器も、無文土器としては単一の時期のものでないようである。報告書に無文土器として図示されたもののうちに、内外面、あるいは内面にのみ刷毛目を残す底部の破片がある。[28]

以上、ごくわずかな資料を掲げたにすぎないが、少なくとも、朝鮮無文土器のなかに刷毛目をもつものがあることは認めてよかろう。実物を観察していないので断定はできないが、写真から判断すると、朝島貝塚出土の甕の擦痕(図版第3―1)と、慶州九黄洞出土破片の擦痕は針葉樹材の擦痕である。その他の諸例は原体の種類を判じ難い。

無文土器の刷毛目に通じて見られる特徴は擦痕の彫りが浅いことである。摩耗の進んだ板から生じる彫りの深い擦痕は見かけない。その点で、日本の研究者が持っている刷毛目のイメージとの間には多少の相違がある。

無文土器の刷毛目のもう一つの特徴は、刷毛目を最終仕上げ面にとどめる土器の少ないことである。日本の場合、刷毛目を最終面にとどめる土器には煮沸用の土器が多いが、無文土器の場合、口縁部に断面円形の粘土凸帯をはりつけた甕は、煮沸用の容器であるにもかかわらず、明瞭な刷毛目をもたない。この器形の無文土器は、北部九州でもしばしば板付Ⅱ式の甕と共存することが知られている。北部九州出土のこの種の甕について検してみても、その表面はおおむね平滑で明瞭な擦痕をとどめず、いかなる方法で調整されたかわからない。ただ、福岡市諸岡F地点出土の完形品の一個には、内外面のごく一部に板によるらしい目立たない擦痕が残っている。また、口縁部凸帯のはがれたあとに、ごく目立たない擦痕を見ることがあるが、刷毛目とよべるほど明瞭な痕跡ではない[29]。このような擦痕のあり方は、もともと全面につけられたものが消し残されたのか、たまたまその部分にのみ擦痕がついているのか、判断に苦しむようなものである。

朝鮮の先史・原史時代の土器のなかで、最も明瞭な刷毛目を持っているのは、無文土器につづいてあらわれる金海式土器である。金海式土器の刷毛目は、日本の研究者が刷毛目という言葉から連想する擦痕と全く同じものである(図版第3－3)。もっとも、金海式土器が存続するすべての期間にわたってこのような明瞭な刷毛目がおこなわれたか否かは、今のところ不明である。朝島貝塚[30]、城山貝塚の報告[31]によって見ると、同時期に作られた金海式土器でもすべてが明瞭な刷毛目を持っているわけではない。刷毛目が普遍的に見られるのは、金海式土器のなかでも、韓国の学者のいう軟質土器(赤褐色軟質土器)であって、硬質土器(瓦質土器)にはこれを見ない。軟質土器の刷毛目は、甕・壺・高坏など各種の器形に見られる。擦痕が明瞭であるので、写真・拓本からだけでも、針葉樹材の擦痕であると判定できる。条線の幅や、彫りの深さの変化、工具の使い方にいたるまで、日本の弥生式土器や土師器の刷毛目に似通っている。また、軟質土器では、刷毛目がしばしば叩き目の上に施され、刷毛目の下地に叩き目が透

第5図　馬山外洞城山貝塚出土金海式軟質土器の刷毛目
（韓炳三・鄭澄元氏報告より）

けて見える状態（第5・6図、図版第3－4）は、日本の後期弥生式土器の仕上げと同じである。

金海式土器の叩き技法は、還元焔焼成の技術とともに、中国の灰陶ないし印文陶の技法を受けたものと見られるが、中国の土器には叩き目の上に刷毛目を重ねる技法を見かけない。(32)金海式土器のなかでも、整然とした縄蓆文・格子目文等の叩き目を持つ硬質土器において、叩き目の上に刷毛目を重ねて施さないのは、この種の土器の製作者が、中国伝来の技法を忠実に守った結果であると考えられる。それに対し、叩き目の上に刷毛目を重ねる技法は、朝鮮無文土器系の刷毛目技法と、中国系の叩き技法とが朝鮮において結びついた結果生じたものと解される。

朝鮮の刷毛目技法は、金海式土器で発達の頂点に達したのち衰退する。三国時代新羅の古墳から発見される陶質土器・赤焼土器には、一種の目立たない擦痕を持つものはあるが、明瞭な刷毛目を見かけない。(33)統一新羅時代のスタンプ文を持つ印花文土器にいたっては、表面に擦痕の類を残さないように特別の配慮がなされたらしく、器表はなめらかである。

おわりに

この論文の目的とするところは、冒頭に記したように、弥生式土器の刷毛目技法に

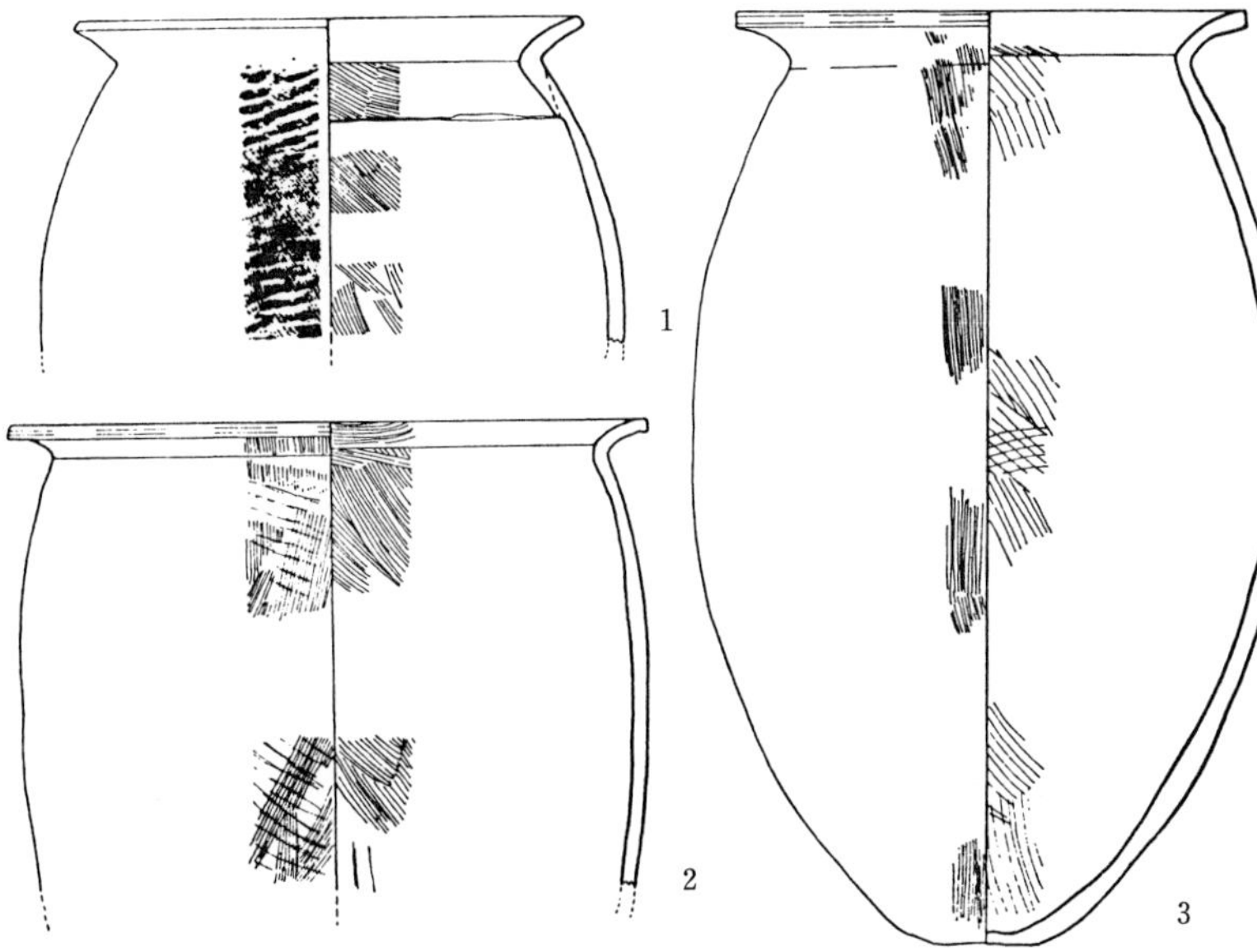

第6図　馬山外洞城山貝塚の金海式土器軟質土器甕　1/3
（韓炳三・鄭澄元氏報告より）

ついて、それが縄文系の技法であるか、朝鮮無文土器系の技法であるかを判定することであった。そのための手段として、縄文式土器、朝鮮無文土器それぞれの製作技術のなかに、刷毛目技法の祖型と見なし得るような技法が含まれているか否かを検討してきたわけであるが、検討の結果、縄文式土器の技術のなかには、貝殻条痕技法と木片による部分的な調整技法という、両者が結びつけば容易に刷毛目技法に転化し得る可能性を持った技法が含まれており、一方、無文土器の技術には、すでに初原的な刷毛目技法が存在することが明らかになった。このいずれを弥生式土器の刷毛目技法の祖先とすべきかは、にわかに判定し難いところがあるので、本稿では明確な結論を示すことをさしひかえたい。

すでに述べたように、無文土器の刷毛目は、条線の彫りが浅いこと、また、土器全体のなかで、刷毛目を施した土器の数が限られていることを特徴とする。無文土器の刷毛目はこれらの点において、日本の刷毛目と大きく違っているように見えるが、日本の刷毛目のなかから、初期のものだけを取り出し、これを無文土器の刷毛目と比較すると、両者の間の相違はさほど大きくはないのである。無文土器とそれにつづく金海式土器の刷毛目の上には、目立たない刷毛目から、目立った刷毛目へという変化の方向が明らかに読み取れる。これと同じ傾向は、実は、日本の弥生式土器の刷毛目の上にも認められるのである。統計的に示し得るだけの資料を集成していないが、夜臼式土器、板付Ⅰ式土器の刷毛目は、のちの時期の刷毛目にくらべると、条線が細かく、彫りが浅いという特徴を持つ。しかも板付Ⅰ式の甕のなかには、図版第3－5(34)に示したように、繊細な刷毛目をさらになんらかの方法で不完全に消去したものがあって、製作者が、刷毛目をなるべく目立せないようにした配慮の迹がうかがわれる。この傾向は畿内の弥生式土器にも認められるのであって、第一様式甕の刷毛目は繊細であり、第二様式の甕にいたって条線幅の広い刷毛目が出現する。

朝鮮無文土器の刷毛目と、日本の初期の刷毛目とが、目立ないという共通の特色を持っていることは、両者の親縁関係を暗示するかのごとくである。しかし、両者の系譜関係を断定するには、この程度の証拠では薄弱であるといわなければならない。理想的には、北部九州の晩期縄文式土器から、前期弥生式土器にかけての、貝殻条痕と刷毛目の交替過程を段階的に明らかにし、その結果を同時期の朝鮮無文土器の刷毛目のあり方と対比することが必要である。しかも、その対比は、単に擦痕の形状についておこなうのみでは不十分であって、擦過の方向、一回の擦過の長さ、擦過の進行順序、擦過と成形技法との関係などの諸要素についておこなうことが必要である。本章を草するに当り、日本の土器についてそれだけの詳細な観察をおこなう余裕を持たず、また、朝鮮無文土器に関しては、このような比較研究の前提条件となる編年体系の構築が完成していないため、[9] 残念ながら、明確な結論に到達することはできなかった。本稿を一つの中間報告と受け取っていただければ幸いである。

本稿の執筆に当っては、筆者が乏しい知識しか持ち合せていない分野にも触れなければならなかったので、多くの方々のお世話になった。特に、九州の土器については、森貞次郎・小田富士雄・高島忠平・下条信行・西健一郎・山崎純男・田中良之・宮内裕の諸氏、縄文式土器については、佐原真・戸沢充則・小林達夫・渡辺誠・樋口昇一・中村友博の諸氏、朝鮮中国の土器については岡崎敬・西谷正・後藤直の諸氏から、種々の教示や実際的な援助を受けた。ことに、西谷氏には、ソウル留学中の貴重な時間を割いて、実物の観察をしていただいた。資料の閲覧を快諾された金元竜氏、朝鮮語文献を解読していただいた沈奉謹氏にもお礼申し上げたい。最後に資料の採訪に便宜をはかっていただいた熊本大学考古学研究室、福岡市教育委員会、岡山大学考古学研究室、兵庫県教育委員会、兵庫県太子町教育委員会、鳥取県および鳥取市教育委員会、鳥取県立博物館、明治大学考古学研究室に謝意を表する。

本論文は昭和五三年度文部省科学研究費(一般・B)による「刷毛目技法を中心とした土器製作技術史の再検討」の成果である。

註

(1)　佐原真「農業の開始と階級社会の形成」(『岩波講座　日本歴史1』一九七五年)に詳細なリストがある。

(2)　金関丈夫「人種論」新版『考古学講座10　特論(下)』雄山閣、一九七一年。同「人類学から見た古代九州人」松本雅明編『九州文化論集1　古代アジアと九州』平凡社、一九七三年。

(3)　たとえば、註(1)にあげた佐原論文。

(4)　たとえば、春成秀爾「弥生時代はどのようにして始まったか」『考古学研究』第二〇巻第一号、一九七三年。

(5)　弥生文化の成立をめぐる諸説については、小田富士雄「九州の黎明」『古代の地方史1　西海編』朝倉書店、一九七六年参照。

(6) 横山浩一「刷毛目調整工具に関する基礎的実験」『九州文化史研究所紀要』第二三号、一九七八年(本書第一章)。
(7) 森貞次郎・岡崎敬「福岡県板付遺跡」(日本考古学協会編『日本農耕文化の生成』東京堂、一九六一年)、なお同書所収、森貞次郎「福岡県夜臼遺跡」、乙益重隆「熊本県斎藤山遺跡」にも、夜臼式土器の刷毛目に関する記載がある。
(8) 山崎純男「福岡市板付遺跡の縄文時代水田址」(『月刊文化財』一九七八年一〇月号)、および山崎氏の直接の教示による。
(9) 渡辺誠編『京都府舞鶴市桑飼下遺跡調査報告書』(舞鶴市教育委員会、一九七五年)一〇六頁。
(10) 分布の大勢については渡辺誠氏、滋賀県・京都府については中村友博氏、兵庫県については村上紘揚氏、鳥取県については亀井煕人氏ほか鳥取県・市教育委員会の諸氏の教示を受けた。
(11) 土器の年代、細部に関する以上の記述は、三八・三九頁に掲げた報告書に従った。
(12) 註(6)に掲げた筆者の前稿(本書第一章)では、刷毛目の終点に生じる粘土のたまりについてのみ言及したが、実際には起点の方が粘土のたまりが生じやすい。擦過の際に土器面からかき取られて板の裏面に付着した粘土が、次回の擦過の起点になすりつけられるためである。このことは、すでに、佐原真「土器の話 10」(『考古学研究』第一九巻第三号、一九七三年)一一二頁註2で指摘されている。筆者前稿には、この点について混同があった。前稿の図版4―3「刷毛目の終点」とあるのは「刷毛目の起点」と訂正する(本書三〇頁)。
(13) 永峯光一「氷遺跡の調査とその研究」『石器時代』第九号、一九六九年。
(14) 戸沢充則「長野県岡谷市庄ノ畑遺跡の再調査」『信濃』第五巻一〇号、一九五三年。
(15) 杉原荘介・戸沢充則「神奈川県杉田遺跡および桂台遺跡の研究」『考古学集刊』第二巻第一号、一九六三年。
(16) 西谷正「朝鮮の農耕文化と弥生時代」『歴史公論』第四巻第三号、一九七八年による。
(17) 金元竜「天安市鳳竜洞山上無文土器遺跡」(『震壇学報』第二九・三〇合併号、一九六六年)三三頁。
(18) 韓炳三・李健茂『朝島貝塚』国立中央博物館、一九七六年、韓炳三・鄭澄元「東区貝塚発掘調査報告」『馬山外洞城山貝塚発掘調査報告』文化公報部文化財管理局、一九七六年。
(19) 金元竜「水石里先史時代聚落住居址調査報告」『美術資料』第一一号、一九六六年。

(20)　一九六七年、西谷正氏を通じて金元竜氏に朝鮮無文土器の刷毛目様擦痕について照会をしたところ、水石里の土器に刷毛目があるという懇切な教示を受けた。一九七八年、西谷氏のソウル留学に際して実物の観察を依頼したところ、金氏は資料の縦覧と写真の掲載を快諾され、西谷氏からは観察の結果について教示を受けた。図版第３－２は水石里Ⅲ号住居址出土品、註(19)に記した同遺跡報告書第17図－２の土器の外面である。
(21)　後藤直「南朝鮮の「無文土器」」(『考古学研究』第一九巻第三号、一九七三年)六三頁。
(22)　註(17)に同じ。
(23)　註(18)に掲げた朝島貝塚の報告書。
(24)　註(21)の論文。
(25)　註(23)の報告書図５－５。
(26)　註(23)の報告書図版九－(2)。
(27)　註(18)に掲げた馬山外洞城山貝塚の報告書。
(28)　註(27)の報告書図面16。
(29)　『板付周辺遺跡調査報告書２』(『福岡市埋蔵文化財調査報告書』第三一集、福岡市教育委員会、一九七五年)五九・六〇頁。
(30)　註(23)に同じ。
(31)　註(27)に同じ。
(32)　日本国内で観察できた資料のみにもとづく推論であるから検討の余地がある。中国の叩き目文土器にも全く刷毛目様擦痕がないわけではない。岡山大学保管・和島誠一氏山西省収集土器のうち、万泉県荊村出土品と楡次県源渦鎮出土品に刷毛目様擦痕がある。前者は擦痕の上に縄蓆文をつけたもの、後者は擦痕と縄蓆文の先後関係を判定し難い。朝鮮・日本の先史・原史時代土器では、原則として叩き目の上に刷毛目を施す。ただし、弥生式土器畿内第四様式では刷毛目の上に叩き目を施す。これについては、都出比呂志「古墳出現前夜の集団関係」(『考古学研究』第二〇巻第四号、一九七四年)二二頁参照。

(33)　日本国内で観察できた資料のみにもとづく推論であるので、検討の余地がある。なお、このことと関連して、須恵器の刷毛目技法が朝鮮伝来の技法であるのか、土師器系の技法をとり入れたものであるのかという問題が浮び上ってくる。須恵器の製作に刷毛目技法が最も盛んに使われるのは六世紀の段階である。古式の須恵器には刷毛目をもつものが少ない。大阪府一須賀窯跡出土の須恵器を詳細に観察した田辺昭三氏の教示によると、同窯跡出土品には刷毛目を認めないという。伝来当初の須恵器製作技術が刷毛目技法を伴っていたか否かは別問題としても、刷毛目技法の盛用が、須恵器製作技術の日本化の過程で生じた現象であることは疑いない。

(34)　註(7)に掲げた板付遺跡の報告書第9図9に図示された甕の口縁下外面。この土器は報告書に、刷毛目を持たないと記されているが、実物を検すると、繊細な刷毛目をつけたのち、これを不完全に消去した痕跡がある。同様な手法を施した甕は、板付遺跡出土品中に相当数見られる。

図版第１　縄文式土器に見る木の擦痕

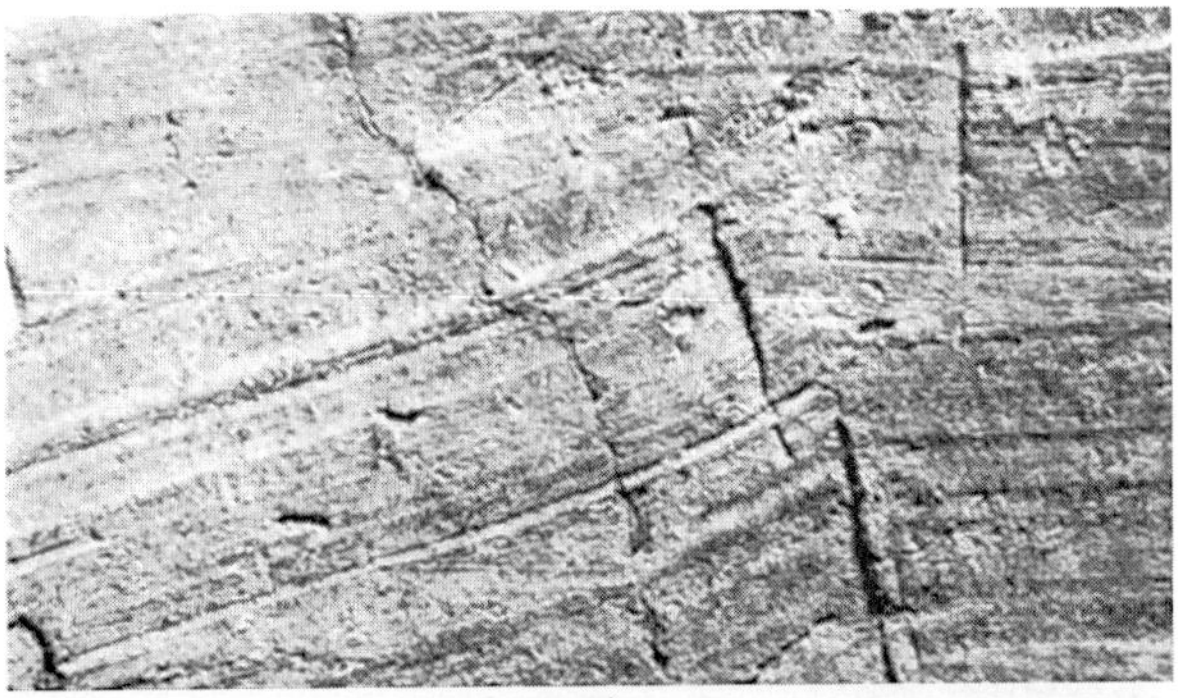

1

2

3

4

1　熊本・阿高貝塚　土器内面(熊本大学文学部保管)　2　鳥取・布勢遺跡　土器内面(鳥取県立博物館保管)　3・4　熊本・阿高貝塚　土器外面(熊本大学文学部保管)

図版第２　縄文式土器の刷毛目様細密条痕

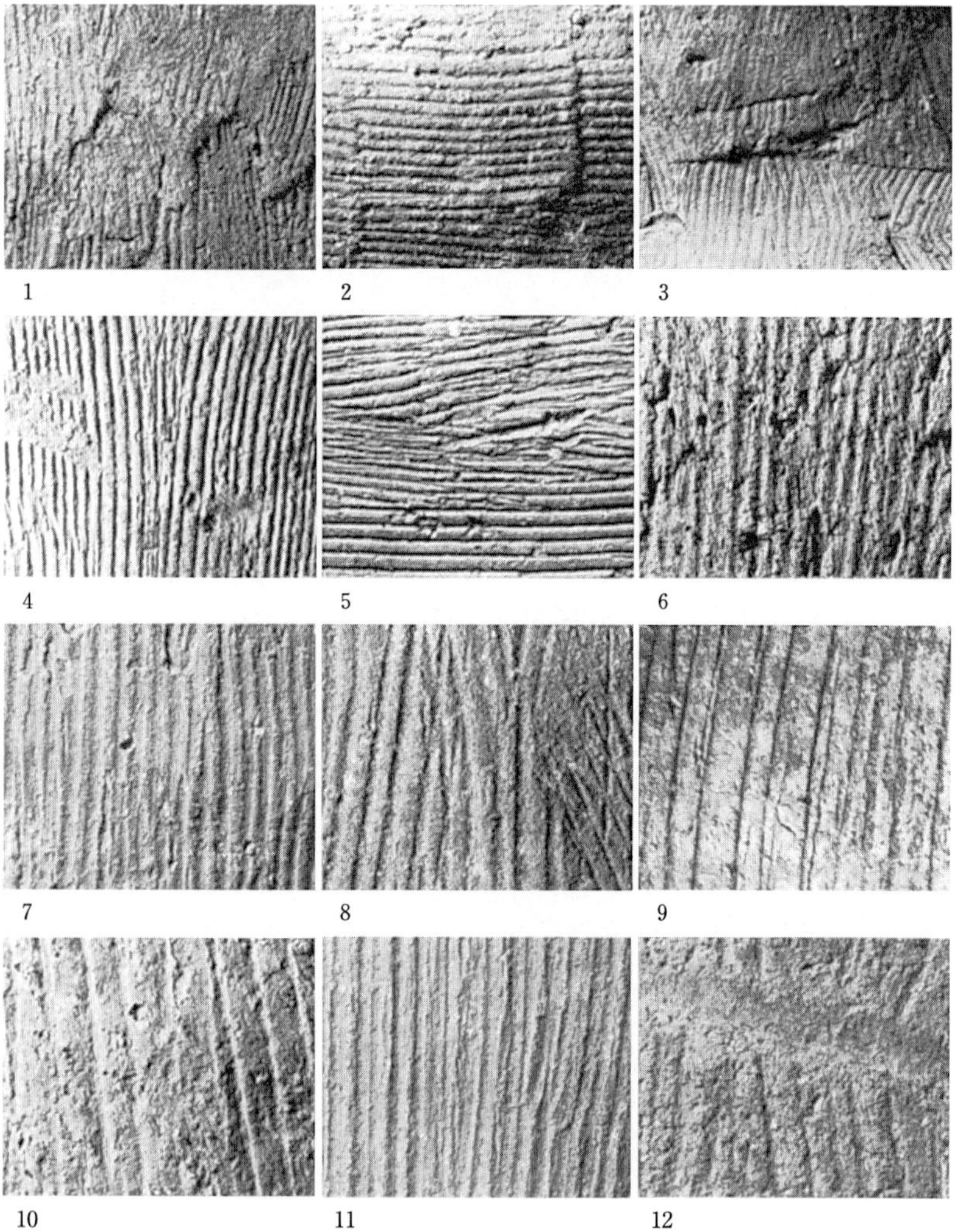

１・２　鳥取・布勢遺跡(鳥取県立博物館保管)　３　鳥取・桂見遺跡(鳥取市教育委員会保管)　４　鳥取・布勢遺跡(鳥取県立博物館保管)　５・６　京都・桑飼下遺跡(渡辺誠氏資料)　７〜９　鳥取・布勢遺跡(鳥取県立博物館保管)　10　京都・桑飼下遺跡(渡辺誠氏資料)　11・12　神奈川・杉田遺跡(明治大学文学部保管)

図版第 3　朝鮮無文土器・金海式土器と弥生式土器の刷毛目

1

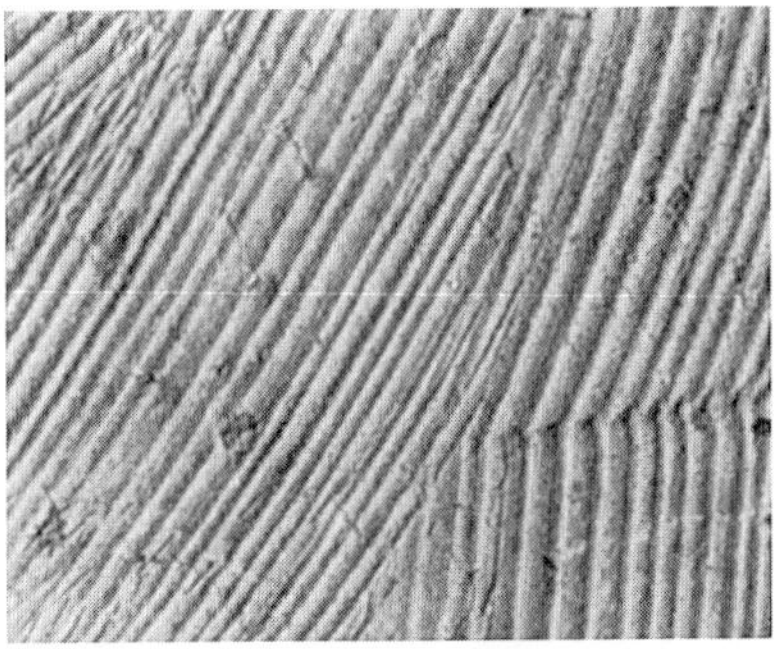

3

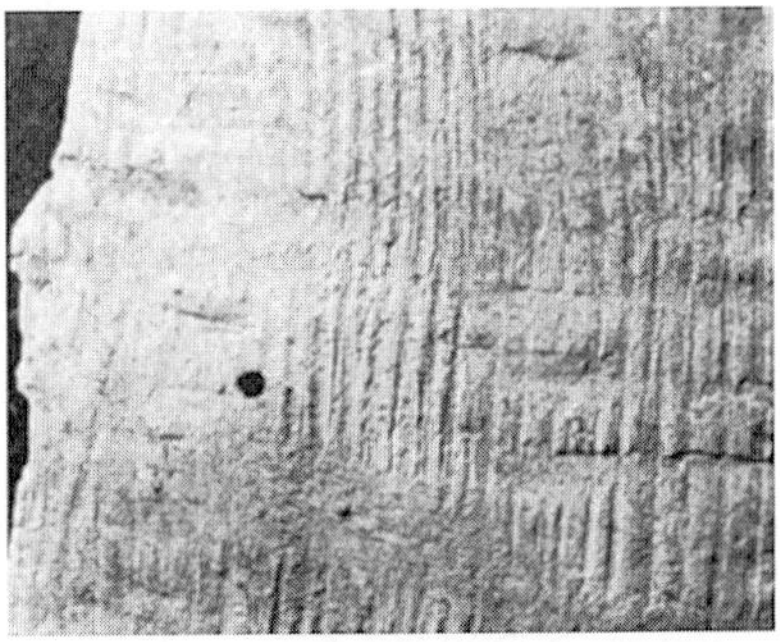

4

2

5

1　慶尚南道・朝島貝塚　無文土器(韓炳三・李健茂氏報告より)　2　京畿道・水石里遺跡　無文土器(金元竜氏資料)　3・4　慶尚南道　金海式土器(沈奉謹氏資料)　5　福岡・板付遺跡　板付 I 式土器(九州大学文学部保管)

II

叩き目の研究——技術史の細部 2

第三章　須恵器の叩き目

はじめに

叩き目とは、土器や土製品を作る際、器壁を叩き締めることによって生じた道具の圧痕をいう。この論文は須恵器の器面に印された叩き目を、製作過程と関係づけながらどのように判読すべきかを論じたものである。

須恵器の叩き目ないし叩き技法についてはすでにいくつかの研究がある(1)[10]が、取り扱われるテーマは主として叩き目文様の変遷と、叩き目を消去する手法の消長に限られていた。叩き目の器面における方向や、叩き目の重複関係など、器面における叩き目のあり方を正面から取り上げた研究は見られない。このような研究の現状を考慮して、本稿では叩き目文の変遷など、すでに取り上げられている課題には深入りせず、もっぱら、叩き目の器面におけるあり方を法則的に把握することに力を注いだ。叩き目を言語になぞらえるならば、本稿は、叩き目文様という「語彙」を論じたものではなく、叩き目の「文法」を発見することを目ざしたものである。

このような研究は瓦などについてすでにおこなわれているもの(2)[11]の、須恵器については今回が最初の試みであるので、細部にこだわらず、大筋を把握することに努めた。そのため、検討の資料を丸底の壺甕類で、しかも、平行線叩き目を印するものに限った。この種の器形は器面に叩き目を残すことが最も多く、また、平行線叩き目は器面における方向や重複関係を最も読み取りやすいからである。主として取り扱う時代は、古墳時代から平安時代前期までとした。理想をいえば、それ以降の須恵器系の焼物[12]をも視野に入れて論を展開すべきであろうが、現在の筆者には新しい時代の資料を消化する余裕がないので、右のように時代を限ったわけである。

一　叩き締めの道具

土器の製作に際しておこなう器壁の叩き締めには、二つの効果があるとされている。第一は器壁の調整である。叩き締めによって、粘土と粘土のつなぎ目の接着がよくなり、粘土中の気泡が追い出され、器壁の厚みは平均化される。第二は器形の調整である。叩き締めによって器壁が薄く延ばされると、土器の表面積がひろがり、土器の形にも変化が生じるので、叩き方を適当に加減すれば、土器を意図する形に近づけることが可能である。のちにもふれるように、叩き締め作業によって、土器をもとの形と似ても似つかぬものに変えてしまうこともある。

須恵器の叩き技法は、基本的には弥生式土器のそれと似ている。叩き締めの作業に先立って、粘土帯積み上げなどの技法により土器のおよその形を作る。この、いわゆる第一次成形を終った粗型に対し叩き締めをおこなうわけであるが、大型の器を作る場合は、一気に全体の第一次成形をおこなうと、粘土の自重で形がくずれるおそれがあるので、第一次成形を途中で休止して叩き締めをおこない、粘土が若干乾燥するのを待って、第一次成形と叩き締めを再開する。このことは、第一次成形の休止部に生じやすい剝離面、いわゆる擬口縁に叩き目を印するものがあることによって確認できる。[13]

叩き締めは、片手に持った当て具を土器の内面に当てがい、他方の手に持った叩き具で土器の外面を叩くことによっておこなう。したがって、須恵器の叩き締め作業には、土器の内側で使う当て具と、外側で使う叩き具との、少なくとも二つの道具を必要とする。(3) 叩き締めの道具には粘土に接する面に縄を巻いたり、彫刻を施すことが多い。このような面に凹凸のある道具を使うと、土器の面には道具の凹凸に応じた圧痕、すなわち叩き目がつく。

叩き目は装飾的な効果をもつが、人目にふれない土器の内面にも叩き目をつけ、また、いったんつけた叩き目をのちの工程ですり消すこともあるので、装飾的効果だけをねらって面に凹凸のある道具を使うのではないことは明らかである。叩き締め道具の面に凹凸をつけることについてはこれまで一般に、道具を粘土からはがれやすくするための工作であると説明されてきた。しかし、古唐津の叩き技法を伝承する金子認氏によると、道具を粘土からはがれやすくするには、道具に水を含ませておけばよいのであって、凹凸をつけるのは、土器を叩いた際に表面の粘土が横に逃げるのを防ぎ、叩き締めの効果を高めるための工作であるという。(4)

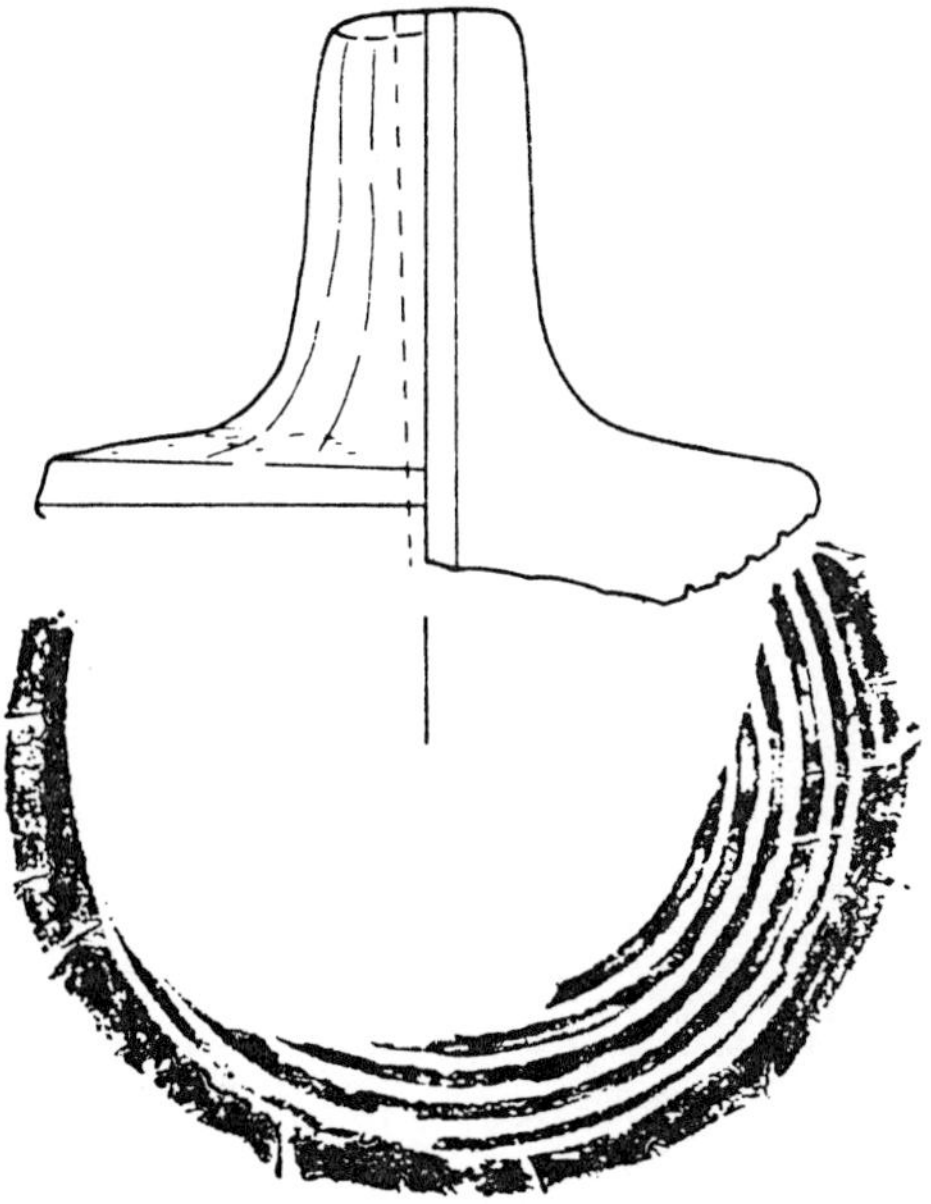

第1図　須恵器用の土製当て具　約2/5
岐阜・老洞1号窯(岐阜市教委概報より)

須恵器の叩き締め道具のうち当て具の実物としては、以前から土製品の存在が知られていた。その形状には二種あり、一つは、円盤の一面に棒状の把手をつけた茸形のもの（第1図）、もう一つは平面が小判形で、把手がなく、浴用の石鹼に近い形をしたものである。(5)[14] いずれも同心円を刻する。

しかし、土製の当て具は現在のところ岐阜県下か

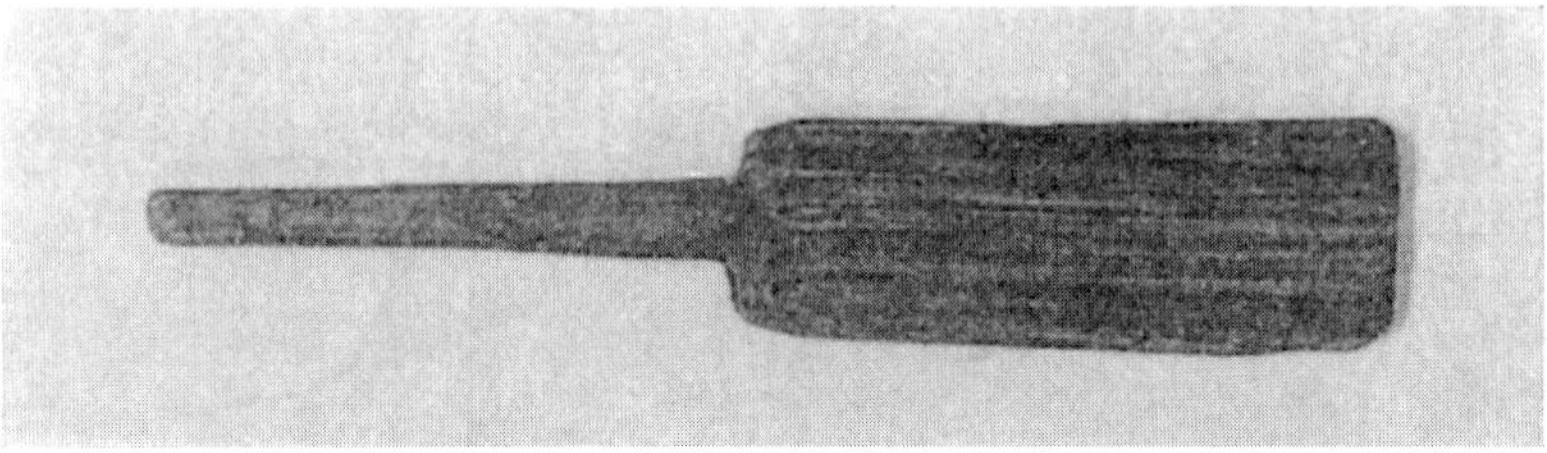

第2図　弥生式土器用の叩き板　大阪・東奈良遺跡(同遺跡調査会保管)

らしか発見されていない。[15] むしろ、須恵器の内面叩き目に木目の痕跡があらわれていることがあるので、木製の当て具が広く使用されていたのではないかと考えられていた。果して最近、愛媛県窪田遺跡で木製の茸形当て具が発見され、従来の推定が裏付けられることになった。(6)[16] これは針葉樹の心持材製で、表面の同心円文は木口の年輪ぞいに春材部を彫りくぼめたものである。同心円文についで須恵器の内面叩き目によくあらわれる平行線文の原体についてはまだよくわからない。

須恵器の叩き具は、大阪府東奈良遺跡(7)出土の弥生式土器の製作に使われた叩き板(第2図)や民俗例から類推して、羽子板状の木製叩き板が想定されていたが、その実物と見られるものが、やはり窪田遺跡から発見されている。[17] これは表面に刻みがないが、使用によって表面が磨滅し、木目が浮き出している。

叩き板については、板の木目と刻み目の関係に注意しなければならない。このことを最初に的確に指摘したのは佐原真氏である。(8) 同氏の考えを基礎に置きながら須恵器の場合を具体的に検討してみよう。叩き板はくり返し使用すると、磨滅して表面に木目に応じた凹凸を生じる。叩き作業の際にこの凹凸は、叩き板に人工的に刻まれた凹凸とともに土器面に転写されるので、叩き目を観察すれば、刻み目と木目との方向関係を知ることができる。叩き目から推定すると、平行線を刻んだ叩き板には、刻みが木目と交差するものと、平行するものとがある。交差するものは大部分が直交するが、斜交するものもわずかにある。

木目と交差する平行線叩き目には木目の痕跡があらわれやすい。肉眼ではそれと認め難いものでも、強い斜光線の下で拡大鏡を使えば、たいていの場合、叩き目の凹部に、刻み目の圧痕と交差して走る木目の圧痕を認めることができる(図版第１―１・２)。刻み目の圧痕と交差して木目の圧痕が明瞭に見える平行線叩き目は、一見、格子状叩き目のように見えるが(図版第１―３・４)、すでに指摘されているように、これは擬格子状叩き目とでも称すべきもので、格子目を刻んだ叩き板から生じる真正の格子状叩き目とは区別しなければならない。

木目平行の平行線叩き目にも、刻み目と平行して走る木目の圧痕が認められる。図版第１―５はその例である。ただし、木目交差刻みの平行線叩き目にくらべると木目の痕跡はあらわれにくい。刻みの圧痕に交差する木目の圧痕が見えないという消極的証拠と、器面における叩き目の方向という状況証拠にもとづいて、木目平行刻みの平行線叩き目であると判定せざるを得ない場合の方が多い。木目平行刻みの平行線叩き目に木目の圧痕が少ないことについては、東奈良出土の弥生時代の叩き板のように針葉樹の極端な板目材を用いたためか、あるいは、針葉樹材の春材部を彫り凹めることによって木目と一致した刻みをつけているためか、さらにあるいは、もともと叩き板には刻みがなく、人工的な刻みの圧痕のように見えるものが、実は板の磨滅によって浮き出した木目の圧痕であるのか、三通りの説明が考えられる。なお、格子状叩き目にも木目の圧痕があらわれることは少ないが、全く認められないわけではない。図版第１―６はその例である。

念のため記しておくと、叩き板が一木作りであれば、叩き目にあらわれた木目の方向と柄の方向は一致するが、柄が別木作りであれば、両者の方向が一致しないこともあり得る。須恵器の場合は柄を別木作りにしなければならない特別の理由を見出せないので、一応、日本や朝鮮で現に用いられている叩き板と同じように、一木作りであったとして以後の論をすすめることとする。(9)

二　叩き目のグループ分け

一回の叩き締めの動作によって器面に生じる叩き目は小さなものである。この小さな叩き目が無数に集って、器面を覆っているわけである。叩き板の幅を復原したり、叩き締め作業の進行順序を詳細に追跡しようとすれば、複雑に相接し相重なり合う叩き目のなかから個々の叩き痕を識別しなければならない。叩き目の観察は、最終的には、そこまで徹底しておこなうべきであろう。しかし、研究の最初の段階から、器面を覆う叩き目を個々の叩き痕単位に分解してしまうことは、労多くして功少ないばかりか、細部に拘泥して大局を見失うおそれがある。研究の手順としては、まず、器面に印された叩き目をいくつかのグループに大別し、それぞれのグループの特性や、グループ相互の関係を明らかにして大局を把握し、しかるのち個々の叩き痕単位の観察に進んだ方が得策であると考える。本稿での報告が、おおむね叩き目のグループ単位の考察にとどまっているのは、研究の現段階において、そのような作業がまず必要であると考えたからにほかならない。

一個の須恵器に印された叩き目をおおまかにグループ分けしようとする場合、壺・甕であれば、まず、口頸部の叩き目と、胴部の叩き目に分つのが適当である。須恵器の壺甕は、口頸部がなで仕上げであることが多く、また、しばしばこの部分に文様が付される。そのため、口頸部の最終仕上面に叩き目が残っていることは少ないが、仕上げのゆきとどかなかった部分に叩き目が残っていることがあるので、やはり口頸部にも叩き締めがおこなわれたことがわかるのである。割れ口の形状等から判断すると、須恵器の壺甕では口頸部と胴部とを別々に成形し、のちに接合する手法が広汎におこなわれている。このような手法でつくられた土器では、当然、口頸部の叩き締めと、胴部の叩き締めとが別個の作業としておこなわれたであろうから、両部の叩き目を別々のグループに分けることは十分に理由のあることである。もっとも、須恵器の系譜をひく土器のなかでも時代の降るもので、口頸部と胴部の境界が明瞭な稜をなさない器形では、口頸部と胴部を別作りとせず、二つの部分の叩き締めを一連の作業としておこなったものがある。たとえば、福岡県池の上遺跡で蔵骨器に使われていた須恵器系の壺[10]は、胴部から口頸部にまたがって内面叩き目が連続している。また、兵庫県の明石で作られた平安末期の魚住窯[11]では、外面の下地叩き目が胴部から口頸部に連続している。このような場合には、胴部から口頸部にわたる叩き目を一連のものとしてとらえねばならないことはいうまでもない。

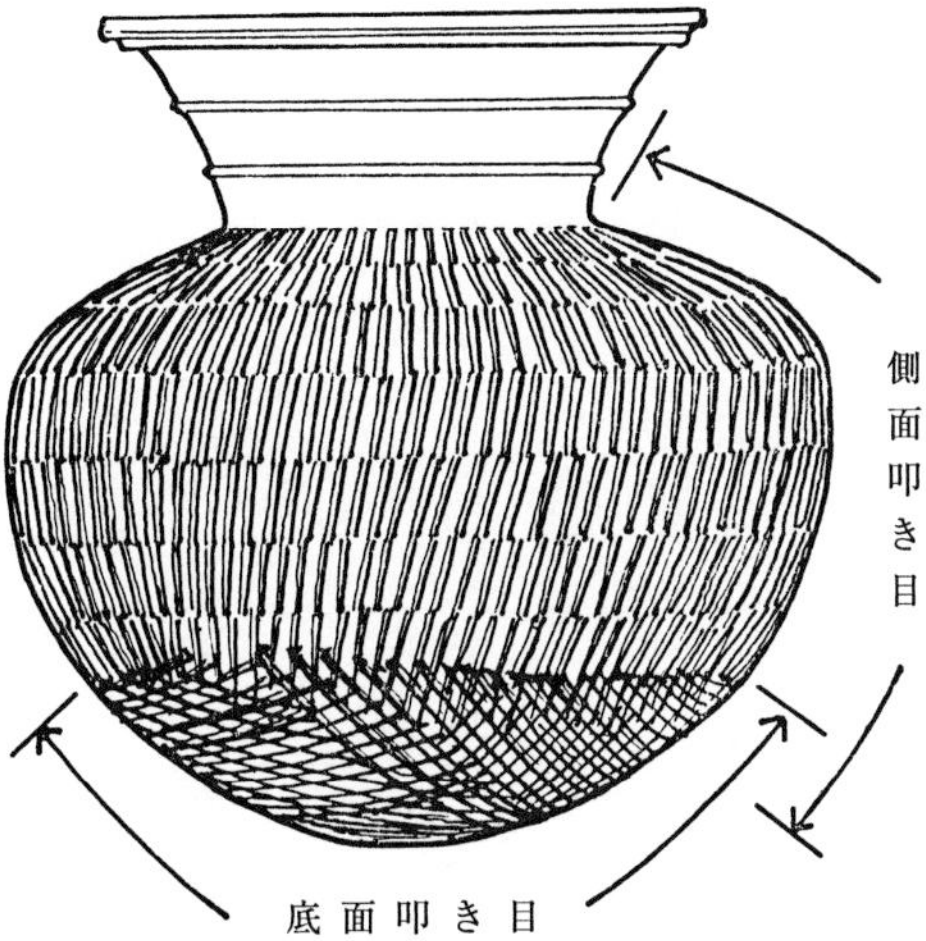

第3図　胴部叩き目のグループ分け模式図

口頸部の叩き目がのちの工程で消し去られるのを原則とするのに対し、胴部の叩き目は最終仕上面に残されることが多い。胴部の叩き目は、側面の叩き目と、底面の叩き目の二つに分けて取り扱うのが適当である。須恵器を見なれた研究者はすでに気付かれていることと思うが、丸底の壺甕の胴部に印された叩き目は、胴の上部と下部でいちじるしく様子を異にしている。それぞれを胴部側面叩き目、胴部底面叩き目とよび分けて記述することにしよう(第3図)。側面叩き目は比較的方向がそろっており、製作者がある程度、装飾的効果を意識していたことが読み取れる。これに対し底面叩き目は、方向がそろわず、乱雑な外観を呈する。また、側面と底面とで叩き目文様を異にすることも少なくない。側面叩き目と底面叩き目はこのようにはっきりと違っているので、実物について両者を見分けることは容易である。しかし、側面と底面の叩き目が施される範囲は一線を画して明瞭に分れるのではなく、両者はかなりの範囲にわたって重なり合っている。壺や中・小型の甕では、側面叩き目の下限は不明瞭であるが、底面叩き目の上限は明瞭であって、底から測って胴の高さの四分の一ないし三分の一あたりにあることが多い。ただし、時代の降る土器で胴部最大径の部分がいちじるしく上方にかたよっているものでは、底面叩き目の上限が高い位置を占める傾向があり、胴の高さの四分の三ぐらいのところにまで達することがある。このような場合、底面叩き目という言葉を用いるのはいささか躊躇されるが、底面よりひきつづいて施された叩き目であるのでやはりこの語を用いておく。

胴部の叩き目が側面と底面のグループに分れるのは、外面のみならず、内面についても当てはまることである。内面に一種類の当て具しか用いない土器では、内側面叩き目と内底面叩き目の区別をつけ難いこともあるが、当て具を変えている場合には両者を容易に判別できる。内外の底面叩き目の上限が誤認の余地がないほど明瞭な土器について検してみると、内底面叩き目の上限は、外底面のそれの裏側に正しく位置していることがわかる（図版第1—7）。これは、叩き目が内外呼応してつけられることからくる当然の結果である。

口頸部の叩き目についてはまだ観察例が少ないので、本章で記した以上に詳述すべきことを持ちあわせないが、胴部の叩き目についてはなお論ずべきことが多いので、次に章を分って側面と底面の叩き目それぞれについて詳述する。

三　胴部側面の叩き目

胴部側面叩き目のあり方を法則的に理解する端緒を得るため、叩き目文のなかでも最も単純な平行線叩き目を取り上げ、その器面における方向を検討してみよう。外側面に印された平行線叩き目は、正縦位ないし縦位よりの斜位をとるもの（図版第2―1）と、正横位ないし横位よりの斜位をとるもの（図版第2―2）とに大別できる。前者を縦位平行線叩き目、後者を横位平行線叩き目と総称しておこう。縦位平行線叩き目は古墳時代から平安時代にわたって広くおこなわれるが、特に古い時代に多く、古墳時代の平行線叩き目はほとんどこの類に属する。これに対し、横位平行線叩き目は新しい時代に盛行するもので、その存在が目立ちはじめるのは古墳時代終末期以降である。(12)

第4図　土師器　福岡・沖ノ島祭祀遺跡（宗像大社）

両種の平行線叩き目について木目の痕跡を検してみると、原則として縦位平行線叩き目は木目直交刻みの叩き板を、横位平行線叩き目は木目平行刻みの叩き板を使用しており、例外的に、横位平行線叩き目に木目直交刻みの叩き板を使用したらしいものがある。すなわち、外側面の叩き締めは、叩き板を土器に対し横位にかまえておこなうのが原則であって、例外的に、縦位にかまえることもあったということになる。

例外的と見なした木目直交刻みの横位平行線叩き目は、福岡県沖ノ島祭祀遺跡の須恵器等に疑わしいものが若干見られるだけで、実例は非常に少ない。(13) むしろ新しい時代の土師器に見ることの方が多い。弥生式土器、古式土師器の平行線叩き目はすべて木目平行刻みであるが、古墳時代終末期以降、奈良平安時代の土師器には、須恵器と同様な木目直交刻みの叩き板を使ったものがあり、そのなかに叩き板を土器に対し横位に使用したものとならんで、縦位に使用したものを見かける。実例は沖ノ島祭祀遺跡ほか北部九州の遺跡出土品にある(14)(第4図)。叩き板を縦位にかまえるのは、轆轤上に正立させた土器の側面を叩くのにはふさわしくない使い方である。轆轤を使わない土師器の方に、叩き板を縦位に使った例がより多く認められるのは、むしろ当然のことであろう。なお、須恵器の胴部側面に、木目平行刻みの叩き板を縦位に使用した例には、いまだ接したことがない。

須恵器に一般的な、叩き板を横位に使用した平行線叩き目を見ると、外側面の叩き目全体が正縦位あるいは正横位をとることは少ない。多かれ少なかれ、叩き目が傾きをもち、しかも、部分によって傾きを異にするのが普通である。最もよく見かけるのは、縦位平行線叩き目の場合、胴の下部では右上りの斜位ないし斜め縦位であるが、上方にゆくにしたがって傾きが少なくなり、頸部直下では正縦位になるというタイプである(図版第2—1)。横位平行線叩き目の場合、胴の下部では左上りの斜位ないし斜め横位をとるが、上方にゆくにしたがって傾きが少なくなり、頸部直下では正横位となるものが最も多い(図版第2—2)。いずれの場合も、正立した土器を右手に持った叩き板で叩いたとすると、胴の下部を叩く際には板を斜め下方に向け、叩きが上部に及ぶにしたがい、板の方向を水平に近づけていったと読み取ることができる(第5図下段)。これが最もよく見かけるタイプであるが、このほか、叩き目から推定される叩き板の方向が、下より、斜め下方→水平→斜め上方と変るもの、水平→斜め上方と変化するものも多少認められる。以上すべての場合に共通していえることは、叩き板の動きが柄の方に要を置いた扇形の軌跡をえがいていることである。このような叩き板の動き方は、工人が姿勢や腕の位置をなるべく動かさないで、

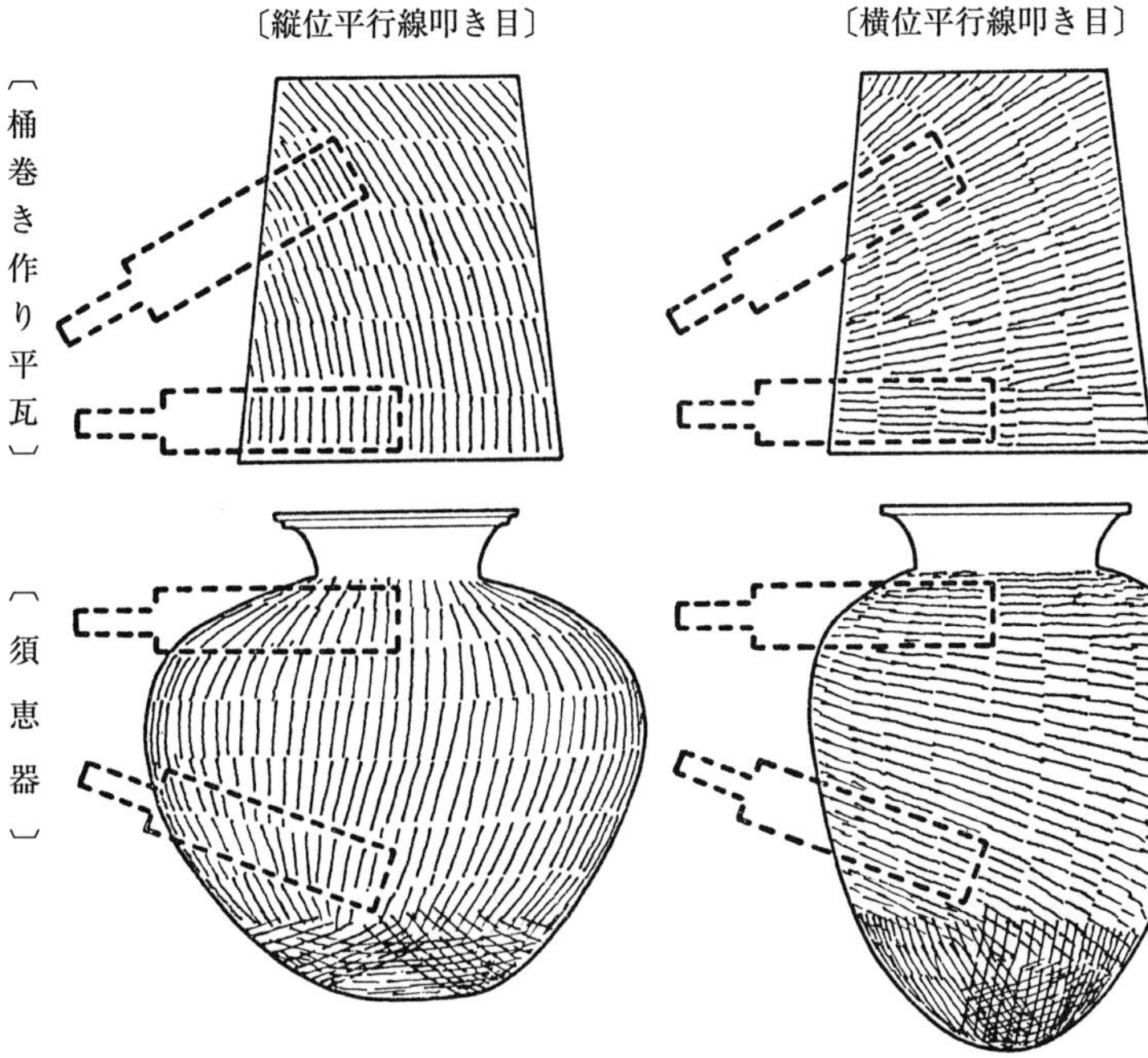

第5図　瓦と須恵器にあらわれた「叩きしめの円弧」模式図

しかも、できるだけ広い範囲を叩こうとする際、自然に生じてくる動き方であって、佐原真氏が桶巻き造りの平瓦について、「叩きしめの円弧」という言葉で表現している叩き板の動きと全く同じ性質のものである[15]（第5図上段）。

瓦の場合がそうであるように、須恵器の外側面叩き目にもすべて「叩きしめの円弧」が認められるというわけではない。特に、小型の甕や壺では「円弧」のあらわれ方が微弱である。「円弧」が最も明瞭にあらわれるのは器高が四〇センチ台の中型の甕である。中型の甕の叩き目をよく観察してのち小型の甕や壺の叩き目を見ると、「円弧」のどの部分が器面にあらわれているかを読み取れるようになる。いかなる理由によるのか明らかではないが、器高が数十センチに達する大型の甕では、かえって「叩きしめの円弧」のあらわれ方は不明瞭である。[18]

須恵器の「叩きしめの円弧」と瓦のそれとが相違する点は、瓦では下より、水平↓斜め上方と進行するのに対し、須恵器では斜め下方↓水平という動きを見せる例が圧倒的に多いことである。この違いが生じたのは、製作中の土器が工人の体に対して瓦よりも低い位置に置かれていたためであると解される。(16)

外側面の叩き目の最下部には、時に、直上の叩き目とは方向を異にする正縦位もしくは正横位に近い叩き目を見ることがある。これは「叩きしめの円弧」の法則だけでは理解できない現象であるが、胴の外側面の下端は、叩き板を斜め下方に向けて叩くと叩き残りの部分が生じやすいので、工人が特に姿勢を低くして、叩き板を水平方向に向けながら叩きをおこない、以後は自然な姿勢に復して、「叩きしめの円弧」の法則にしたがう叩き板の動かし方をしたと考えれば説明がつく。

須恵器壺甕のほとんどは「叩きしめの円弧」の中心を土器の向って左側に持つ。これは右利きの工人によって製作されたとすれば当然のことである。少数ながら見られるところの、「円弧」の中心を向って右側に持つ土器は、一応、左利きの工人の作と考えられるが、これを断定するには、出現頻度の吟味等の手続が必要であろう。「叩きしめの円弧」を示さないで、側面の平行線叩き目全体が正縦位あるいは正横位をとるものは、叩き目の方向をそろえることについて、工人が特別の配慮をしたものと考えられる。また、「叩きしめの円弧」を示すものでも、叩き目が全体として整然とした流れをえがくものは、工人が自然の手の動きにまかせて叩いたのではなく、やはり、叩き板の方向をコントロールすることに意識的な努力をはらったのであろう。

以上述べたように、瓦についていわれている「叩きしめの円弧」の法則を援用すれば、須恵器の外側面における叩き目の方向の変化を合理的に理解できるのであるが、これは平行線叩き目に限らず、それ以外の文様から成る叩き目についても当てはまることである。くわしくは述べないが、図版第2－3に示すように、格子状文から成る外側面叩き目にも「叩きしめの円弧」が明瞭にあらわれている。

なお、今後観察を進める際に留意すべき点として、側面二重叩きの問題がある。平安末期と推定される魚住窯の甕では、側面にまず下地叩きを施し、さらにその上から方向の違う仕上げ叩き目を施す手法が見られる。(17) このような手法がいつにはじまるかは明らかでないが、古墳時代終末期以降、奈良時代の甕類にも二重叩きの形迹をとどめるものが少数ながら見られる。(18) それ以前の時代のものには、まだ明確な二重叩きの実例を知らないが、今後もその有無については注意をはらいたい。

外側面の叩き目については、叩きの進行方向や、全面につけた叩き目の上にさらに部分的に叩き目を付加する手法など、追求すべき点が多く残されているが、このような一叩き痕単位の観察を必要とする問題については、今回は一切ふれないことにしておく。

四　胴部底面の叩き目

外底面の叩き目は、従来の発掘報告書等に「自由な方向をとる」とか「乱打している」とかいう言葉で表現されているように、方向がまちまちで、乱雑無秩序なものと見なされてきた。しかし、くわしく観察してみると、底面の叩き目も決して手あたり次第につけられたのではなく、一定の手順に従って施されていることがわかる。

そもそも外底面の叩き目が乱雑に見えるのは、互いに方向を異にする叩き目の群が複雑に重なり合っているためである。方向を同じくする叩き目ごとに一括してゆくと、全体をいくつかの群に分解することができる。もっとも、

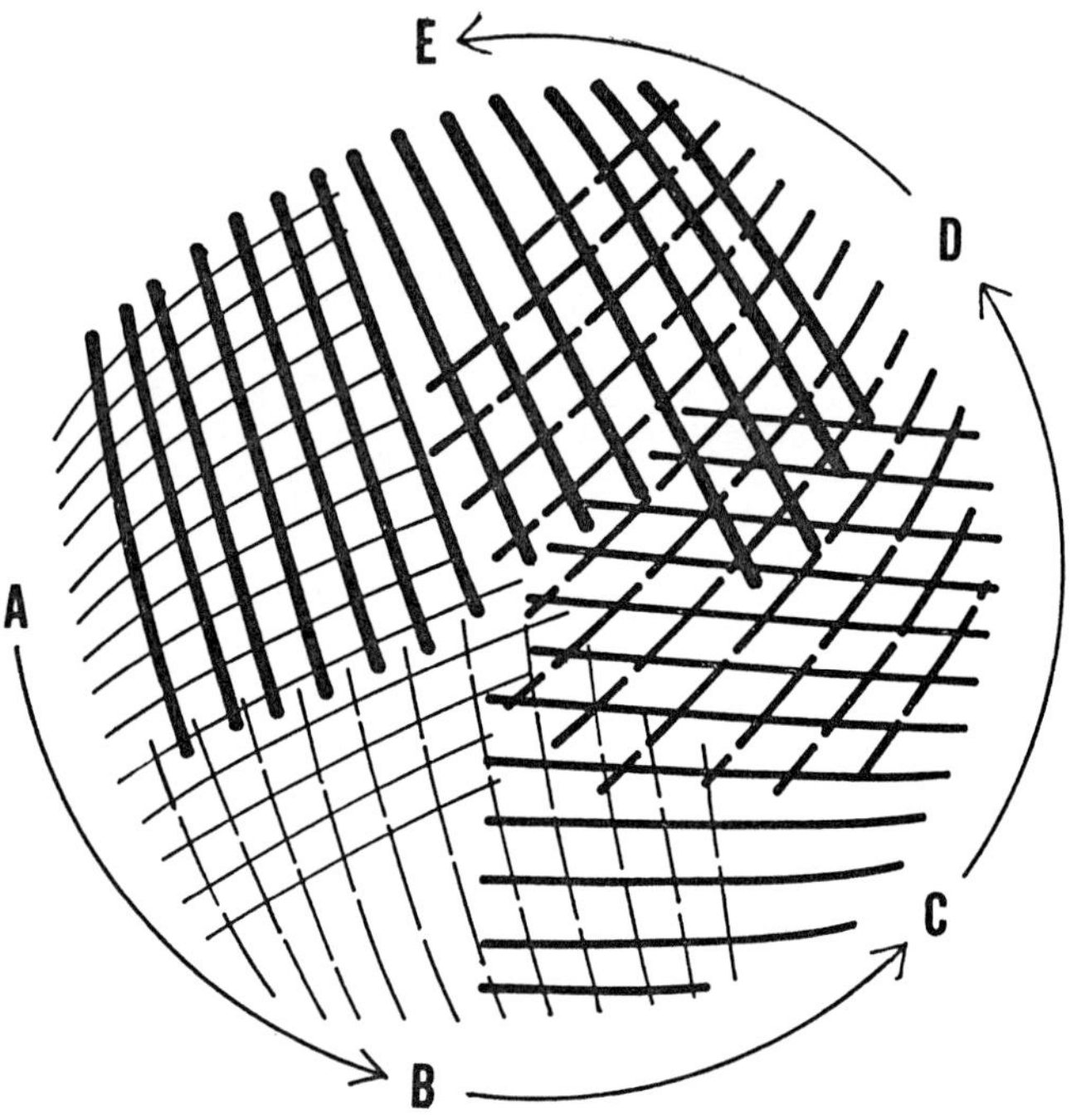

第6図　底面叩き目模式図　矢印は叩きの進行順序を示す

先に印された叩き目がのちの叩き目によって消されることもあるので、それぞれの叩き目群の本来の範囲を正確につきとめることは難しいが、およその範囲を推定することは可能である。たとえば図版第3に掲げた外底面の叩き目は、のちに部分的に加えられた叩き目を無視すると、第6図のように五群に分解できる。

　叩き目群の布置は幾何学的に整正であるとはいい難いが、全く秩序がないわけではない。最もよく遭遇するタイプは第6図のように、底面の中央を中心とし、周囲を放射状に近い形で何区画かに分けて叩いているものである。隣り合う叩き目の群は互いに大幅に重なり合っているので、たいていの部分は二回以上、違った方向からの叩き締めを受けている。底面の中央部を第6図のように叩き、さらにその周囲を何区画かに分けて叩くものも見受ける。多くの例について意識的な観察を進めれば、いくつかの類型を区別できるのではないかと考えているが、筆者の研究はまだそこまで到達していない。

以上のような底面叩き目のあり方は、底の叩き締めをおこなうに当って、工人が土器を小刻みに回転しなかったことを示している。大型品は別として、底の叩き締めを受ける土器は工人の膝と片腕で支えられたのであろうが、[19]工人は自分の体と土器との位置関係をいったん定めると、それをなるべく動かさないで作業を進めようとしたらしい。いったん定めた位置で叩きやすい部分を叩き尽くし、それ以上叩き締めを続けるには土器の位置を動かさざるを得ない状態にたちいたった時、はじめて土器を多少回転し、すでに一度叩いた部分からまだ叩いていない部分にまたがって叩き締めを続行する。このような動作をくり返して、底面の叩き締めをおこなったと考えられる。叩き締めの進行方向についてはまだ十分な観察をおこなっていないが、図版第3の土器は第6図に矢印で示したように、底面から見て逆時計廻りに叩き締めが進行している。

五　胴部側面の叩き目と底面の叩き目の重複関係

壺甕類の胴に見られる側面叩き目と底面叩き目は、製作の途上でいずれが先に印されたのであろうか。須恵器の叩き目について意識的な観察をはじめる以前、筆者は漠然と、叩き締めの作業は土器の下部から上部に及ぶものと想像していた。ところが、実物の叩き目の示す重複関係は、必ずしもそのような想像とは合致しないのである。胴の側面叩き目と底面叩き目が重複している部分について検すると、壺や中・小型の甕では、側面叩き目が底面叩き目によっておしつぶされており(図版第4―1・上より三段目)、側面の叩き締めが底面の叩き締めに先行していることがわかる。これについては、いまだ例外に遭遇したことがない。当然のことながら、この先後関係は外面の叩き目ばかりでなく、内面の叩き目についても当てはまる。

叩き目の先後関係は、叩き目と表面調整痕との先後関係をもあわせ考えることによって一層明らかとなる。壺や中・小型の甕では、叩き目の上に刷毛目調整やなでなどの表面調整を施す場合、側面の叩き締めにひきつづいて側面の表面調整をおこない、底面の叩き締めはあとまわしにするのが一般的な手順である。いいかえれば、側面と底面の叩き締め作業の間に、側面の表面調整の工程をはさみこんでいる。実例は枚挙にいとまがない。図版第4―2に示したのはその一例であって、側面叩き目の上につけた刷毛目を底面叩き目がおしつぶしている。いわば、刷毛目という一種の「間層」によって、側面と底面の叩き目の先後関係が明示されているわけである。この例では底面は叩き放しであるが、底面にも刷毛目調整などをおこないたい場合は、側面の表面調整とは別個に、底面の叩き締め終了後、底面の表面調整をおこなう。図版第4―3はその実例である。この土器では、側面叩き目の上を走る刷毛目を底面叩き目がおしつぶし、さらにその底面叩き目の上を別の刷毛目が走っている。

胴の側面の叩き締めが先行し、底面の叩き締めがあとまわしにされるという事実は、一見不思議なことのようであるが、轆轤の盤上で成形された土器の平らな底を、のちの工程で丸底に叩き上げたと考えれば説明はつく。推定される工程をいま少しくわしく述べると、まず、胴部の第一次成形は、轆轤を回転台として利用しながら、粘土帯積み上げの技法によっておこなわれる。轆轤の盤上で成形されるから、底は当然、平底となるわけである。つぎに、やはり轆轤を回転台として利用しながら側面の叩き締めをおこない、さらに要すれば、轆轤の回転力を利用しながら、側面叩き目の上に刷毛目調整あるいはなでを施す。このようにして、轆轤上でおこなった方が都合のよい作業をすませたのち、土器を轆轤から取りはずし、底面の叩き締めをおこなう。その際、最初平底に作られていた底部は、叩き締めによって薄く延ばされるので、底面が外に張り出して、丸底となるのである。そして、さらに必要があれば、土器を轆轤の盤上に倒立させ、轆轤の回転力を利用しながら底部の表面調整をおこなったと考えられる。

須恵器を観察し慣れた研究者はすでに気付いておられることと思うが、丸底を持つ須恵器の壺甕の断面を見ると、底近くをめぐって器壁がやや厚い部分があり、それより下方ではまた急に厚みが減って、底は薄く仕上げられているのが普通である（第7図）。筆者は、この底近くで器壁がやや厚くなっている部分が、轆轤上でおこなわれた第一次成形の際、胴部の側面の下端であった個所に当るのであろうと考えている。

胴部側面の叩き締め作業が底面の叩き締め作業に先行しているということは、当然、底面の叩き締めにとりかかる以前に、胴部全体の第一次成形が終っていたことを意味する。したがって、底面の叩き締めは、胴部上端の開口部から当て具を握った手をさし入れておこなわなければならない。土器がさほど大きくない場合は問題ないが、胴の高さがある限度を越えると、胴上端の開口部から手をさし入れたのでは、当て具を底面にとどかせることが不可能になる。須恵器の甕のなかには、明らかにそのような限度を越えた大きさのものがあるので、そのような大型品でも、果して胴部側面の叩き締めが底面のそれに先行しているか否かを点検する必要がある。[20] 器高数十センチ以上の大甕は、古墳の墳丘部からの出土例がしだいに増えつつあるが、それらを適切な方向に回転し、適切な光線状態で観察する機会に恵まれることは必ずしも容易ではない。そのため、今日までに、上記のような観点から筆者が実査し得た大甕の数はごくわずかである。そのなかでも、叩き目の残り方が良好で、重複関

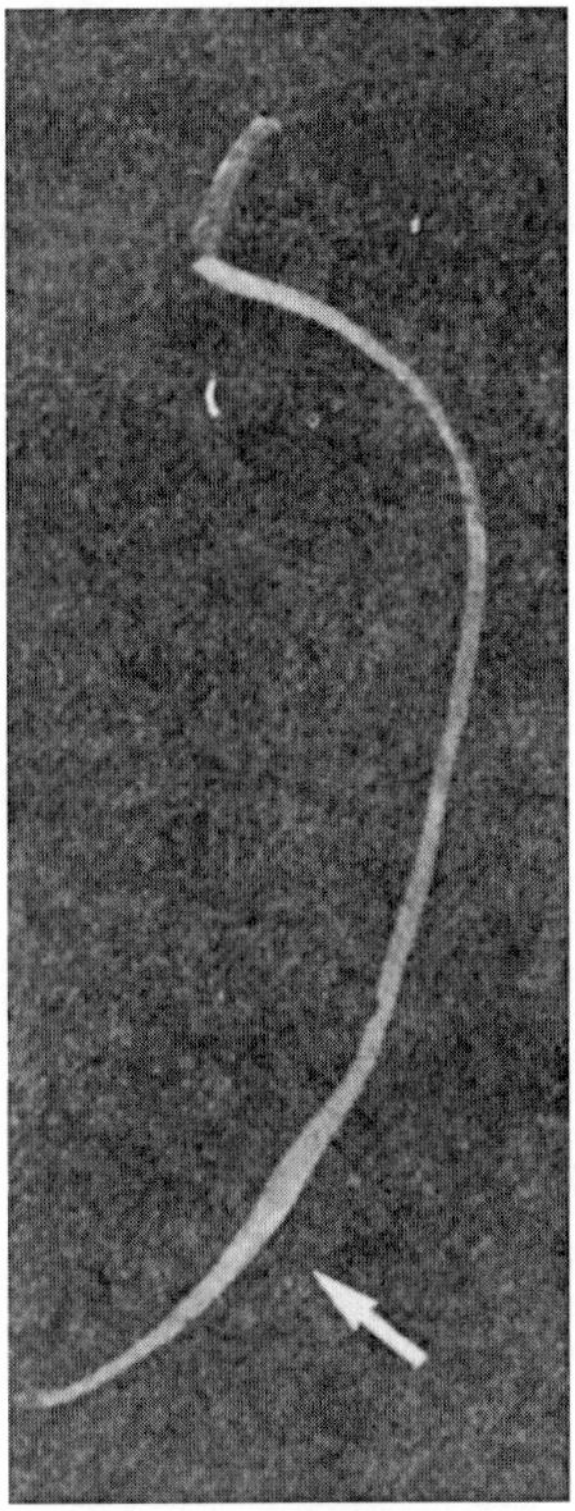

第7図 須恵器甕の断面
平城宮（奈文研保管） 矢印は第1次成形時の側面と底面の境目と推定される個所を示す

係を確認できたのは、福岡県小田茶臼塚古墳出土品[19]（図版第5）等の数例である。これらの大甕では、底面の叩き目が側面の叩き目に先行してつけられていること、すなわち、中・小の甕とは逆に底面の叩き締めを終ってから側面の叩き締めをおこなっていることが認められた[20]（図版第5下）。利用できた資料はごくわずかであるが、胴部底面の叩き締めが側面のそれに先行することは理論的にも当然のことであるので、大型甕に共通する一般的原則と見てよかろう。おそらく、大型甕の場合は轆轤を使わず、最初から底を丸底とし、粘土乾燥のための適当な休止をはさみながら、粘土帯積み上げと叩き締めの作業を交互にくり返して、成形をおこなったと考えられる[21]。

中・小型の甕と大型の甕とで胴部の叩き締めの手順が反対になっているとすると、具体的に、どのくらいの大きさの土器を境として手順の逆転がおこっているだろうか。この点については、まだはっきりした境界線を指摘できるだけのデータを持ち合せていない。ただ、胴高四五センチ前後の土器で側面叩き締めが底面叩き締めに先行するものがかなりあり、一方、佐賀県藤付三号墳出土[21]の甕は胴高四五センチであるが、底面叩き締めが側面叩き締めに先行するので、およそこの程度の大きさを境界として手順が逆転するのではないかと予測している。しかしながら、胴高四五センチの甕では上膊まで土器の中にさし入れないと、手に握った当て具を内底面にとどかせることはできない。そこまで深く手を土器の中にさし入れると、叩き板で叩いている局部を工人が直接、眼で見ることができなくなる。それでも底面の叩き締め作業が可能であったのか。この点について、筆者はいささかの不安を感じている。あるいは筆者の観察や考え方に誤りがあるかもしれないが、一応、見たまま考えたままを述べておく（その後、長柄が出土したことでこの懸念は解消した。第六章参照）。

おわりに

冒頭にも記したように、この論文は、須恵器の叩き目の器面におけるあり方を、製作過程と関係させながら理解しようと試みたものである。最初の試みであるので、大筋を示す程度にとどまったが、このような技法分析をさらに深めてゆけば、従来の方法ではとり出せなかった時代的・地域的特徴を明らかにできるのではないかと考えている。

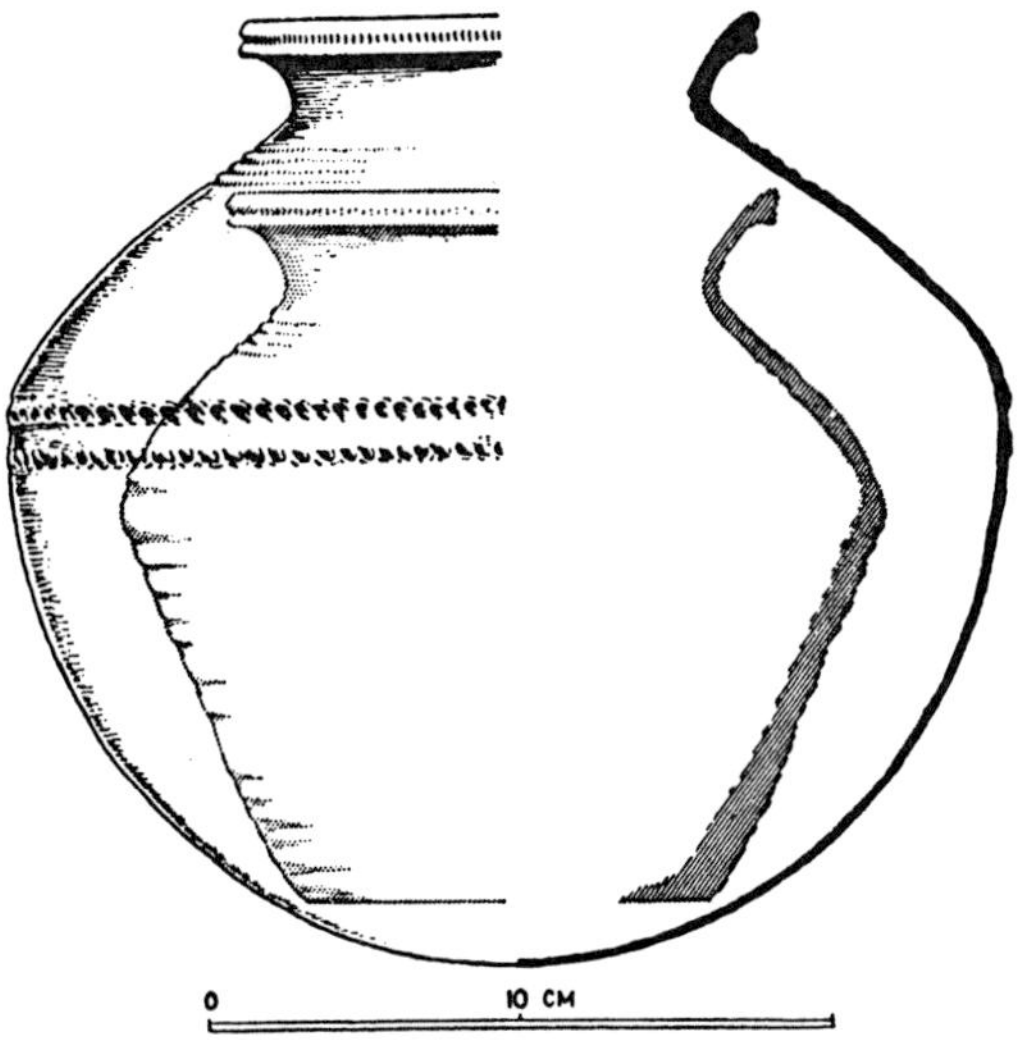

第８図　叩き締めの効果　内側ー第１次成形品
外側ー完成品（Dumont 氏報告より）

本稿で筆者が最も強調したかったのは、須恵器の丸底の壺甕は、原則として、いったん平底に成形され、のちの工程で丸底に叩き上げられること、例外として、大型の甕は最初から丸底の形で成形されることである。この製作の手順を念頭に置かないと、器面における叩き目のあり方を正しく読み取ることはできない。

いったん平底に作ったものを丸底に叩き上げるということは奇異に感じられるかもしれないが、世界各地に現存する伝統的な土器製作法を参照すれば、決して例外的な製作法でないことがわかる。叩き締めの工程における土器の変形は想像以上のものであって、第一次成形品と全く違った形に叩き上げられることがある。はなはだし

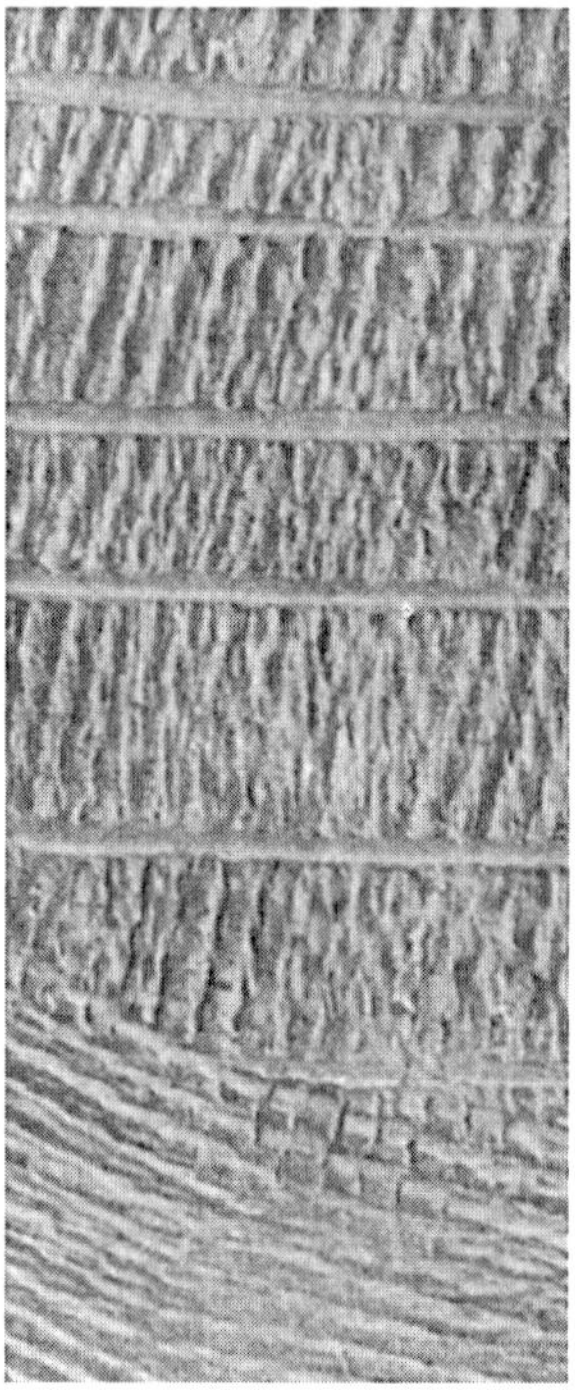

第9図　百済系土器の叩き目
対馬大将軍山
（東京国立博物館蔵）

い場合は、底の無い円筒形の粗型を叩いて丸底の土器を作りあげる。たとえばインドでおこなわれている伝統的な土器製作法[22]では、まず轆轤の回転力を利用して底の無い第一次成形品（第8図内側）を挽き出し、これを轆轤からはずして暫時乾燥したのち叩き締めをおこなう。叩き締めの工程で底の孔はしだいに縮小してふさがれてしまい、ふっくらとした胴の丸底の器形（第8図外側）ができ上がる。完成品の上に第一次成形品の面影が残っているのは口頸部だけであって、その他の部分は似ても似つかぬ形に変ってしまう。完成品だけを見れば、これが無底の粗型から叩き出されたとは、誰も想像できないような変り方である。インドの例では第一次成形を轆轤水挽きでおこなうが、中国雲南省に住む傣《たい》族は粘土帯積み上げの技法で底の無い円筒形の粗型を作り、これを叩いて丸底の土器に仕上げる。[23]筆者は一時、日本の須恵器の壺甕も底の無い粗型から叩き出されたのではないかと疑ったことがある。しかし、須恵器の場合は、第一次成形の際に底部と側壁の境目であったと推定されるあたりに粘土を接合した痕跡の残っていることがあるので、第一次成形品にも底があったと見るべきである。

須恵器のように、いったん平底に作ったものを丸底に叩き上げる技法は、やはり中国雲南省の傣族がおこなっている伝統的な土器製作法のなかに見られる。[24]この場合は、まず原始的な轆轤の盤上で、粘土帯積み上げの技法によって円筒形平底の粗型を作り、口縁部のみは轆轤の回転力を利用して仕上げる。ついで、轆轤の盤上で円筒形の粗型の側面を叩き、ふくらみのある腹部を作り上げたのち、土器を轆轤からはずして乾燥させ、半乾きの時に底を叩いて平底を丸底とする。この工程は、細部に相違はあるものの、基本的には先に筆者が日本の須恵器について推定した工程と同じである。

叩き目のあり方から見ると、朝鮮三国時代の陶質土器も須恵器と同様な工程をとったと考えられる。一例をあげると、第9図は長崎県対馬大将軍山石棺墓出土の百済系とされている短頸双耳壺の叩き目である。(25) この壺は胴部側面に縄蓆文叩き目を右上りの斜め縦位に印し、その上にヘラ描きの平行線文をめぐらす。このヘラ描き文は器面に時計廻りの螺旋状にえがかれていて、ヘラ描き施文までの工程が回転台あるいは轆轤の上でなされたことを示している。底面は数方向から叩き締め、底面叩き目は側面叩き目とヘラ描きの線をおしつぶしている。これらすべての特徴は、日本の須恵器の叩き目の器面におけるあり方と全く同じである。須恵器の底面叩き出しの技法は、直接には朝鮮から伝来したものであることが了解されるであろう。[22]

しかしながら、朝鮮の陶質土器は、丸底の形をとるものでもいくぶん平底の趣を残し、安定がよい。なかには上げ底風のものもある。(26) これにくらべると、日本の古墳時代須恵器は完全な丸底のものが多く、安定が悪い。轆轤あるいは平らな台の上で第一次成形をおこなうと、当然平底の粗型ができ、その底を叩き締めると底面が張り出してくることは避け難いが、(27) 必ずしも日本の須恵器のような完全な丸底に仕上げる必要はない。須恵器の壺甕の底が特に丸味を帯びているのは、須恵器製作技術の日本化の過程でおこった現象であり、日本人による選択の結果である。おそらく、須恵器伝来当時の日本人が、丸底の土師器を使い慣れていたことと関係があるのであろう。[23]

本稿を草するに当っては、多くの方々から助言をいただき、また資料の調査について援助を得た。特にお世話になった方を記すと、岩瀬清信、岡内三眞、岡崎敬、小田富士雄、近藤義郎、佐田茂、佐原真、高島忠平、巽淳一郎、田辺昭三、楢崎彰一、西田直、西谷正、東中川忠美、松本豊胤、三島格、村井嵓雄、本村豪章、森田勉、柳田康雄、弓場紀知、吉田恵二、渡辺正気の諸氏である。陶芸家金子認氏には叩き技法の実演をお願いしたうえ、執拗な質問に快く答えていただいた。最後に、資料の閲覧や写真の掲載に便宜をはかっていただいた東京国立博物館、京都大学文学部博物館、京都市埋蔵文化財研究所、奈良国立文化財研究所(一九八〇年当時)、岡山大学考古学研究室、九州歴史資料館、福岡市立歴史資料館、北九州市立歴史博物館、北九州市埋蔵文化財調査室、兵庫県、香川県、愛媛県、福岡県、福岡市、久留米市、佐賀県、熊本県の各教育委員会、大阪府東奈良遺跡調査会、ならびに講談社に謝意を表する。

本稿は昭和五四年度文部省科学研究費(一般・B)による「刷毛目技法を中心とした土器製作技術史の再検討」の成果である。

註

(1) 田辺昭三『陶邑古窯址群』I(『研究論集』第一〇号)平安学園教育研究会、一九六六年、中村浩他『陶邑』I・II・III(『大阪府文化財調査報告書』第二八・二九・三〇輯)一九七六・七七・七八年。

(2) 弥生式土器・古式土師器については、都出比呂志「古墳出現前夜の集団関係」(『考古学研究』第二〇巻第四号、一九七四年)、関川尚功「畿内地方の古式土師器」(石野博信・関川尚功『纏向』桜井市教育委員会、一九七六年)。瓦については、原口正三・佐原真「瓦類」(『船橋遺跡の遺物の研究』平安学園考古クラブ、一九五七年)、佐原真「平瓦桶巻作り」(『考古学雑誌』第五八巻第二号、一九七二年)など。

(3) 𤭯のような小型の壺のなかには、外底面に掌を当て、胴の開口部から棒状の道具をさしこんで底を叩き締めたと考えられるものがある。この場合には、道具は一つでよい。[24]

(4) 金子認氏の直接の教示による。

（5）楢崎彰一氏の教示による。発掘調査の出土品としては、岐阜市老洞一号窯出土品（『老洞古窯群発掘調査概報』岐阜市教育委員会、一九七八年）等がある。[25] いずれも茸形。採集品としては、以前から小川栄一氏収集品が知られているが、そのほかに古美術市場に流出したものが数個ある。ほとんどが茸形品で、石鹸形品は小川氏収集品中に二例あるのみである。なお、福岡県宮の前遺跡発見の茸形土製品（『宮の前遺跡（A～D地点）』（福岡県労住協、一九七一年）三三頁以下、第五図）を弥生式土器用の当て具と見る高倉洋彰氏等の意見は従うべきである。弥生式土器・土師器を出す福岡県東郷遺跡の報告（『東郷遺跡群』（日本住宅公団、一九六七年）第六三図）に、格子状文を刻する茸形当て具らしいものが図示されていることを西谷正氏の教示で知ったが、本文にこれに関する記述がないので詳細は不明。

（6）一九七八年、愛媛県調査。調査担当者である長井数秋氏等のご好意により実見できた。

（7）東奈良遺跡調査会調査。

（8）註（2）原口正三・佐原真「瓦類」、註（1）田辺昭三『陶邑古窯址群』Ⅰ、三九頁以下など。

（9）中国明代の『天工開物』に、大甕は上下に二分割して成形し、「木槌」で叩いて接合すると記す。現行刊本挿図には柄を別木とした丁字形の金槌様の槌を描くが、これがどこまで真を伝えているのであろうか。Hommel, Rudolf P., *China at Work*, 1937, fig. 518 にのせる大甕製作用の叩き具は、叩き板というより「槌」であるが、横槌の類に属し一木作りである。

（10）『池の上墳墓群』（『甘木市文化財調査報告』第五集、一九七九年）第一二九図。

（11）一九七九年、兵庫県教育委員会調査。[26] 土器については発掘担当者大村敬通氏の教示による。

（12）側面に横位平行線叩き目を印する須恵器は、福岡県木塚遺跡出土品（『木塚遺跡』（『久留米市文化財調査報告書』第一四集、一九七七年）第一七図一二、香川県喜兵衛島七号墳出土品（喜兵衛島調査団「謎の師楽式」（『歴史評論』七二号、一九五六年）第一一図一二）など、古墳時代終末期以前にも例がないわけではないが、少数である。北部九州では、福岡県白萩横穴群出土品（『白萩横穴群』（『北九州市文化財調査報告書』第三二集、一九七九年）第一三図四七・四八）、同県池田横穴群第一七号横穴群前庭出土品（『池田横穴群』（飯塚市教育委員会、一九七八年）第三三図）、同県大行事横穴群出土品（『大行事横穴群』（『大任町文化財調査報告書』第三集、一九七九年）第三六図一〇八）など、古墳時代終末期以降の遺跡の出土品に例が多い。

この種の土器を特に数多く出しているのは福岡県沖ノ島祭祀遺跡(第三次沖ノ島学術調査隊『宗像沖ノ島』宗像大社復興期成会、一九七九年)である。同遺跡出土の叩き目のある須恵器は、ほとんど横位平行線叩き目を印する。また、同種須恵器の窯跡は福岡県宗像町にあるという(前掲『宗像沖ノ島』四四九―四五〇頁)。横位平行線叩き目を印する須恵器は、地域によって出現頻度に差があり、現在のところ、北部九州以外の地では出土例が少ない。平城京では、左京一条三坊の溝(SD四八五)から出土した和銅の紀年墨書を有する広口甕(『平城宮発掘調査報告』Ⅵ(『奈良国立文化財研究所学報』第二三冊、一九七四年)図版六五―一に墨書部分のみ写真を掲載)が現在のところ初出であるが、類例は少ない。田辺昭三氏によると、平安京でも皆無ではないが、きわめて少数。大阪府陶邑窯跡群では、操業の全期間にわたりこの種の叩き目を印する須恵器を生産していない。ただし、平安時代末期以降に各地で作られた須恵器系の焼物には横位平行線叩き目が目立つ。[27] 横位平行線叩き目の消長については、本稿の主題からやや離れるので、さらに調査を進めて、別稿において詳述したい。

(13) この点については観察が不十分であるので、確言を避けたい。

(14) 中山平次郎氏が「祝部式弥生式土器」と仮称した土器である。同氏「祝部式の圧痕を示せる弥生式土器」『考古学』第五巻第七号、一九三四年参照。沖ノ島出土品については、沖ノ島第一次調査隊『沖ノ島』(宗像大社復興期成会、一九五八年)二一〇頁以下の記述、註(12)『宗像沖ノ島』巻頭原色図版Ⅸ、図版八四―一―三などを見よ。類似の土器は、最近、福岡県下の古墳、海岸遺跡等からの出土例が増えつつあり、なかには、製塩土器と推定されるものも含まれている。

(15) 註(2)に掲げた瓦に関する論文。

(16) 佐原真氏は、註(2)に掲げた瓦に関する論文で、製瓦用の回転台ないし轆轤は、工人の体に対して比較的高い位置にあったと推定している。

(17) 註(11)に同じ。

(18) たとえば福岡県沖ノ島五号遺跡出土甕(註(12)『宗像沖ノ島』図版八六)、平城宮主馬寮井戸(SE六一六六)出土甕。

(19) 『小田茶臼塚古墳』(『甘木市文化財調査報告』第四集、一九七九年)図版三一―四、第三〇図。

(20) 大型甕にも胴部の側面叩き目と、底面叩き目との区別がある。大型甕の底を叩き締める際には、土器を裏返しまたは横倒しとし、側面を叩き締める際には、土器を正立させて作業をおこなったと推定する。

(21)　一九七八年、佐賀県教育委員会調査。

(22)　Dumont, L. "A Remarkable Feature of South Indian Pot-making", *Man*, 1952, 121. およびこの報告文に対する Ghosh, A. の Correspondence, *Man*, 1953, 70.

(23)　林声「雲南傣族制陶術調査」『考古』一九六五年、第一二期。

(24)　張李「西双版納傣族的制陶技術」『考古』一九五七年、第九期。なお、李仰松「雲南省瓦族製陶概況」(『考古通訊』一九五八年、第二期)は、上面が凹んだ原始的な台を使う叩き技法を紹介している。この場合も、側面叩き締めは底面叩き締めに先行する。

(25)　駒井和愛・増田精一・中川成夫・曾野寿彦「考古学から観た対馬」『対馬の自然と文化』一九五四年、小田富士雄「西日本発見の百済系土器」『古文化談叢』第五集、一九七八年。

(26)　金子認氏の実演から推測すると、底面の中央よりもその周囲を強く叩き締めれば、上底風になる。

(27)　土器の底面を叩き締め、しかも平底に仕上げるには、底となるべき粘土板を最初に板あるいは轆轤の上で叩いておき、その上に土器の側壁を積み上げればよい。この手法は現在の朝鮮や日本の伝統的陶芸家の間にも伝承されている。この手法でつくられた土器は底部外面に叩き目を残さない。ところが、熊本県北浦A窯出土の瓶(坂本経尭「小代山麓古窯址群調査報告」(『肥後上代文化の研究』一九七九年)第六図)のように、平底でありながら底部外面に叩き目を残す須恵器の一群がある。その製作手順の詳細は今後検討の要がある。

図版第1　叩き目細部

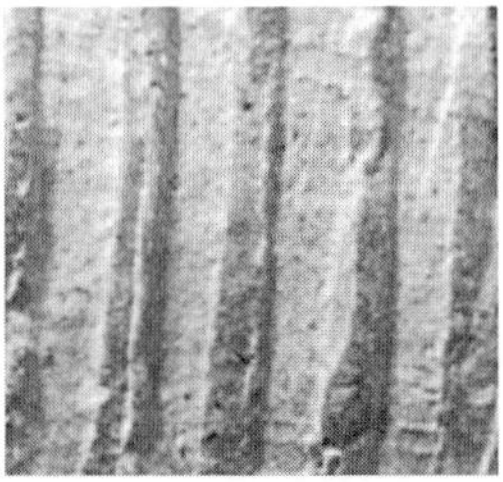

1

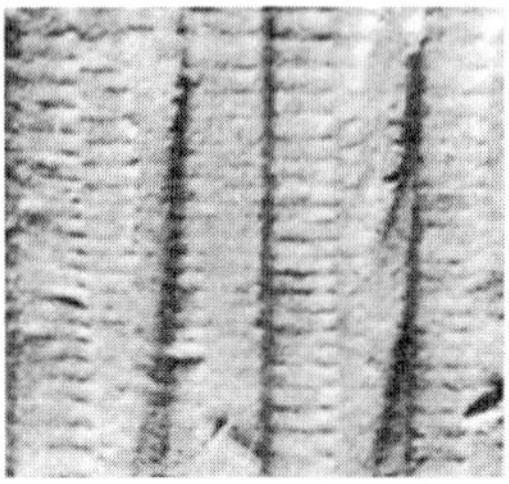

2

3

4

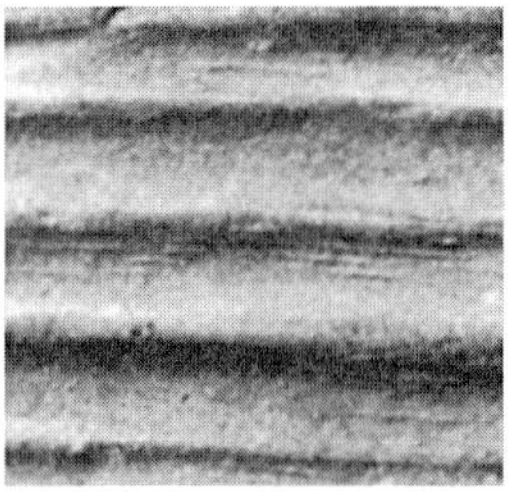

5

6

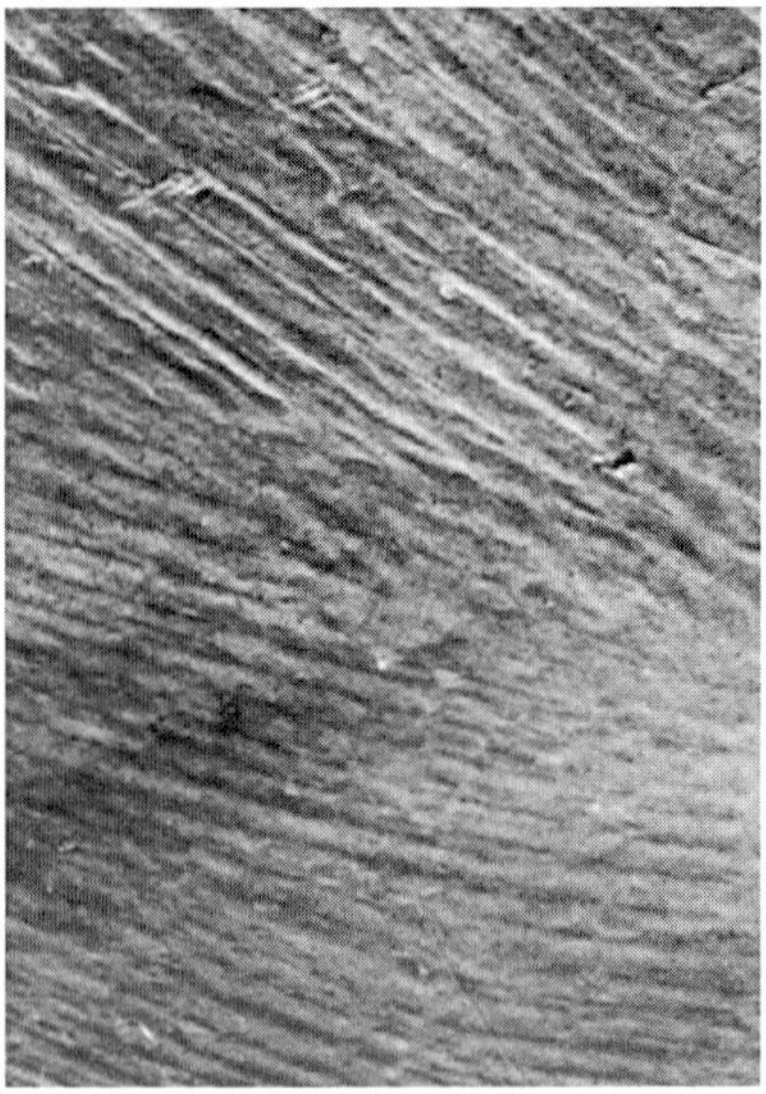

7　外面

内面

図版第2　甕の側面叩き目

（1）縦位平行線叩き目　香川・権八原古墳
（香川県教育委員会保管）
（2）横位平行線叩き目　平城京（奈良文化財研究所保管）
（3）格子状叩き目　平安京（京都市埋蔵文化財研究所保管）

1

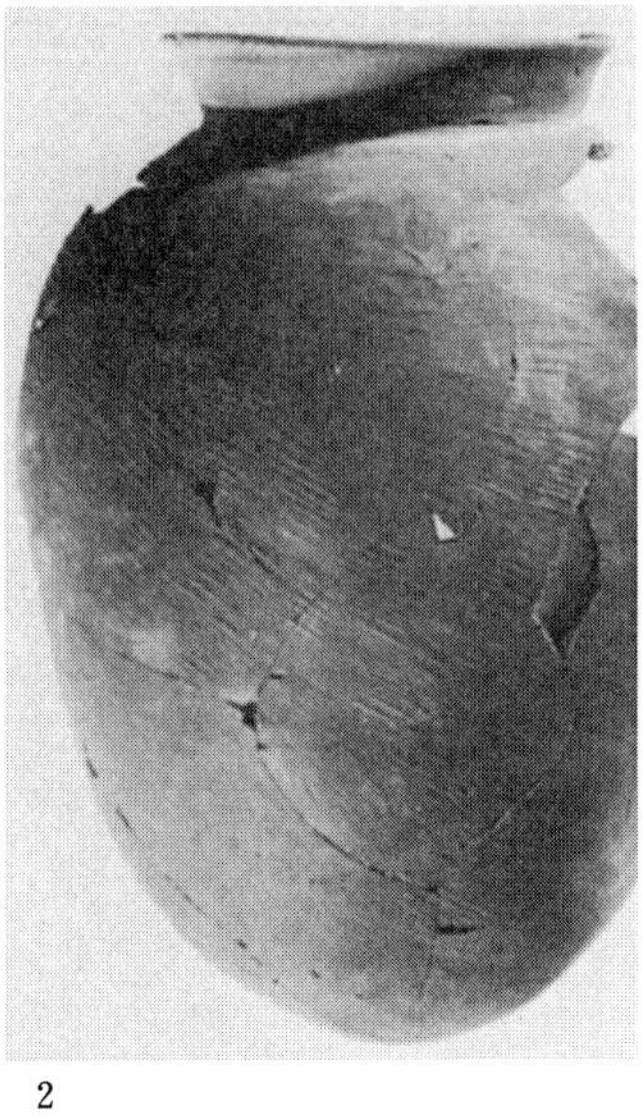

2

3

図版第 3　壺の底面叩き目

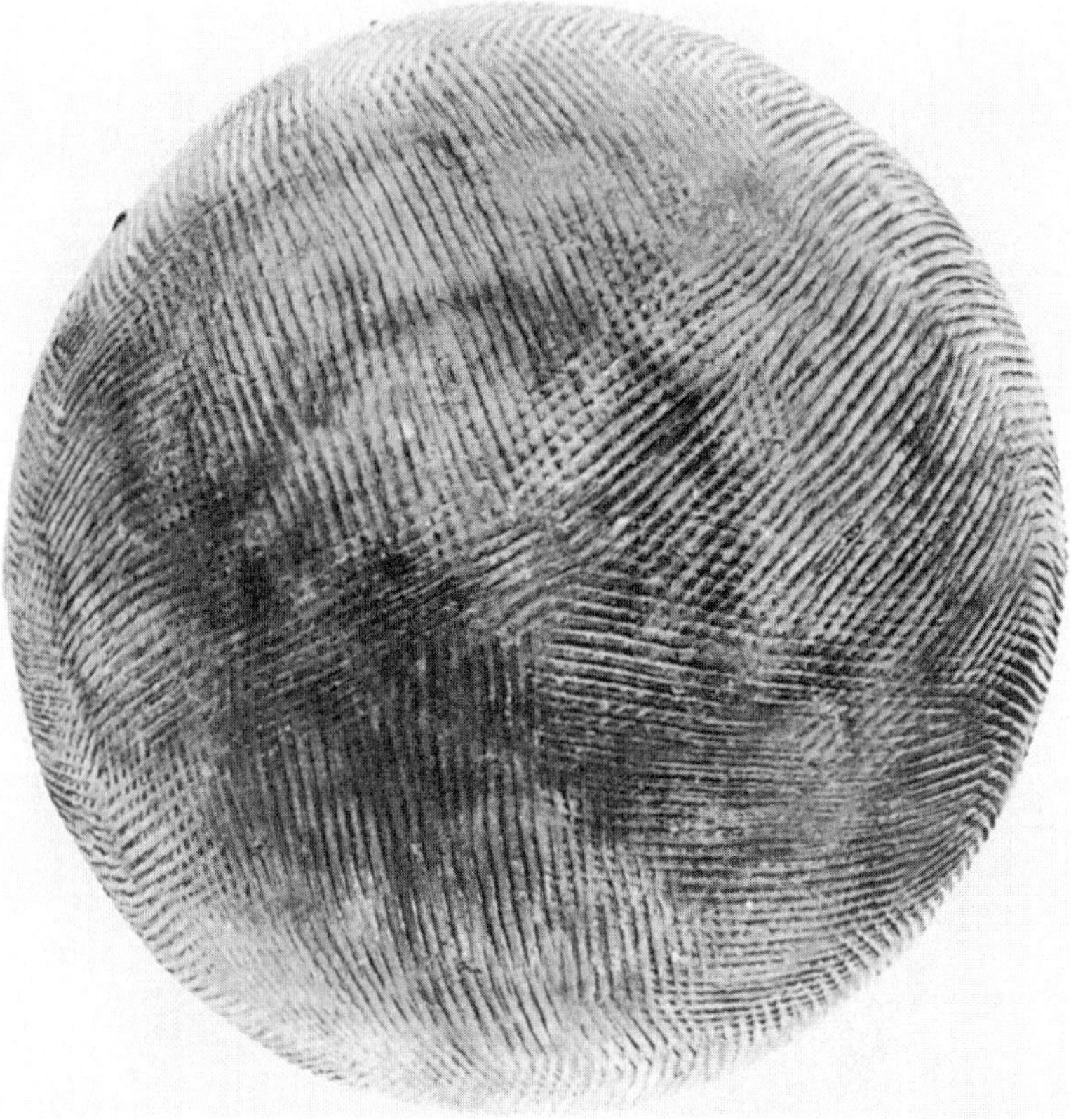

香川・綾歌町(東京国立博物館蔵)

図版第 4　叩き目と刷毛目の重複関係

全形／胴上部／底面叩き目上限／底部

1　香川・綾歌町（東京国立博物館蔵）
2　福岡・番塚古墳（九州大学文学部保管）
3　福岡・小戸古墳（九州大学文学部保管）

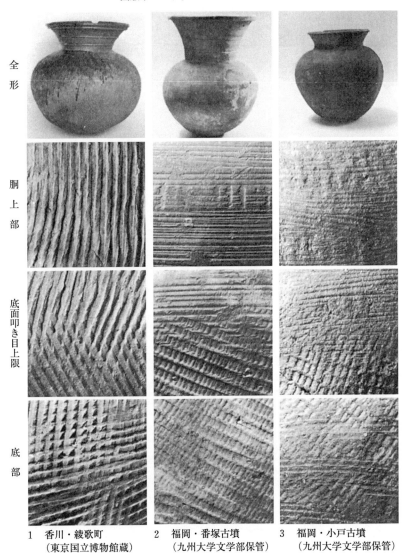

図版第５　大甕の叩き目

(上)大甕の全形
(下)側面叩き目と底面叩き目の重複部分

福岡・小田茶臼塚古墳(福岡県教育委員会保管)

第四章　須恵器に見える車輪文叩き目の起源

はじめに

須恵器の中には内外面に叩き目を印するものがしばしば見られる。これはよく知られているように、須恵器の成形に当ってしばしば叩き締めの技法が用いられたため、叩き締め道具につけられた刻目の圧痕が土器面に残っているのである。外面の叩き目には平行線文、擬格子文、格子文が多く、内面の叩き目には同心円文、平行線文が多い。

ここに「車輪文」と称したのは須恵器内面叩き目文として最もよく使用される同心円文と、他の図形とを組み合わせた文様である。大きく見れば同心円叩き目文の一変種であるとしてもよい。同心円文と組み合わされる図形はさまざまの形をしているように見えるが、放射状の図形であるという一点ではすべて共通した特徴を持っている。この種の叩き目文は車輪を連想させるような形をしているので、従来から「車輪文」「輪状文」「輪花文」というように「輪」の字を含む名称を付せられていた。ここで改めて車輪文の定義を下すと次のようになる。

須恵器の内面叩き目にあらわれる車輪文とは、同心円文と放射状文とを、たがいに中心を一致させながら重ね合わせた文様である。

右の定義と関連して、第4図1～5に示した類の叩き目文については若干の注釈が必要である。従来、この類の叩き目文については車輪文の一種であるという明確な認識がなく、「同心円の中央に十文字をいれた」ものとして理解記述されてきた。説明の便宜上、報告書においてそのような表現をとることは一向に差しつかえない。また、車輪文の終末期には、須恵器の工人自身が似たような理解の仕方をしていたかもしれない。しかし、本稿の後段で論じる車輪文の起源を考慮すると、この類の叩き目文において中央圏にいれられる十文字形図形は、二本の短線を直交させたものでなく、本来は、一点から四方に線を射出させた放射状文の一種であると解すべきである。

須恵器の内面叩き目に車輪状の文様があることは、すでに以前から須恵器研究者の間で知られていた。それにもかかわらず、報告書に明記された実例が少ないのは、研究者がこの叩き目文に特別の関心を持っていなかったからである。車輪文叩き目は同心円叩き目や平行線叩き目にくらべると出現頻度がはるかに低いとはいえ、決して稀なものではない。すでに九州では相当数の実例が発見されている。意識的な観察を進めれば、各地の既出土品のなかにも、かなりの例を見出せるのではないかと予想される。

筆者が車輪文叩き目に関心を持つにいたったのは、須恵器の流通状況を追跡する際に、この叩き目文を目じるしとして活用できるのではないかと考えたからである。すでに瓦については、同じ笵や同じ叩き具でつくられた瓦の分布を手がかりにして、工人の移動や、製品の流通に関する研究がおこなわれているが(1)、須恵器についても同様な研究が可能なはずである。もっとも、それは理論的に可能なだけであって、実際には種々の困難を伴う。須恵器に最もよく見出されるところの平行線や同心円の叩き目文は、あまりにも単純であるため、個々の叩き目文の特徴をつかみにくい。この種の叩き目文を印する多数の土器のなかから同一の叩き目を持つ土器を選び出すことは、不可能ではないにしても非常に困難な作業となるであろう。それにくらべると、車輪文叩き目は個々の叩き目文の特徴をつかみやすいので、異なった個体に印されていても、同一の工具から生じた圧痕であることを比較的容易に判定できるはずである。実際にはそれも困難な作業となるかもしれないが、一応は可能性を追求してみる必要があると考えている(一一三頁補記参照)。

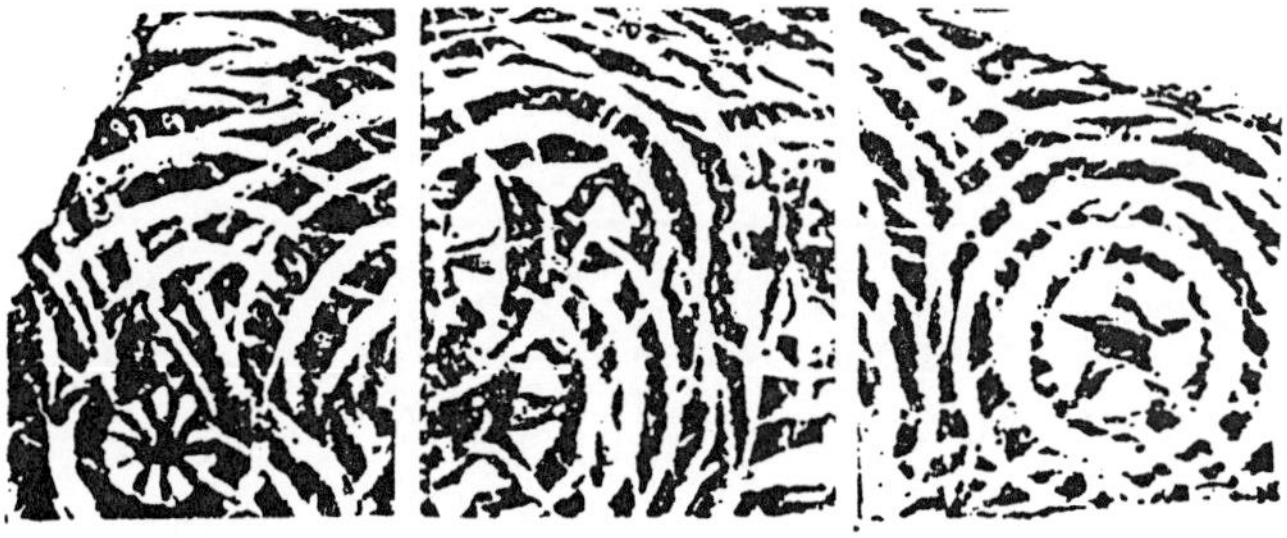

第1図　陶邑の車輪文叩き目
(左・中)TG 64号窯　(右)TG 68号窯(『陶邑』Ⅱより)

同一の工具から生じた叩き目の認定にまではいたっていないが、車輪文叩き目を指標として、窯相互の親縁関係を考えたり、製品の流通状況を追跡したりしようとする試みは、すでに二、三の研究者によってなされている。中村浩氏は、大阪府陶邑窯跡群のなかで、TG六四号窯と六八号窯のみに限って車輪文(第1図)を印する須恵器が見出されることを根拠にして、両窯の工人が同一ではなかったかと想定し、さらに遠く離れた福岡県天観寺山窯跡群の須恵器にも近似した叩き目のあることを指摘して、言外に両窯跡群の工人の間になんらかの交渉があったと考えるべきことを示唆している(2)。

また、松本健郎氏は、熊本県北浦山窯跡・下谷窯跡の製品に印された車輪文叩き目が、須恵器供給先の追跡によい指標となることを指摘し、さらに、北浦山・下谷・薬師前三窯跡から出土した平らな底部の外面に同心円文もしくは車輪文を印する独特の瓶を取り上げて、これと特徴を同じくし、上記三窯から供給された可能性の考えられる須恵器が、福岡県大宰府・筑後国分寺・大間山古墳群および鹿児島県下から発見されていることを記している(3)。

このような研究は今後おおいに推進されるべきであり、最終的には、同一工具の叩き目の分布を追求するところまで徹底すべきである。ただし、そこに至るまでには、多くの研究者の共同作業と、長期にわたる資料の蓄積を必要とすることはいうまでもない。本稿はとりあえず、車輪文叩き目について研究者の注意をよびおこすために、車輪文叩き目の実例を紹介し、その文様の起源について考えるところを記したものである。

一　種々の車輪文叩き目

須恵器に見える車輪文の叩き目については研究者の注意がまだ十分にゆきわたっていないので、現在のところ、全国的な分布状況を把握することは不可能である。[28] 本稿で利用する資料は、すべて筆者が他の目的で須恵器の資料を渉猟している間にたまたま見聞に入ったものに限られており、時代的にも地域的にもはなはだしい偏りがある。この程度の資料にもとづいて型式区分をおこなうことは危険であると思われるので、それはさし控えることにしたい。ここでは車輪文をいくつかの種類に分けながら説明をするが、その分類は説明の便宜のためにおこなった仮の分類であって、筆者自身、歴史的な「型式」とは考えていないことを断っておく。

須恵器の内面叩き目に見える車輪文は、文様としては単純なものであるが、それでも種々の変化があり、その変化は主として放射状文の上にあらわれる。同心円文にも全く変化がないわけではないが、それは通常の同心円叩き目文とともに論じるべきことであるので、ここでは触れないこととし、主として放射状文のバリエーションについて述べたい。

車輪文にあらわれる放射状文を見わたすと、太陽形のもの、星形のもの、直線の組み合わせから成るもの、以上三つの種類が認められる。

　太陽形と称する類は、円形の周囲に細い短い線を放射状に配したものであって、幼児画にあらわれる太陽の形に似ている。実例はいまのところ福岡県沖ノ島五号遺跡例[4](第2図左、図版第2−3)と、大阪府陶邑TG六四号窯例[5](第1図左)の二例しか知らない。中心に置かれる円形の隆起は、一般の同心円文叩き目にもあらわれるので同心円文の一要素と見なせないこともない。沖ノ島例ではこれが異常に大きく、かつ、円形とはいい難いほど不整である。放射線は陶邑例で一〇本、沖ノ島例で一二本である。配置は不整で、しかも、放射線のなかには不規則に曲るものがある。この特徴は特に沖ノ島例においてははなはだしい。

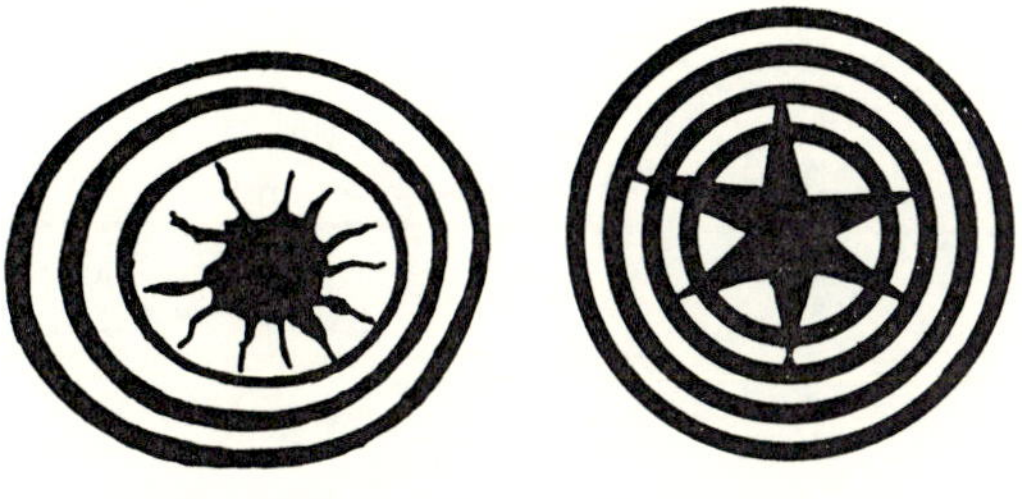

第2図　車輪文叩き目模式図(1)
(左)福岡・沖ノ島　(右)福岡・天観寺山

　星形と称したのは、通常、われわれが星形という言葉から連想する図形と全く同じ形をしたものであって、放射線の幅は先端にゆくに従って細まり、先端は鋭く尖る。遺例は福岡県天観寺山第Ⅱ区二号窯例[6](第2図右、図版第1−1)、大阪府陶邑TG六四号窯例[7](第1図中)、同TG六八号窯例[8](第1図右)があり、この三者が近似していることは、すでに中村浩氏の指摘する通りである。放射線は陶邑の二例が五本、天観寺山例が六本である。天観寺山例では放射線の先端が細長くのびて、同心円文の中心から二番目の円圏に達している。うち一本の先端がさらにのびて第三圏に及んでいるのは、当て具製作の際、刃がすべった結果とも思われ、工人の意図せざるところであったのかもしれない。また、天観寺山例では、放射線の横断面が明瞭な三角形をなしているのが特徴的である。これに対応する当て具の刻み目は、いわゆる薬《や》研《げん》彫になっていたはずである。陶邑例はまだ観察の機会を得ていないので、同様な特徴を持っているか否かは未確認である。

　直線を組み合わせた放射状文とは、両側縁がほぼ平行する隆起線を放射状に組み合わせたものをいう。もっとも、なかには、放射線が先端にゆくに従って若干細くなり、星形の趣を持つもの（第4図13、図版第2―1）がある。資料が少ないのでよくわからないが、星形の放射状文と線状の放射状文の違いは漸移的なものであったと推測される。

　線状の放射状文のなかには、中心にかなり大きな円形隆起を置くもの（第4図15、図版第3―6）があるが、この円形は太陽形放射状図形について記したのと同じく、同心円文の一要素とも見なし得るものである。線の幅がいちじるしく細いものは別として、放射線の横断面は、頂部に平らな面を持っているのが普通である。したがって、これに対応する当て具の刻み目は、星形放射状文と異なり、底を平らにさらえてあったと見られる。

第3図　車輪文叩き目模式図(2)
(左)福岡・天観寺山　(右)熊本・薬師前

　直線を組み合せた放射状文において、付加的な線を除いた主たる放射線の数は、四本から八本の間のものが多く、四本、六本、八本の偶数のものが特に多い。放射線が四、六、八本のものは、それぞれ二、三、四本の直線を一点において交差させたような形をとり、「十」もしくは「X」「水」「米」の字になぞらえ得るような配置をとるものが多い。

　ただし、六本の放射線から成る福岡県天観寺山第Ⅱ区一号窯の一例[9]（第3図左、図版第2―2）は、図示のように復原してよいとすると、十文字に斜めの襷をかけたような配置をとる。また、熊本県薬師前窯の一例[10]（第3図右、図版

1　熊本・北浦山　2　奈良・平城京　3　熊本・樺万丈　4・5　熊本・下谷　6・7　福岡・天観寺山　8　熊本・樺万丈
9　岐阜・美濃須衛　10　熊本・下谷　11～13　福岡・天観寺山　14　福岡・沖ノ島　15　熊本・薬師前

第4図　車輪文叩き目模式図(3)

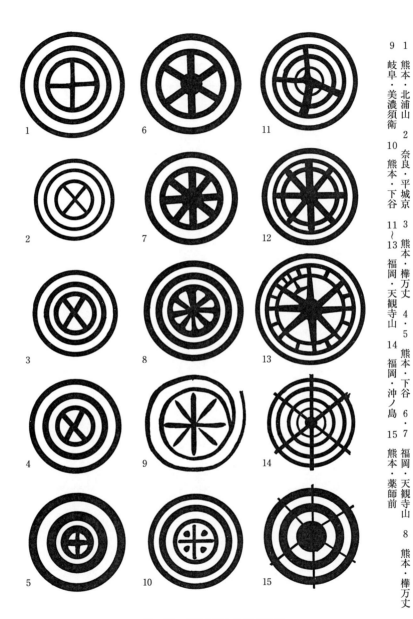

第3－5）も六本の放射線から成るが「木」字形の配置をとる。これは「米」字形放射線文から二本の線が脱落した形と解すべきであろうか。

線状の放射状文をこれと組み合わされる同心円文との関係において見ると、放射状文が同心円文の中央圏内に収まっているもの（第3図右、第4図1～10）と、中央圏から発した放射線が外側の円圏内に及ぶもの（第3図左、第4図11～15）とがある。

線状の放射状文を同心円文の中央圏内に収める類は、放射線が車輪のスポークのように見え、車輪文の名称に最もふさわしい形をしている。この類には、単純で線数の少ない十形もしくはX形の放射状文をいれるものが最も多い。福岡県勝立窯[11]（第5図右）、熊本県北浦山窯[12]（第4図1、図版第3－1）、同下谷《したんたに》窯[13]（第4図4・5、図版第3－2・3）、同樺万丈《かばのばんじょう》窯[14]（第5図中）、奈良県平城京東三坊大路[15]（第4図2、図版第4－3・4）、京都府樫木原廃寺[16]などの発見例がある。六本の放射線から成る図形をいれた例は現在のところ少ない。手元にある例としては、＊形放射状文をいれた福岡県天観寺山第Ⅱ区一号窯例[17]（第4図6、図版第1－2）と、「木」字形放射状文をいれる熊本県薬師前窯例（第3図右）だけである。八本の放射線から成る＊形放射状文をいれるものは十・X形放射状文をいれるものに次いで多く、福岡県天観寺山第Ⅱ区一号窯[18]（第4図7、図版第1－3）、熊本県下谷窯（第4図10、図版第3－4）、同樺万丈窯（第4図8、第5図左）などの発見例をあげることができる。また、古くから知られている岐阜県美濃須衛窯跡群発見の土製当て具[19]には、同心円文から変化した渦巻文の中央に「米」字形の彫刻が見られる（第4図9、図版第4－1）。

なお、中央圏内に十あるいは＊形の放射状文をいれる類には、中央圏と放射状文が矮小化したものがある（第4図5、第5図右など）。そのなかの＊形放射状文が矮小化した類には、下谷窯例（第4図10）のように、放射線が一本おきに点状になってしまったものもある。このような傾向は、上記した美濃須衛窯跡群発見の土製当て具にある＊形

第5図　車輪文叩き目
（左・中）熊本・樺万丈（亀井明徳氏採集品）
（右）福岡・勝立（九州歴史資料館）

図形にもきざしている。この土製当て具では、まず十文字をえがき、ついで線と線の間に一本ずつの短い線を加えて✳形図形を完成している。割付の都合上このような手順をとるのであろうが、のちにえがき足される四本の線が退化して点状になり、下谷窯例のような形を生じたと考えられる。

放射状文が同心円文の中央圏外にまでひろがり、放射線が同心円と交差する類は、一見、蜘蛛の巣を思わすような形をしている。この類には、福岡県天観寺山窯の四例[20]（第4図11～13、図版第1―4～6、図版第2―1）のように、放射線の先端が同心円文の中ほど、第二圏、第三圏のあたりにとどまるものと、福岡県沖ノ島二〇号遺跡例[21]（第4図14、図版第2―4）、熊本県薬師前窯例（第4図15、図版第3―6）のように、放射線が同心円文の外縁にまで及んでいるらしいものとがある。ただし、一つの放射状文において、すべての放射線が等しい長さをしているとは限らない。奈良県平城京例[22]（図版第4―2）は放射線の長さがまちまちであり、また、さきにも引用した福岡県天観寺山第Ⅱ区一号窯の一例（第3図左、図版第2―2）は、放射線のうち一本だけが中央圏外に延長されている。いずれにせよ、当て具の全面の圧痕が土器面に残されているわけではないので、個々の遺例について放射線の先端がどこまで達しているかを確実に判定することは困難である。蜘蛛の巣状の車輪文にあらわれる放射状文は、放射線が八本あるいは六本という線数の多いものが多く、四本のものは少ない。福岡県天観寺山第Ⅲ区一号窯例(図版第2－1)は全形の推定が難しいが、一応第4図13のように復原してみた。この例では、中心から発する主たる放射線は八本であるが、第二圏では主たる放射線の間に一ないし三本の短い放射線を加え、図柄をにぎやかにしている。これは筆者が実見した車輪文のなかで最も複雑なものである。

以上で筆者の見聞に入った車輪文叩き目の資料を一通り紹介した。次にこれらの資料に年代を与えてみよう。

現在知られている車輪文叩き目のなかで最も古いものは、福岡県天観寺山窯跡群発見の一群である(図版第1、第2－1・2)。車輪文付の須恵器を出した第Ⅱ区一・二号窯跡と第Ⅲ区一号窯は、いずれも、身のかえりが低くなった坏、退化した透を残す長脚の高坏を出し、六世紀後半の年代が与えられている。(23)本窯跡群の車輪文叩き目は、星形放射状文をいれる類、中央圏内に線状放射状文をいれる類、蜘蛛の巣状の類の各種にわたる。のちの時代の例にくらべると、線状放射状文の線が太く、力強い感じを与える。

次いで古いのは、大阪府陶邑窯跡群発見の一群である。中央に星印を置く叩き目が発見されたTG六八号窯は、身のかえりの退化がはなはだしく、小型化の進んだ坏や、宝珠つまみ付坏蓋を出し、六世紀末から七世紀前半に比定される。中央に太陽形図形を置く叩き目と、星印を置く叩き目が発見されたTG六四号窯は、六八号窯と同様な土器のほかに高台付の坏などやや新しい土器を出し、六世紀末から七世紀後半にいたる間に位置づけられる。(24)

次いで古いのは、福岡県沖ノ島五・二〇号遺跡発見の一群である(図版第2－3・4)。車輪文叩き目付甕の形自体から年代を判定することは難しいが、伴出の長頸瓶や高坏の年代を参考にして、七世紀後半とする報告書の見解に従っておきたい。(25)

八世紀に属することが確認できる資料はきわめて乏しい。わずかに、奈良県平城京左京三条四坊七坪発見の蜘蛛の巣状叩き目を印した小破片（図版第4－2）をあげ得るのみである。この破片は伴出の土器の様式から奈良時代後半のものと考えられている。[26]

岐阜県美濃須衛窯跡群発見の✳を刻した土製当て具（図版第4－1）は、採集品であるため実年代の判定が難しい。楢崎彰一氏によると、同窯跡群は八世紀に操業を開始して九世紀初にいったん中断し、一一世紀に再び操業をはじめて一二世紀初にいたっており、問題の当て具は最初の操業期間内、すなわち八世紀～九世紀初のものであろうという。[27][29]

上記以外の資料はすべて九世紀に属するものである。奈良県平城京東三坊大路東側溝（SD六五〇）下層発見の、中央に十を置く例もこのなかに入る（図版第4－3・4）。同層の土器はSD六五〇A様式として一括され、前後の土器様式との型式学的検討と、伴出の銭貨等の年代にもとづいて、九世紀前半のものとされている。[28][30]

京都府樫木原廃寺からも、平城京東三坊大路例と似た例が発見されている。発掘に当った京都市埋蔵文化財研究所の見解によると、土器の形から見て九世紀のものであるという。[29]

福岡県勝立窯跡、熊本県北浦山・下谷・薬師前・樺万丈の諸窯跡は、現在のところ相互の相対的年代関係も、くわしい実年代も明らかでなく、漠然と平安時代前期、九世紀の窯と見られている。[30] これら諸窯の車輪文叩き目は、型式学的に見て退化現象と解し得る特徴をそなえたものが多く、現在知られている車輪文叩き目のなかでは最も年代の降る一群であると考えてよい。薬師前窯跡発見の一例（図版第3－5）のみは異常に太い線状放射状文を持つが、その他の線状放射状文は線の幅が細くなって力強さを失い、中央圏にも縮小の傾向が見られる。勝立窯の一例（第5図右）、下谷窯の一例（図版第3－3）のような極端に矮小化したものがあらわれるのは、車輪文の命脈がもはや終に近づきつつあったことを示している。

以上の記述からわかるように、現在のところ車輪文の存続を確認できる期間は、古墳時代後期の六世紀後半から平安時代の九世紀にいたる間である。中頃の奈良時代に属する資料が乏しいのは筆者の捜索が不十分なためであって、将来必ず実例が増加するものと期待している。[31]

時代による車輪文の変遷はまだ詳論できる段階ではない。ただ推測にわたることをおそれずにいうならば、車輪文の変遷は全体として複雑なものから単純なものへという方向をたどったかのようである。六、七世紀の車輪文は種類の変化に富み、また、蜘蛛の巣状車輪文のような複雑なものが優勢である。それに対し、九世紀の車輪文は種類の変化に乏しく、また、中央圏内に十・X・✳を収める単純な類が優勢となる。車輪文のなかで最も単純なのは、中央圏内に十もしくはXを収める類であるが、この類で年代を確認できる例が現在のところ九世紀のものに限られていることは注意されてよい。[32]

車輪文叩き目の資料の分布範囲は、窯跡出土例に限ってみても、東は岐阜県から西は熊本県にいたる広い地域にまたがっている。中間の中国・四国地方の実例を本章で示せなかったのは、筆者の捜索が不十分なためであって、将来この空白地域からも実例が発見されるであろうと期待している。[33]しかしながら、車輪文叩き目の出現頻度に地域による差があることは事実であって、畿内方面よりも九州の方がはるかに遺例が多い。最も年代のさかのぼる資料が福岡県天観寺山窯跡の発見であることは、車輪文が九州で生れたことを示すかのごとくであるが、もとより即断は許されない。

一つの窯から発見される須恵器の叩き目がすべて車輪文であるという例はまだ見つかっていない。これまでの例ではすべて通常の同心円叩き目のある須恵器を伴う。一つの窯で両種の叩き目がどの程度の比率で出現するかについて、信頼できる統計は全くない。筆者が松本健郎氏の援助を得て、熊本県荒尾市在住の丸尾武彦氏が下谷窯跡で無作為に拾い集めた須恵器片を検したところ、叩き目のある破片一三八点中、同心円叩き目のある破片一一八点に対し、車輪文叩き目のある破片二〇点であった。ほぼ六対一の比率である。統計というに価しない程度の数字であるが、他によるべき数字が全くないので、参考までに記しておく(一一三頁補記参照)。

二　車輪文の起源

須恵器の内面叩き目にあらわれる車輪文は、同心円文と放射状文との二つの要素から成り立っている。同心円文が木材の木口にあらわれた年輪の形をモデルにしたものであることは、すでに定説となっており、ここで詳説する必要はなかろう。問題にしなければならないのは、もう一つの構成要素である放射状の起源である。

前章の記述で明らかなように、車輪文にはしばしば「十」「X」「＊」「米」等の図形があらわれる。このような図形は須恵器の叩き目に限ってあらわれるのではない。これらは車輪文叩き目がおこなわれていたのと同じ時代、すなわち古墳時代から平安時代にかけての遺物によくあらわれるところの図形である。ことに、焼成前に須恵器の上に記入された記号様図形、いわゆるヘラ記号のなかに、この種の図形が数多く見出される。そのため、筆者はかつて、車輪文叩き目とヘラ記号との間になんらかの関連があるのではないかと疑ったことがある。同学の士にも同様な疑問をいだいた人があり、両者の関連について筆者の見解を質されたことがある。しかしながら、この論文の最初に述べたように、車輪文において同心円文と組み合わされるのは放射状の図形に限られている。それに対し、ヘラ記号のなかには、車輪文にあらわれるような放射状図形も含まれているとはいえ、その他に「キ」「卌」「廾」「W」等々の放射状でない図形を多数に含んでいる。おそらくヘラ記号は、直線や単純な曲線を種々に組み合わせた抽象的な図形であって、種々の組み合わせを試みている間に、偶然、車輪文の放射状図形と同じ形が生じたと考えられる。車輪文とヘラ記号とは類似の図形を含むとはいえ、本来、別個のものであったと解したい。

筆者の考えるところでは、車輪文にあらわれる放射状図形は、ヘラ記号のような抽象的な図形ではなく、具体的なモデルを模様化したものである。結論を先に述べると、車輪文の放射状文は、心持材を利用した木製当て具にあらわれるところの、木材の亀裂を模様化したものである。つまり、車輪文は、木材の年輪を模様化した同心円文に、さらに木材の亀裂を模様化した放射状文をつけ加えたものであって、車輪文全体が木材の木口面における特徴を表現しているというのが筆者の考えである。

木材の亀裂には、風による振動、形成層の損傷、生長応力、はげしい霜など、種々の自然的要因によって樹木の生育中から発生するものがあり、さらに伐木直後、木材内部の力のバランスの変化によって生じるものや、その後の乾燥の過程で生じるものがある。ただし、以上三つの段階で、それぞれ別個の亀裂が生じるとは限らない。すでに生育中から生じていた割れ目が、その後の段階でさらに拡大する場合も多いので、個々の亀裂についていずれの段階で生じたかを正確に判定することは必ずしも容易ではない。いずれの段階で生じたにせよ、木材の亀裂は、木口面においておおむね次のような形であらわれる。

1　輪裂け(目回り)　年輪にそって生じた亀裂。

2　心裂け　年輪に直角の方向に生じた亀裂(第6図)。多くの亀裂が樹心から放射状に生じたものを、特に星裂けという。(31)

車輪文にあらわれる放射状文は、右にあげた二種の亀裂のうち、いくつかの心裂けが放射状に生じた状況を模様化したものと考えられる。輪裂けが叩き締め道具の刻み目として模様化されることがなかったのは、たとえ模様化したとしても、年輪をモデルとした同心円文と重なり合うため、特別の効果を期待できなかったからであろう。

今日の木造建築物や木製工芸品は、木材の亀裂を目立たせないようにつくられているので、われわれは木に亀裂が生じることを忘れがちであるが、木材の亀裂はごくありふれた現象であって、古代人にとって日常なじみ深いものであったに違いない。ことに須恵器の工人は、木材の亀裂を直接見るばかりでなく、その亀裂によって粘土の上に生じた圧痕を見る機会にも恵まれていた。というのは、土器の叩き締め作業に使う木製の当て具に亀裂が生じ、叩き目のなかに意図せざる線の加わることがあったからである。

第6図　針葉樹材の亀裂

実際にそのような痕跡が土器の上にたくさん残っている。当て具の亀裂痕を伴う叩き目は珍しいものではない。実例は枚挙に暇がないので、手近にある例を二、三あげておこう。図版第5―4に示した福岡県沖ノ島五号遺跡例(32)では、叩き目の同心円文を貫いて半径方向に走る隆起線が見られる。これが筆者のいう当て具の亀裂痕である。刃物でつけた刻み目の圧痕と異なり、隆起線の両側縁が整っていないので簡単に見分けがつく。図版第5―1・2に示した福岡県勝立窯跡出土の二例では、短いが深い亀裂の痕跡が見える。同図版の2は黄褐色をした生焼けの破片であり、1は焼き締って灰色を呈する破片であるので、それぞれ別個体の甕に属する破片と思われるが、亀裂痕の形からわかるように、同一の工具でつくられている。当て具に亀裂を生じても、使用に差し支えのない間は使い続けたもののようである。

以上に示したのは、いずれも一方向にのみ心裂けの痕跡があらわれたものであるが、いくつかの心裂けが放射状に生じた痕跡をとどめる叩き目もないわけではない。図版第5―3に示した福岡県沖ノ島例(33)がそれである。写真で明らかなように、一本の幅広い亀裂痕と、三本の細い亀裂痕が放射状に走っていて、叩き目全体の形は車輪文叩き目のなかの蜘蛛の巣状を呈するものに近い。車輪文はこのようなモデルを模様化することによって、ごく自然に成立したものと考えられるのである。

右の沖ノ島例は、亀裂痕以外にも種々の注意すべき特徴を持っている。亀裂痕はもちろん自然に生じた割れ目の痕跡であるが、この叩き目の同心円文もまた、人工の刻み目の圧痕ではないと考えられる。そのように考える根拠の一つとして、この叩き目の同心円文が正しい同心円ではなく、中心が一方に偏していることを指摘しておきたい。隣接する叩き目がたがいに重なり合っているのでわかりにくいが、同心円文を構成する各円圏の幅が一側(掲載の写真では右側)では狭く、他方にゆくに従って広くなっている。このような特徴は、いわゆる偏心生長をとげた樹木の、木口面にあらわれる年輪の特徴と完全に一致する(第7図)。偏心生長とは樹木の幹や枝の肥大生長が一側にかたよる現象をいう。この現象は樹木が一方に傾いて正常な姿勢からはずれた際におこりやすい。幹の場合、針葉樹では下側、広葉樹では上側に生長がかたより、枝の場合、針葉樹では上側の背部に、広葉樹では下側の腹部に生長がかたよる。これは、傾斜面に生育した樹木などにしばしば見られるところの、ごく普通の現象である。古代の陶工が偏心生長をした木材を入手したとしても、別段の不思議はない。右の沖ノ島例において叩き目の同心円文が正しい同心円をなしていないのは、当て具の製作に当った陶工の文様の割付が不手際であったからではなく、偏心生長をした木材が当て具の材料として使われ、その年輪が粘土面に転写された結果であると解してよかろう。

もっとも、須恵器の当て具の刻み目は、必ずしも用材の年輪と無関係につけられるとは限らない。年輪のなかの軟かい部分である春材部を彫りくぼめることによって刻み目を付した場合が多かったと思われるが、沖ノ島例の場合は当て具にそのような工作さえもなされていなかったようである。沖ノ島例の同心円文は凹部が非常に浅く、しかもその凹部の横断面が土器の刷毛目の横断面と似通った形をしているので、人工の刻目の圧痕ではなく、当て具の年輪が使用による磨滅によって浮き出し、その凹凸が粘土面に転写されたものであると考えられる。この例のくわしい年代は不明であるが、おそらく七世紀後半以降のものであろう。すでに須恵器の当て具に人工の刻み目をつけることが一般化していた時代の所産であるが、そのような時代にあっても、面にあらかじめ刻み目を施さない当て具が使用されていたことを本例はものがたっている。

第7図　偏心生長をした針葉樹材
（渡辺治人『木材理学総論』より）

沖ノ島例の同心円文が自然の年輪の圧痕であることをややくわしく述べたのは、この同心円文叩き目の中心にある円形の隆起の性質とも関係があるからである。この円形の隆起は幅広い亀裂痕と連っているため、卒然と見れば亀裂痕の一部のように見えるけれども、亀裂痕とは区別して考えるべきものである。円形の隆起のある部分は年輪の中心部、木材の髄に対応する部分である。髄は樹幹の中軸にある組織であって、薄い細胞膜を持つ柔細胞から成り、脆弱である。樹齢を経た木ではここに空洞を生じることもある。空洞はなくとも、心持材を用いて当て具をつくると、使用を重ねるに従い、髄の部分が他の木部よりも早く磨滅して、当て具の中央に円形の凹みが生じ、その圧痕が叩き目の中央に円形の隆起としてあらわれる。沖ノ島例の同心円文＝年輪痕の中心にある円形の隆起は、このようにして生じたものと考えられる。先に引用した陶邑ＴＧ六四号窯例(第1図左)や沖ノ島五号遺跡例(第2図左)の中心にある太陽形図形の円い部分は、髄を誇張して模様化したものであろう。一般の同心円叩き目や車輪文叩き目の中央にあらわれる円形隆起も、髄に関係があると考えられる。

針葉樹の髄の横断面は円形であって、樹種による違いが明瞭でない。これに対し、広葉樹の髄の横断面は円形のほかに、長円形、星形、五角形、四角形、三角形のものがあり、樹種によっては非常に特色のはっきりしたものがある。陶邑ＴＧ六四・六八号窯例(第1図中・右)にあらわれる星形の図形は、広葉樹の髄をモデルとしたものかもしれない。もっとも、須恵器の叩き締め道具は主として針葉樹材を用いたと推定されるので、広葉樹の髄が叩き目文のモデルとなり得たか否かは疑問である。今後、須恵器の叩き締め道具の用材に関する検討を進めるなかで、合わせ考えるべきこととして付記しておこう。この点はさておいても、須恵器の内面叩き目に見える車輪文の諸特徴は、木材の木口面の諸特徴とよく合致するので、車輪文が木材の木口面の形状をモデルとしていることは、ほぼ間違いないこととして認めてよかろう。

おわりに

須恵器の車輪文叩き目について組織的な研究を開始するまで、筆者は漠然と、車輪文は同心円文に既成の記号様図形を付加したものであろうと考えていた。他の研究者のなかにも同様な受け取り方をしていた方が多かったと思

第8図　刁家屯五室塼墓長方形墓塼（浜田・島田『南山裡』より）

う。本稿は右のような考えが誤りであることを示し、車輪文の起源を別のところに求めるべきことを論じたものである。その論旨を要約すると次のようになる。

須恵器内面叩き目文の一種である車輪文は、木材の年輪をモデルにした同心円文と、木材の亀裂をモデルにした放射状文とを組み合わせたもので、全体として木材の木口面の特徴を表現したものである。

車輪文は、はなはだ独特の文様のように見えるが、これと類似の文様がないわけではない。時代も地域も全くかけはなれているものの、中国漢代の長方形墓塼に似通った文様がある。第8図はその一例である(34)。この例においては、長方形の区画内に対角線と長辺に平行する二等分線とを引き、それらの線の交点に同心円を置く。この文様は形が須恵器の車輪文叩き目に似ているばかりでなく、木材の木口の特徴を模様化しているという点でも車輪文と軌を一にする。同心円文が年輪を、対角線等が亀裂を表現しているわけである。

この種の文様に限らず、重稜文、綾杉文など、漢代長方形墓塼にあらわれる文様の多くが木材の木理に起源することは、故駒井和愛氏がくり返し主張しているところである(35)。同氏は、木槨墓から塼槨墓への移行に当って、木材の代用品として使われはじめた塼に木理をモデルとする文様が付されたのであると説き、さらに、戦国・漢代に厚葬の表現として用いられた「題湊《だいそう》の室」という言葉が、壁面に木材の木口がにぎやかにあらわれた立派な墓室を意味することを考証し、木理をモデルとする文様が墓塼の文様として採用されるにいたった背景を論じている。もちろん、漢代の墓塼文と須恵器の車輪文叩き目とは、時代もおこなわれた地域もかけはなれており、その間に系譜的な関係を考えることはできない。それにもかかわらず、ここに漢代の墓塼文を引用したのは、木材の特徴を模様化するに当り、年輪とならんで亀裂が模すべき要素として取り上げられやすいことを示し、車輪文の起源に関する筆者の考えが決して突飛なものでないことを傍証したかったからである。

筆者の所説は、将来、さらに資料の増加をまって検証されるべきものであるが、このように車輪文の起源について考えをめぐらすことは、今後、車輪文の型式学的研究を進める上にも必要な作業であると考えている。

本章を草するに当っては、多くの方々のお世話になった。特に、小田富士雄、亀井明徳、佐田茂、武末純一、巽淳一郎、田辺昭三、楢崎彰一、松本健郎、三島格、吉田恵二の諸氏から、資料の収集や未発表資料の使用について多大の援助とご好意を受けた。また、九州大学農学部木材理学研究室(主任　松本勗教授)のスタッフ、とりわけ北原竜士氏から、木材に関し種々の教示を受けた。記して感謝の意を表する。

なお、この論文はもともと、鏡山猛先生の古稀記念論文集に献呈を予定しながら、諸般の事情で果せなかったものである。ここに、本論文を鏡山先生に献呈する旨、書き記すことを許されたい。

本稿は昭和五五年度文部省科学研究費(一般・B)による「刷毛目技法を中心とした土器製作技術史の再検討」の成果である。

註

（1）同笵瓦当文の同定研究はすでに広汎におこなわれている。瓦叩き目文の同定研究には大川清他「下野の古代窯業遺跡」（『栃木県埋蔵文化財調査報告』第一五・一八集、一九七四・七六年）がある。
（2）中村浩他『陶邑』Ⅱ（『大阪府文化財調査報告書』第二九輯、一九七七年）二三五頁、同『陶邑』Ⅲ（『大阪府文化財調査報告書』第三〇輯、一九七八年）二一二頁。中村氏は本稿で車輪文と仮称した文様を「輪状文」あるいは「輪花文」とよんでいる。
（3）『生産遺跡基本調査報告書』Ⅱ（『熊本県文化財調査報告』第四八集、一九八〇年）七二・一六九頁。
（4）第三次沖ノ島学術調査隊『宗像沖ノ島』（宗像大社復興期成会、一九七九年）八〇図二。
（5）註（2）に掲げた『陶邑』Ⅱ、第一七一図一〇。同図九も同類の疑いがある。
（6）『天観寺山窯跡群』（北九州市埋蔵文化財調査会、一九七七年）第四二図九七。
（7）註（2）に掲げた『陶邑』Ⅱ、第一七一図八。
（8）註（2）に掲げた『陶邑』Ⅱ、第七〇図七。同図五・六も光芒の数は不明ながら、同類のように見える。
（9）註（6）に掲げた『天観寺山窯跡群』第二五図一二一。
（10）窯および出土品の概要については註（3）に掲げた『生産遺跡基本調査報告書』Ⅱ、一五頁以下を参照。
（11）福岡県大牟田市所在、亀井明徳氏発掘。
（12）註（3）に掲げた『生産遺跡基本調査報告書』Ⅱ、第四〇図二九。
（13）註（3）に掲げた『生産遺跡基本調査報告書』Ⅱ、七二頁参照。
（14）三島格氏発掘。ただし図示のものは亀井明徳氏採集品。窯および出土品の概要については、前掲書七六頁以下、ならびに亀井明徳「九州」（『世界陶磁全集』三、小学館、一九七七年）参照。
（15）『平城宮発掘調査報告』Ⅵ（『奈良国立文化財研究所学報』第二三冊、一九七四年）五九頁。
（16）京都市埋蔵文化財研究所発掘。

(17) 註(6)に掲げた『天観寺山窯跡群』第三〇図一六九。
(18) 註(6)に掲げた『天観寺山窯跡群』第二三図六七。
(19) 故小川栄一氏収集品。
(20) 註(6)に掲げた『天観寺山窯跡群』第二九図一六五、第三一図二〇三、第三六図二六七、第四九図九二。
(21) 註(4)に掲げた『宗像沖ノ島』第一〇〇図二。
(22) 左京三条四坊七坪の土壙(SK一七九六)出土。『平城京三条四坊七坪発掘調査概報』奈良国立文化財研究所、一九八〇年参照。
(23) 註(6)に掲げた『天観寺山窯跡群』二一四頁。
(24) 註(2)に掲げた『陶邑』Ⅱ。
(25) 註(4)に掲げた『宗像沖ノ島』一九七頁、二二一頁。
(26) 伴出品については註(22)に掲げた概報を参照。
(27) 楢崎彰一氏の直接の教示による。
(28) 註(15)に掲げた『平城宮発掘調査報告』Ⅵ、一四七頁以下。
(29) 田辺昭三氏他、京都市埋蔵文化財研究所スタッフの教示による。
(30) 註(3)に掲げた『生産遺跡基本調査報告書』Ⅱ、一六三頁以下。なお、樺万丈窯跡群は最近、中世の須恵器系窯跡として有名になったが、亀井明徳氏の教示によると、同所には複数の窯跡があり、出土品は新古の二群に分れる。本章に引用した同窯跡の出土品は、すべて亀井氏が古いグループに編入しているものである。
(31) 本稿での木材学関係の記述は、主として渡辺治人『木材理学総論』(農林出版、一九七八年)に依拠し、また九州大学農学部木材理学研究室北原竜士氏の教示に負うところが多い。
(32) 註(4)に掲げた『宗像沖ノ島』七九図二。
(33) 註(4)に掲げた『宗像沖ノ島』一四三図四三。

(34)　浜田耕作・島田貞彦『南山裡』(一九三三年)図版三九。遼寧省南山裡刁家屯五室塼墓出土品。
(35)　駒井和愛「漢代墳墓の塼甓と題湊」『中国考古学論叢』慶友社、一九七四年。

〔補記〕　本文の提出後、わずかの間に車輪文叩き目の新資料が続々と発見されている。加えるに、校正の段階になって重要な先行論文を参照していなかったことを知った。これらのことによって、車輪文叩き目の起源に関する本文の論旨を改める必要はないが、車輪文のバリエーションに関する記述は大幅に補足訂正する必要が生じた。全面的な補訂は将来に期することにして、とりあえず、補足すべき要点を記しておきたい。

1　中山平次郎氏が福岡県宗像郡赤間町国鉄赤間駅近傍で採集した、車輪文などの異形叩き目を印する須恵器片が九州大学文学部に保管されており、同氏の「斎瓮内面の異形打痕」(『考古学雑誌』第五巻第九号、一九一五年)と題する論文に紹介されていることを、小田富士雄氏の教示によって知った。この論文ではすでに、異形叩き目が須恵器の流通状況を追跡する手がかりとして有効であることが指摘されている。紹介されている車輪文叩き目には、横山が取り扱ったようなもののほかに、同心円と細い多数の放射線を組み合わせたものがある。また、注意すべきは、同心円と組み合わせない放射状文のみの叩き目があることである。この種のものは筆者も最近、別の実例を知った。中山氏は、同心円文→車輪文→放射線文という系統発生の順序を推定しているが、これについてはなお検討の余地がある。

2　一九八〇年一二月、北九州市埋蔵文化財調査室において本文の要旨を発表し、車輪文叩き目について注意を喚起したところ、旬日を出ないで反響があり、梅崎恵司氏等から、北九州市内の集落遺跡である狸山A遺跡と長野A遺跡で相当数の車輪文叩き目付須恵器片が出土していることを教えられた。新出の車輪文叩き目のなかには奇数の放射線から成るものや、左右対称でないものが含まれていることが注意される。狸山A遺跡の車輪文叩き目については、本書第五章参照。このほか、二、三の方々からも車輪文叩き目の新例について教示を受けているが、詳細は本書第五章にゆずりたい。

図版第１　福岡県の車輪文叩き目

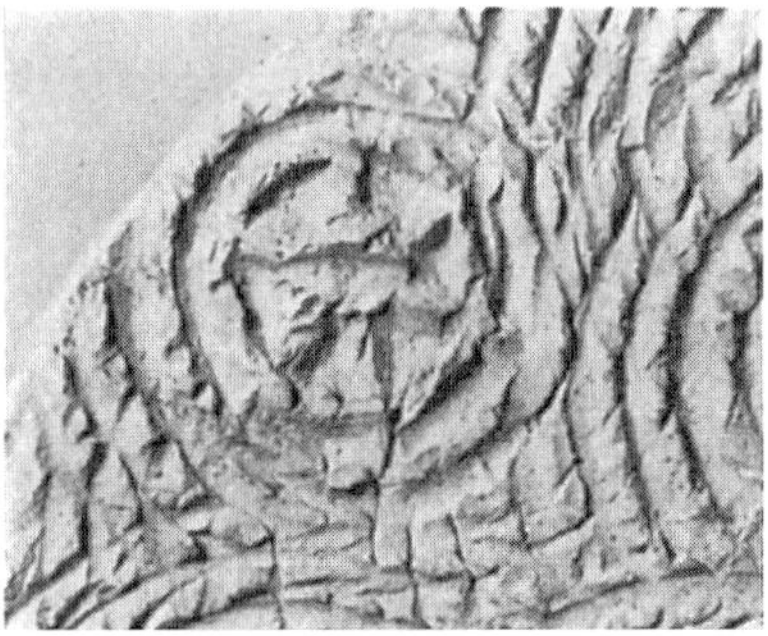

1

2

3

4

5

6

１～６　天観寺山(北九州市立歴史博物館)

図版第 2　福岡県の車輪文叩き目

1

2

3

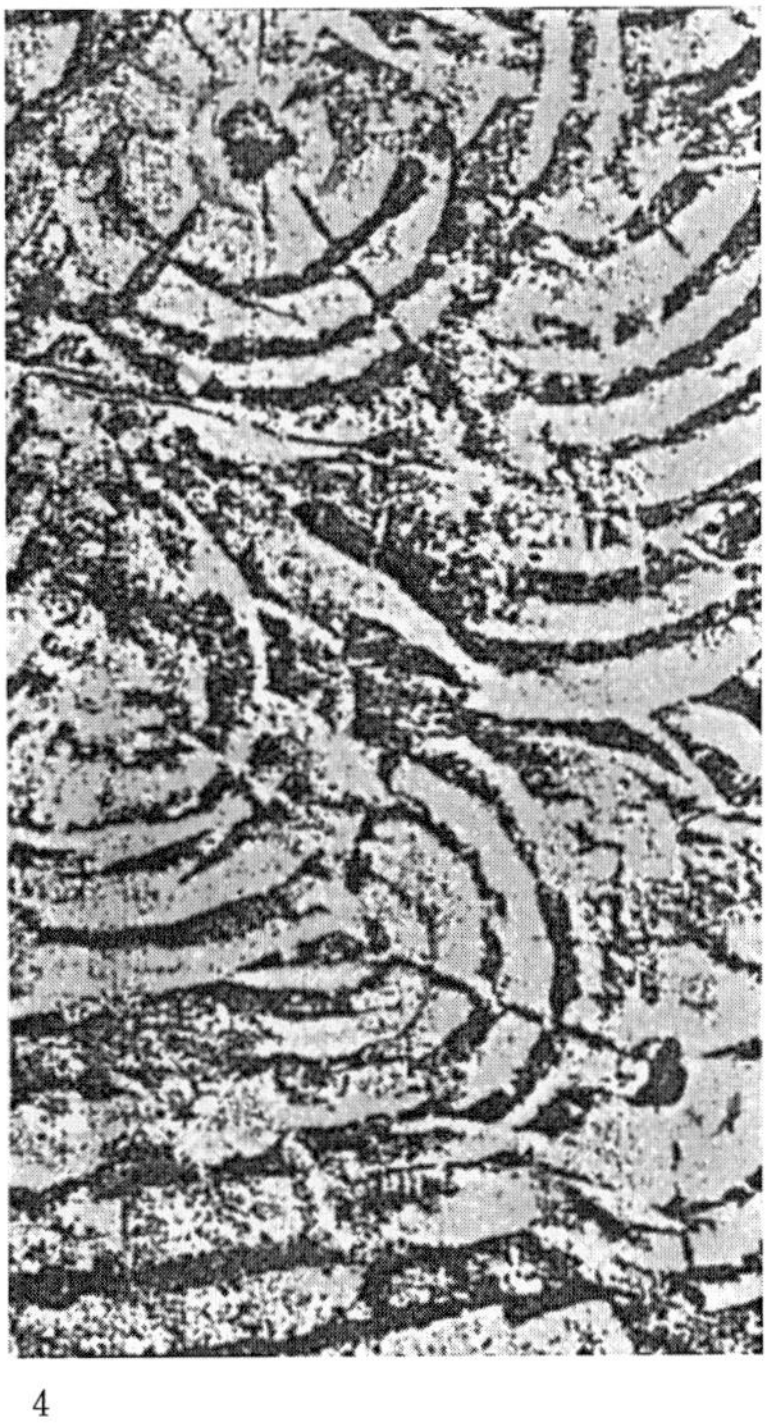

4

1・2　天観寺山(北九州市立歴史博物館)　3・4　沖ノ島(宗像大社)

図版第３　熊本県の車輪文叩き目

1

2

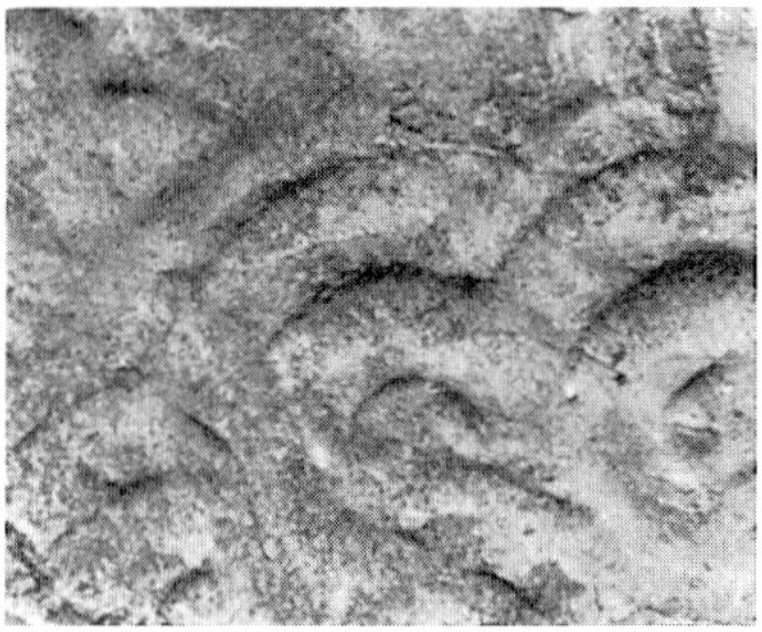

3

4

5

6

1　北浦山(荒尾高校)　２～４　下谷(３のみ丸尾武彦氏　その他熊本県教育委員会)
5・6　薬師前(熊本県教育委員会)

図版第 4　岐阜・美濃須衛の当て具と平城京の叩き目

1

2

3

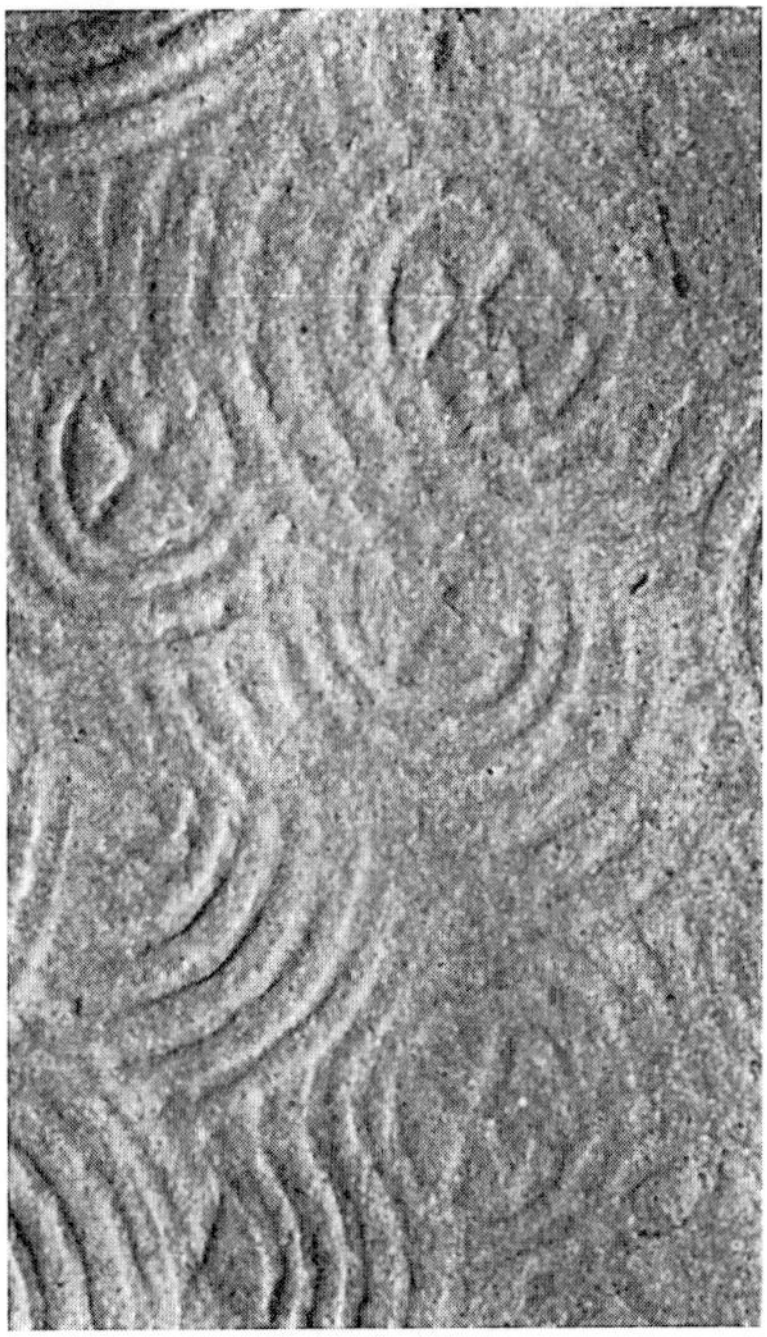

4

1　岐阜・美濃須衛窯跡群(『世界考古学大系』4 より)
2～4　奈良・平城京(奈良文化財研究所)

図版第５　当て具の亀裂痕

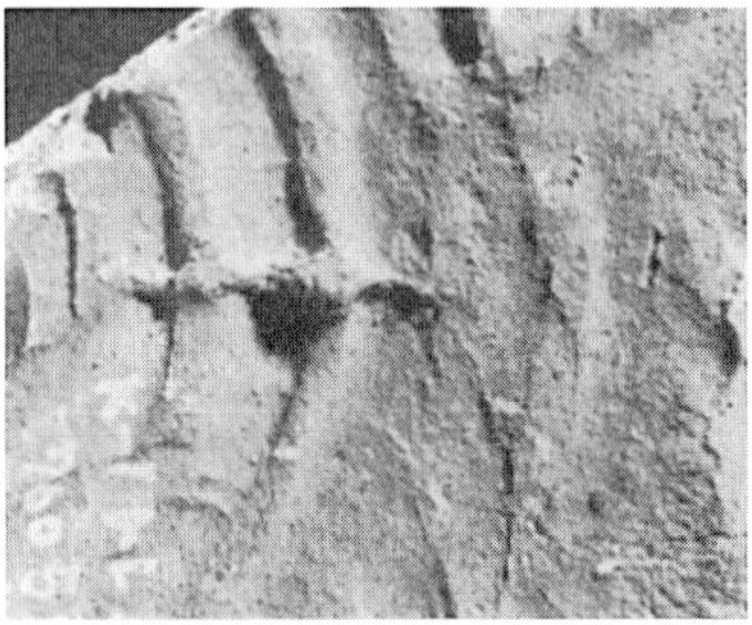
1

2

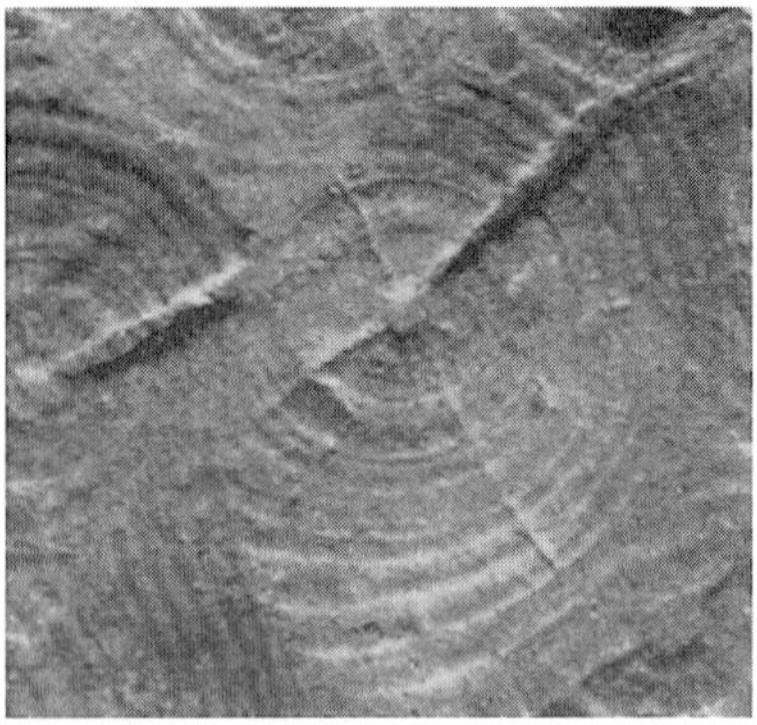
3

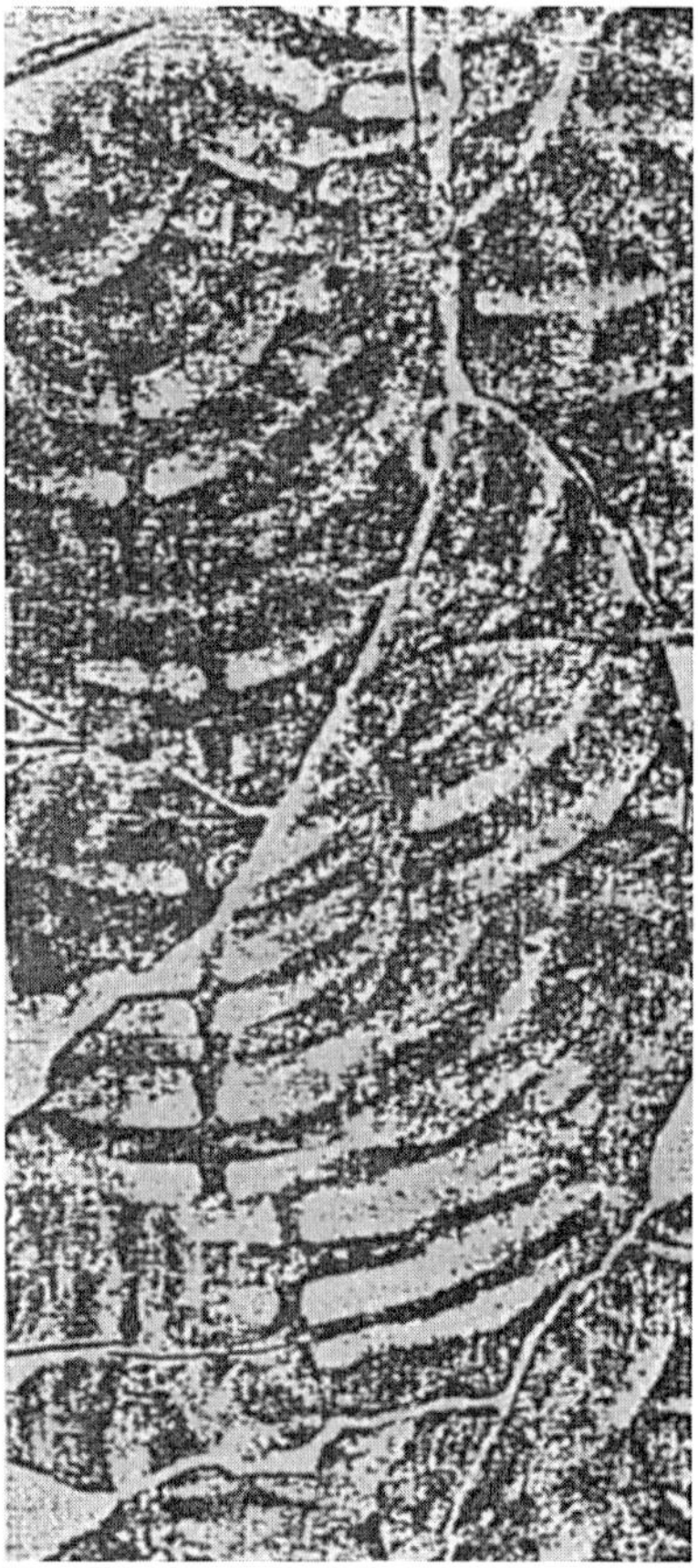
4

1・2　福岡・勝立(九州歴史資料館)
3・4　福岡・沖ノ島(宗像大社)

第五章　狸山A遺跡出土須恵器の渦巻文叩き目をめぐって

狸山A遺跡は、北九州市小倉南区にある古墳時代後期の集落跡である。一九七九年、その一部が発掘され、三軒の竪穴住居跡から、おのおの須恵器を主とする一括遺物が発見された。(1)この遺跡から発見された須恵器の叩き目は、いわゆる車輪文叩き目の類を含んでいて、その点でも注意をひくのであるが、本稿で取り上げる叩き目はその種のものではなく、二号竪穴住居跡から発見された須恵器片の内面に見られる渦巻文叩き目である。

この叩き目は、文様としては単純なものであって、中心にある円形の突出部から外方に向い、右回り(時計回り)に旋回する一条の渦巻文から成っている(第1図1)。

叩き目の陽起部の上には多くの乱雑な傷がついている。これは、叩き目が印されたのちについた傷ではなく、叩き締めに使う当て具に渦巻文を彫刻した際、工作の不手際から生じた刃物傷が、土器の面に圧痕として転写されたものである。このような刃物傷の圧痕は、同心円叩き目の上にもしばしば見られるもので、特に珍しいものではない。報告書にも指摘されているように、同じ狸山A遺跡の二号住居跡の出土例にも実例がある(第1図2)。もっとも、一般に、同心円叩き目に伴う刃物傷の圧痕は、かなり規則的なものであって、第1図2に典型的にあらわれているように、同心円叩き目を構成する各円環の陽起部の内縁よりも、外縁にそってあらわれやすく、また、一定の方向に偏した鋸歯状を呈するものが多い。狸山A遺跡の渦巻文叩き目に見られる刃物傷の痕も似た傾向を示すが、

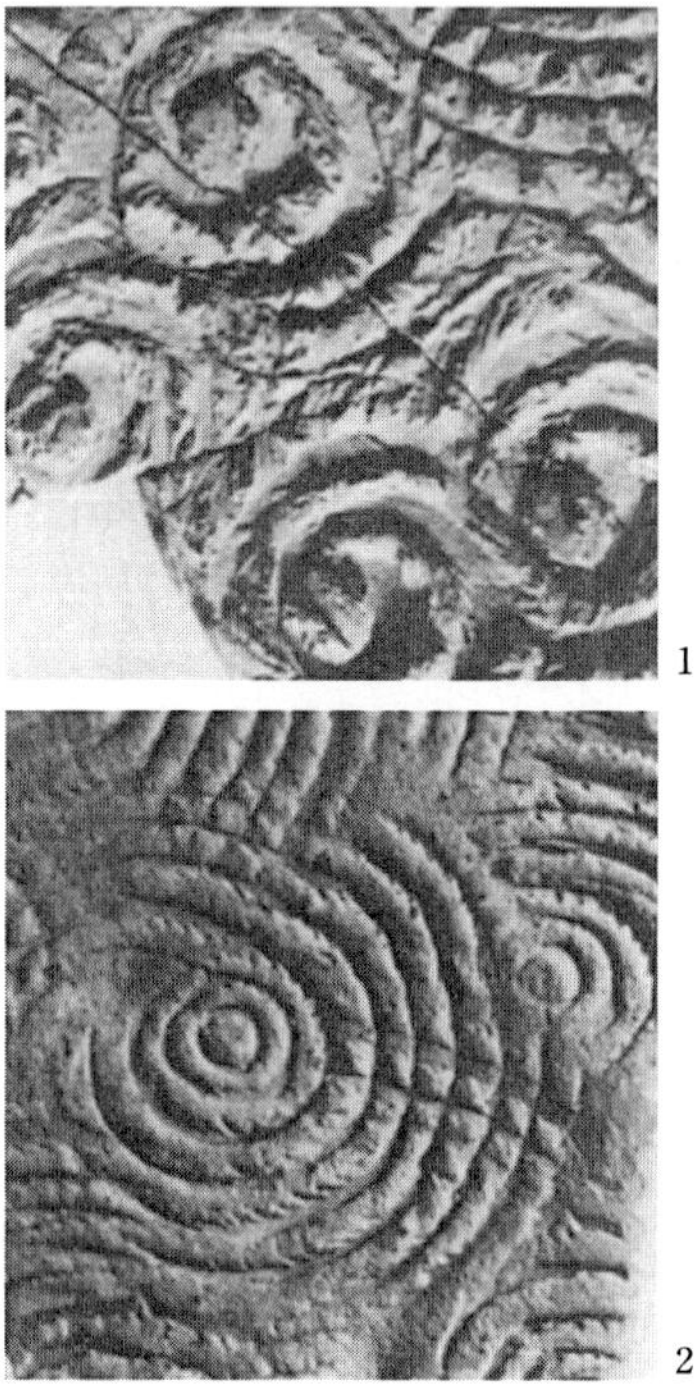

第１図　狸山Ａ遺跡出土須恵器の内面叩き目
（「狸山Ａ遺跡」より）

同心円叩き目に伴うものにくらべると、乱雑であり、傷の圧痕は陽起部の頂部にまで及んでいる。

　周知のように、須恵器の内面叩き目文の圧倒的大部分は同心円文であり、それは木材の年輪の形に起源すると考えられている。同心円叩き目を残した当て具の多くが、木の心持材製であって、木口面が粘土に接するように作られていたことは、第四章で見たとおり、同心円叩き目のなかに、半径方向に生じた心持材特有の亀裂痕を伴うものがあることからも推定できた。このような当て具において、粘土に接する木口面に刻みを入れようとする場合、同心円文が最も適切であることはいうまでもなかろう。年輪という、材料自体の持っている同心円状の節理にそって、軟かな春材部を彫りくぼめれば、おのずから同心円状の凹みが生じるのであるから、その工作は比較的容易である。しかも、そのようにしてつけられた刻み目は、突出部が硬い夏材部から成っているので、磨滅しにくいという利点を持っている。

　同心円文にくらべると、狸山Ａ遺跡の叩き目に見られるような渦巻文は、木材の木口面に刻む文様としては、はなはだ不適切である。木口面に渦巻文を刻むには、硬い夏材部にも彫りこまねばならない。渦巻文は、同心円形の年輪と似通っていて、しかも、少しずつ喰い違った形をしているだけに、かえって彫刻が難しい。むしろ、年輪の形とは全く異った、直線的な放射状文や格子目文を彫りこむ方がたやすい。

このように見てくると、狸山Ａ遺跡の渦巻文叩き目を残した当て具は、すくなくとも、木材の木口面に刻みを付したものではなかったと考えられる。木の板目面に刻みを入れた可能性も考えられないこともないが、その場合も、渦巻文を刻むのは容易なことではないし、また、そのような木取りをした場合、強固な柄を作り出せたかも疑問である。筆者はむしろ、木以外の材料が使われたのではないかという疑問を持っている。同心円叩き目と渦巻文叩き目は、単に文様のデザインが違うばかりでなく、それを残した当て具の材質にも違いがあったのではなかろうか。

ここで想い起されるのは、須恵器製作用の当て具のなかに陶製のものがあることである。陶製の当て具であれば、面に刻みを入れるに当って、材料自体の持つ節理に制約されることがないであろう。陶製の当て具には、どのような刻みがつけられているであろうか。

面に刻みを持つ陶製の当て具は奈良時代もしくはそれ以降のものであるが、岐阜県下から若干例が発見されている。筆者はその一部しか実見したことがないので、とりあえず、この種の当て具を出した岐阜県老洞古窯跡の調査報告(2)の記述を引用しておこう。同書によると、老洞１号窯からは三点の茸型陶製当て具が出土しており、また、同様な当て具は美濃須衛地域を中心として八点ほど発見されている(第２図)[34]。それらの面に付けられた刻み目は「渦巻状の沈線を施したものが主体をなし、同心円状のものは今のところ老洞窯のものしかわからない」とのことである[35]。ただし、老洞１号窯出土の当て具については、破片であるため、それ自体から刻み目が渦巻文か同心円文かを判定できないので、同じ窯から出土した甕などの叩き目から同心円文であろうと推測したという(3)。

陶製当て具の刻み目において、渦巻文が同心円文よりも優勢であるのは、材料固有の節理に制約を受けない場合、渦巻文の方が同心円文よりも刻みやすかったことを示すのではなかろうか。実物資料によって実証できないけれども、木製当て具の同心円刻み目を模して陶製当て具の同心円文刻み目が生じ、さらに、それに似ているが、より彫刻のしやすい渦巻文刻み目が生じたという筋道が、一応想定できる。

陶製当て具の刻み目には、轆轤の回転を利用したと見られる手際のよい刻み方をしたもの(第2図1・2)と、明らかに回転設備を利用していないと見られる手際の悪い刻み方をしたもの(第2図3)とがある。回転設備を利用したと見られる渦巻文刻み目は、単線の渦文であるが、回転設備を利用していない刻み目のなかには、複線の渦文で、しかも、渦巻の線の離れ過ぎた部分に、別の線を挿入して隙間をうずめるという工作をしたものがある(第2図3)。なお、筆者の知り得た限り、岐阜県下の陶製当て具の渦巻文刻み目はすべて左旋回である。[4]老洞窯跡から出土した須恵器杯の蓋・身に見られる削り痕が左回りであるというから、[5]轆轤を利用してつけた渦巻文刻み目が左旋回であるのは当然のこととしても、回転を利用していない渦巻文刻み目までが左旋回であるのは、やはりその方が刻みやすかったからであろうか。

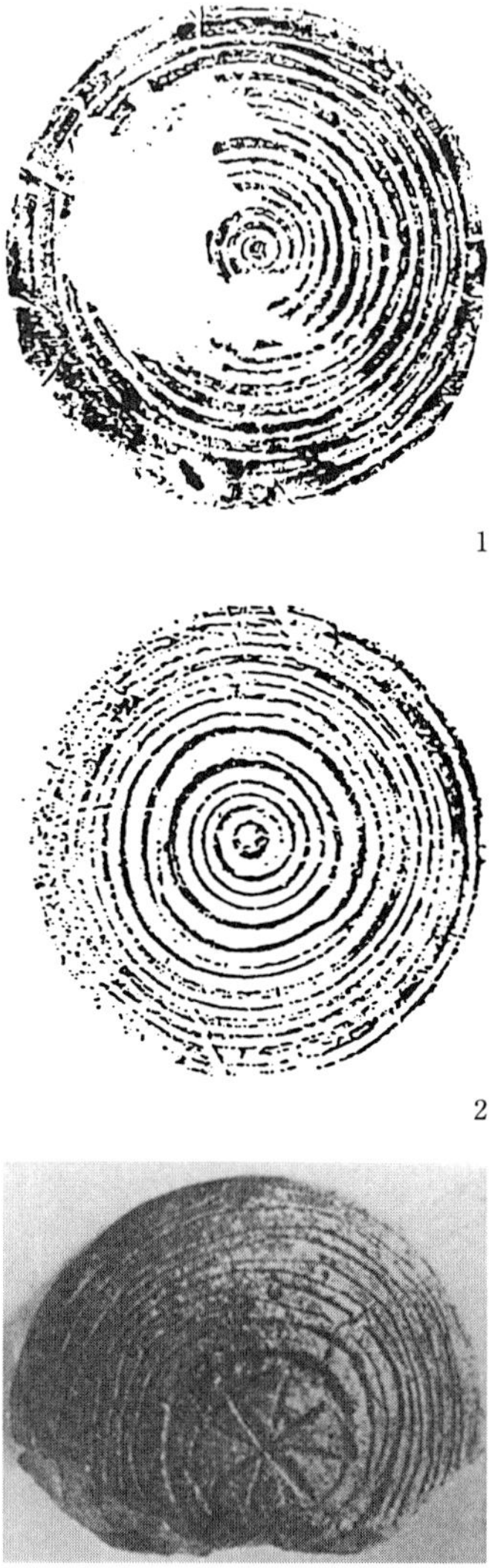

1

2

3

第2図 岐阜県下出土の陶製当て具の刻み目
(『老洞古窯跡群発掘調査報告書』,『世界考古学大系』Ⅳ,『美濃の古陶』より)

陶製当て具の刻み目に渦巻文が優勢であるという事実から、狸山A遺跡の渦巻文叩き目も陶製当て具によってつけられたのではないかという推測が導き出される。また、狸山の渦巻文叩き目が右旋回であるのも、この叩き目が陶製当て具でつけられたとするのに都合のよい事実である。

しかし、ここで考慮しなければならないのは、狸山A遺跡の叩き目の上に見られる乱雑な刃物傷の圧痕である。陶製の当て具を製作する際、粘土がまだ軟かい間に刻みを入れたとすれば、このような刃物傷は生じないはずである。当て具が陶製であったとすれば、粘土が乾いたのちに刻み目を入れたと考えざるを得ない。果してそのような不合理な工作をしたのであろうか。疑問である。この点を考慮すると、狸山A遺跡の渦巻文叩き目を残した当て具は、必ずしも陶製とは断定できないのであって、滑石のような軟かい石で作られていた可能性も考えられるのである。

渦巻文叩き目は狸山A遺跡ではただ一例しか見つかっていないし、他にも報告例を知らない。(6)[36] しかし、岐阜県下では渦巻文刻み目を持つ陶製当て具が発見されているのであるから、すくなくとも岐阜県では渦巻文叩き目が、少数ながらも須恵器の内面叩き目の一種として確実に存在していたはずである。それはどの程度の分布のひろがりを持っていたのだろうか。また、その分布は、まだ渦巻文の陶製当て具が発見されていない地方にも及んでいたのだろうか。今後追求すべき課題として、ここに指摘しておきたい。

本稿は些々たる小事をあげつらったものであって、森貞次郎先生の古稀記念として献呈するにふさわしくないものであるが、お許しを乞いたい。なお、本稿を草するに当り、楢崎彰一、八賀晋両氏から種々の教示を受けた。

註

(1) 梅崎恵司他「狸山A遺跡」『北九州市埋蔵文化財調査報告書』第六集、北九州市教育文化事業団、一九八一年。

(2) 『老洞古窯跡群発掘調査報告書』岐阜市教育委員会、一九八一年。

(3) 八賀晋氏を通じ、岐阜県各務原市教育委員会宇野幸治氏から得た教示によると、同市稲田山一号窯発見の茸型陶製当て具には、轆轤を利用してつけた同心円の刻み目があるという。『稲田山古窯跡群発掘調査報告書』各務原市教育委員会、一九八一年参照。

(4) 註(2)の報告書、挿図18に引用された当て具三点は、いずれも左旋回の渦巻文を刻む。このほか、八賀晋編『須恵器』(『日本の美術』一七〇)第四九図の各務原市松田遺跡出土の当て具、八賀晋氏の教示によって知った岐阜県高山市土塚遺跡出土当て具も、やはり左旋回の渦巻文を刻む。

(5) 註(2)の報告書による。

(6) 中山平次郎「斎瓮内面の異形打痕」(『考古学雑誌』第五巻第九号、一九一五年)口絵付図(10)の叩き目は渦巻文叩き目の一種と思うが、まだ、実物について確認していない。

第六章　須恵器製作用叩き締め道具の新例

――九州大学筑紫キャンパス内出土品――

はじめに

九州大学では福岡県の春日市と大野城市にまたがる筑紫《ちくし》キャンパスの建設に関係して、一九七八年から、敷地内の遺跡の発掘調査を実施している。本年(一九八七年)三月をもって九大を退官される岡崎敬先生は、調査委員としてこの事業の遂行に力を尽くされた。本稿は岡崎先生のご功績を記念し、兼ねて現在進行中の報告書の編纂に資するため、キャンパス内から出土した遺物の若干を紹介したものである。[37]

周知のように、須恵器のなかには製作に当って器壁を叩き締めたものがある。叩き締め作業は、まず粘土で土器のおよその形を作ったのち、一方の手に持った当て具を土器の内面にあてがい、他の手に持った叩き板で土器の外面を叩いておこなう。この作業は粘土中の空気を追い出して器壁を強固にすると同時に、土器の形を整えるという効果を持っている。ここに報告する遺物は、右のような作業に使われた当て具二個と、叩き板一個であって、いずれも木製品である。

三個の遺物は一九八四年、九州大学筑紫キャンパスにある総合理工学研究科高エネルギー物質科学専攻棟の敷地(福岡県春日市春日公園)から発掘された。出土地点は丘に刻まれた小さな谷の底に当っており、叩き締め道具は三個とも、もと谷底を流れていた小川の埋土のなかから発見された。同じ埋土のなかからは、完形の蓋坏をはじめとする多数の須恵器、木製鋤の未成品、土器製作用と見られる木製ヘラ、火鑽臼等の、須恵器の製作に関係のある品目を含む遺物と多量の流木が出土した。その遺構を確認できなかったけれども、もと付近に須恵器製作の工房があり、その工人達が投棄したか、あるいは水辺に置いていた物が埋没したと考えられる。筑紫キャンパスは牛頸古窯跡[1]群の北の縁辺に当るので、このような遺物が出土しても不思議ではない。なお、伴出の須恵器は大部分が小田富士雄氏のⅢB期に属し、やや新しい特徴を示すものを多少まじえている。

一　資料の記述

筑紫キャンパスから出土した三個の叩き締め道具は、いずれも針葉樹材を用いた一木作りである。樹種は鑑定を経ていないので、現在のところ不明である。

1　当て具1号(第1図1、第2図1)

当て具二個のうち、小型の方である。心持材を繊維方向に長く用いる。身は両面がふくらんだ円盤形で、その一面に短かな柄を削り出し、全形は茸形を呈する。身の表面、すなわち叩き締め作業の際粘土に接する面には、不整な同心円文を刻する。刻線の断面はV字形。刻文はその中心を身の表面のほぼ中央に置くが、材の年輪の中心は表面の中央からはずれているので、両者の中心は一致せず、刻文は年輪と無関係につけられている。身の裏面には、柄のつけ根を中心として、放射状の刻文がある。全体に使用による磨耗が見られ、特に、身の表面の周縁部がいち

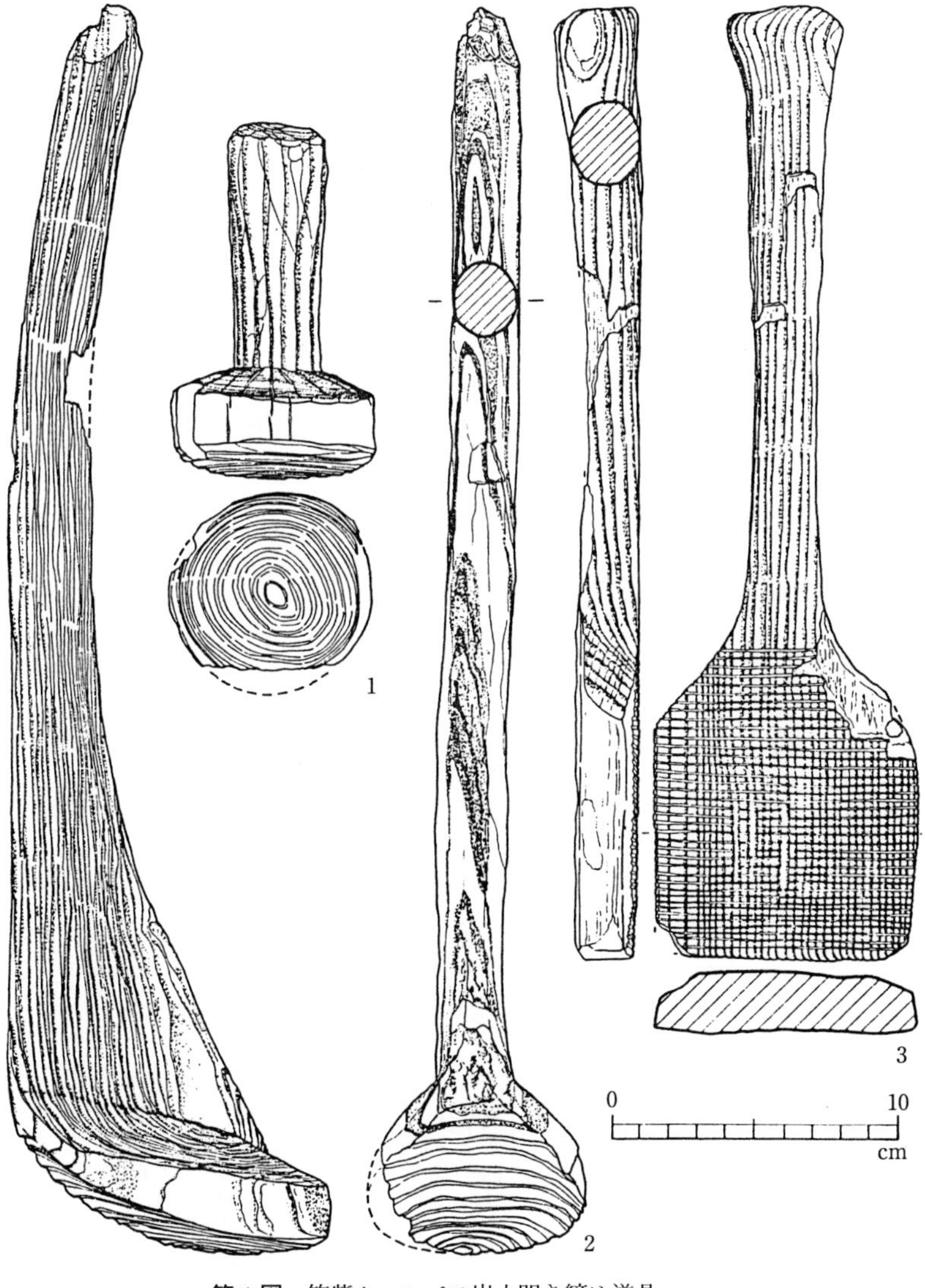

第1図　筑紫キャンパス出土叩き締め道具
1　当て具1号　2　当て具2号　3　叩き板

第2図　筑紫キャンパス出土当て具の刻文
1　当て具1号　2　当て具2号(縮尺不同)

じるしく磨滅している(全長一三・四センチ、柄の長さ八・六センチ、身の径七センチ)。

2　当て具2号(第1図2、第2図2)

当て具二個のうち大型のものである。心持材を繊維方向に長く用いる。身は両面にふくらみのある楕円形の盤であって、その一面に内反り気味の長い柄を削り残す。柄のつけ根は身の長径の一端に偏っており、しかも、柄は身の面に対して垂直ではなく、外側に若干傾いてつけられている。柄と身のなす角の内側に、三角形の部分を削り残し、柄のつけ根の強化をはかっている。全体の形は異様で、ゴルフ用のある種のクラブを思わせる。

身の表面には同心円文を刻する。刻線の断面はV字形。同心円文の中心と、年輪の中心は、柄と反対の側に偏っていて、両者はほぼ一致しているが、年輪の歪みがはなはだしいので、刻文は年輪と無関係に年輪を横切ってつけられている。この当て具も長期間使用されたらしく、身の表面をはじめ全体に磨耗の痕が見える(全長四三・三センチ、柄の長さ三七・七センチ、身の長径一一・八センチ、同復原短径七・七センチ)。

3　叩き板（第1図3）

追柾目材を繊維方向に長く用いる。身の平面は野球のホームベース型で、その頂点に長い柄を削り残す。全体の形は以前に用いられた「はいたたき」に近い。身は厚味があり、道具の重みを利用して粘土に強い打撃を与え得るように作られている。

身の一面は平らに削り整え、その上に木目と直交する平行線を刻む。個々の刻線の幅は一ミリ前後。刻線の間隔は平均三ミリ弱であって、これは身の面にあらわれた木目の間隔の平均に近い。叩き締め作業にはもっぱらこの面が使われたらしく、面全体に磨滅の痕が見られ、特に面中央部の磨滅がはなはだしい。身の他面は、両側の稜に大まかな面取りを施し、面の仕上げは粗雑である。その作りから見ても、使用痕から見ても、この面を叩き締めには使用しなかったようである（全長三三・三センチ、刻文のある範囲を身と見た場合の柄の長さ二二・四センチ、身の幅九・二センチ、身の厚さ二・二センチ）。

二　考察

以上に紹介した三個の叩き締め道具のうち、二個の当て具を用いれば、須恵器の内面に特有な同心円叩き目が生じ、一個の叩き板を用いれば、須恵器の外面に特有な擬格子文叩き目が生じる。これら三個の叩き締め道具が須恵器製作用の道具であることは疑いをいれる余地がない。

須恵器用の当て具は陶製の実例がすでに相当数知られており、木製品も愛媛県久米窪田Ⅱ遺跡から一例発見されている（2）〔38〕。これらは細部に相違があるものの、すべて茸型のものである。今回紹介した当て具のうち1号は、これらの既出土品と基本的には同類である。これに対し、当て具2号はこれまで全く類例のないものである。須恵器用の叩き板は前出の久米窪田Ⅱ遺跡からその可能性のある木製品が一例発見されているのみで（3）、須恵器用であることが確認できるのは今回紹介した叩き板が最初の出土例である〔39〕。

筑紫キャンパス出土の叩き締め道具についてここで特に問題としておきたい点は、当て具2号と叩き板がいちじるしく長い柄を持っていることである。いかなる理由から、須恵器の製作にこのような柄の長い叩き締め道具が要求されたのであろうか。

本書第三章「須恵器の叩き目」（4）において、古墳時代の丸底をした須恵器の甕を取り上げ、その製作工程を復原した。中・小型の甕は轆轤の盤上で平底の粗型を作り、まず胴の上半を叩き締めたのち、轆轤から取りはずして胴下半の叩き締めを行い、その際に平底の底部を叩き出して丸底に仕上げたというのが、筆者の到達した結論であった。当時の技術水準で丸底の甕を作ろうとすれば、これが最も能率のよい工程であったのである。この工程をとると、胴下半の叩き締めは、すでに胴上半の成形を終った土器の開口部から当て具を握った手をさし入れておこなわねばならないので、土器の深さがある限度を越えると作業が難しくなる。しかし実際には、そのような作業が困難と思われる深い土器でも同様な工程をとっている例が見られる。当時の工人がこの難点をどのように処理したのか、以前から疑問に思っていたのであるが（5）、筑紫キャンパス出土品のような柄の長い道具が使われたとすれば、この疑問は氷解する。

筑紫キャンパスから出土した柄の長い当て具2号と叩き板は、従来知られていた柄の短い道具では作業が困難な部分を叩き締めるための道具と解される。当て具2号の柄が身の一側に偏し、しかも身の面に対して垂直でなく、斜めにつけられているのは、当て具を土器の開口部から斜めにさし入れた際に、当て具の表面を土器の器壁内面にそわせるための工夫であると理解できる。

須恵器のなかには、同一個体でも部分によって叩き目を異にするものがある。わかりやすい例を挙げると、北九州市萩3号横穴出土の甕[(6)]（通高四五センチ、胴高三九センチ）の胴部叩き目は、内面が上半部—同心円、下半部—平行線、外面が上半部—横位平行線、下半部—擬格子となっていて、胴の上半と下半で当て具、叩き板ともに別のものを使用したことがわかる。この甕の胴下半の叩き締めに使われた道具が、筑紫キャンパス発見の当て具2号や、叩き板と同型であったか否かは即断できないが、須恵器工人が複数の叩き締め道具を用意し、加工部位によって道具を使い分けたことは器面に残された叩き目からも推定できるのである。

筑紫キャンパス出土の叩き締め道具のうち当て具2号と叩き板は、その柄の長さから見て、おそらく一つのセットをなしたのであろう。そして、茸型の当て具1号には、もと、柄の短い叩き板が伴っていたのではないかと想像される。

なお、細部にわたるが、本書前章に関係があるので以下のことに注意を喚起しておきたい。筑紫キャンパス出土の当て具では、二個とも年輪に関係なく同心円文を刻んでいる。さきにも引用した愛媛県久米窪田Ⅱ遺跡出土の当て具は、年輪の春材部を彫りくぼめることによって同心円文をつけている。このようにすれば工作が容易なことはいうまでもないが、筑紫キャンパス出土品の場合は、用材の年輪が不規則で、しかも春材の幅がいちじるしく狭い部分を含んでいるため年輪と無関係に彫刻をせざるを得なかったのであろう。前章では、須恵器の当て具の同心円刻文は、すべて春材部を彫りこんでつけられたということを前提にして論を立てているが[(7)]、この前提は一部撤回しなければならない。

本稿を終えるに当り、遺跡の発掘を担当された西健一郎、林田憲三の両氏、ならびに実測製図、写真撮影をお願いした林崎价男、平川敬治、藤尾慎一郎、山村信栄の諸氏に感謝の意を表する。

註

（1）福岡県大野城市を中心とし、春日市、太宰府市に及ぶ須恵器の窯跡群。福岡県教育委員会や地元の市教育委員会の調査が進行中。さし当りは『牛頸中通遺跡群』（『大野城市文化財調査報告書』第四集、一九八〇年）などを参照のこと。

（2）『一般国道一一号松山東道路関係埋蔵文化財発掘調査報告書』Ⅱ（愛媛県教育委員会、一九八一年）第一二七図。

（3）註（2）の報告書、第一二八図。薄手で身の一面は平らに整え、他面は材の割裂時に生じた木目の凹凸をそのまま残す。報告書は「一応杓子状製品とみているが、叩き板の可能性もある」と含みのある記述をしている。

（4）横山浩一「須恵器の叩き目」『史淵』一一七輯、一九八〇年（本書第三章）。

（5）註（4）の論文、本書七七～七八頁。

（6）『白萩横穴群』（『北九州市文化財調査報告書』第三二集、一九七九年）第一三図四八。叩き目は筆者の観察による。

（7）横山浩一「狸山A遺跡出土須恵器の渦巻文叩き目をめぐって」『森貞次郎博士古稀記念古文化論集』一九八二年（本書第五章）。

第七章　佐賀県横枕における大甕の成形技術
――現存する叩き技法の調査――

はじめに

土器・陶器の製作に当って器壁を叩き締める技法は、かつて東アジアに広く行われていた技法である。日本でも弥生式土器や土師器、須恵器の製作にしばしばこの技法が用いられた。叩き技法に関する理解を欠いてこれらの土器を論じることは不可能であろう。本稿は叩き技法に関するわれわれの理解を深めることを目的として、現存する伝統的な叩き技法の一つを調査した記録である。

調査の対象としたのは佐賀県東松浦郡相知《おうち》町横枕《よこまくら》在住の藤田勇氏(藤田製陶所経営者)が伝承する陶器大甕の成形技術である。

江戸時代以来、肥前国では「石甕《こくがめ》」あるいは「ハンドウガメ」と呼ばれる大甕の生産が盛んであった。赤褐色の胎土に茶色の釉をかけたこの陶器の大甕は、徹底した実用の器である。水甕、穀物容器、味噌等の醸造容器として家庭の必需品であり、また、埋葬用の棺としても使われた。しかしながら、近年は、大甕の需要がほとんど絶えてしまったため(1)、大甕作りを業とする窯元が少なくなり、遂に藤田氏が最後に残った唯一の窯元となった。そしてその藤田氏も、高齢のため、一九七八(昭和五三)年をもって引退したので、肥前における大甕の生産はここにその歴史を閉じることになったのである。

肥前国で伝承されていた大甕作りの技術については、すでにいくつかの調査記録がある。(2) しかし、その多くは陶磁史の研究者の手に成るものであって、考古学の研究者が必要とする記録とは、若干、着眼点を異にしている。そこで、われわれは、藤田氏の引退とともに消え去ろうとしているこの技術を、考古学研究者の眼で観察し、記録しておきたいと考え、すでに廃業後であったが、同氏に乞うて大甕の成形作業を実演していただいた。(3) 本稿はその際の記録と、のちに行った補足調査の記録とを併せたものである。調査の参加者は次の通りである。

九州大学文学部　横山浩一(調査責任者)、林崎价男(写真撮影)、田崎博之、岩永省三、種定淳介、藤尾慎一郎、上山佳彦。

佐賀県教育委員会　高島忠平、東中川忠美。

佐賀県立博物館　志佐惲彦、森醇一朗、藤口健二。

福岡県立九州歴史資料館　石丸洋(ビデオ撮影)。

調査に当っては、佐賀県教育委員会、佐賀県立博物館、地元の相知町教育委員会から全面的な協力をいただいた。記して感謝の意を表したい。

一　窯経営の概要

佐賀県東松浦郡相知町横枕は、唐津市から南に松浦川を一五キロばかりさかのぼったところにある。松浦川の右岸ぞいにひらけた水田の背後に丘陵があり、その丘陵の縁辺に藤田勇氏の経営していた藤田製陶所の工房と窯がある。工房と窯は、われわれの調査の際には、操業当時と全く同じ状態で保存されていた。

横枕の地に窯が開かれたのは明治の初年である。勇氏の祖先、藤田類吉と宇平の兄弟が、幕末に松浦川対岸の押《おし》川《かわ》(現相知町内)にあった唐津藩免許の窯[4]で技術を修得し、横枕に帰って一八六八(明治元)年に窯を開いたのが、横枕における大甕生産のはじまりである。当時、大甕は家庭の必需品であったので、横枕における甕の生産も活況を呈した。最盛期には横枕に七軒の窯元があり、共同窯を使って生産を行っていた。共同窯の跡は現在も横枕の丘陵の上に残っている。[5]その後、一九二八(昭和三)年、勇氏の家は共同窯の使用をやめ、現在地に工房と独自の窯を設けた。横枕の他の窯元は太平洋戦争中にすべて廃業したので、以後、勇氏は横枕における唯一の窯元となった。

藤田家は農業をも兼ねていたけれども、陶器作りを休むのは農繁期だけであって、その他の季節は陶器作りに従事していた。最盛期には年に四～五回の窯焼を行ったという。

藤田氏の記憶によると、陶器作りが最も盛んであった頃、藤田家には「職人」五人、見習いの徒弟である「弟子」一人が住込んでおり、別に、粘土の運搬に従事する「馬方」、粘土捏ねを受け持つ「アラシコ」、薪割りを受け持つ「タキモノワリ」を雇っていた。これ以外に、窯元の家族も陶器作りに参加するわけである。職人は多々良《たたら》(武雄市内)や桃川(伊万里市内)から出稼ぎに来ていたが、馬方、アラシコ、タキモノワリは地元の人で、通いであった。職人一日の基準労働量は一石入りの大甕七本の成形とされていた。最も熟練した職人は、約一時間で大甕一本を仕上げたという。一日の労働時間は特に定めず、職人は基準量さえ果せば仕事を切り上げてもよいきまりであった。その代りに、年功や熟練度による昇給というものもなかった。[6]

職人になろうと志す者は、無給の徒弟として窯元に住込み、食事を給されるだけで、粘土紐作りや轆轤回しなど

第1表　横枕窯における甕の規格(昭和期)

規格名	容量	用途
中二石(男甕)	一石	男用甕棺，水甕等
大《だい》天《てん》	八斗	女用甕棺，水甕等
八斗	四斗	水甕等
六斗	三斗	
大《おお》ミソ	二斗	味噌醸造等
中《ちゅう》ミソ	一斗五升	
小《こ》ミソ	一斗	
大《だい》寸ギリ	一斗弱	味噌甕，らっきょう甕，梅甕等，用途により形に小異あり
中《ちゅう》寸ギリ	八升	
小《こ》寸ギリ	五升	

の雑用を手伝いながら、仕事の合間に陶器作りの練習をした。見様見真似で「作ってはこわし、作ってはこわし」しながら練習をして、七年ぐらいで一応の技術を修得した。昭和初年には、尋常小学校を卒業後すぐ徒弟となり、徴兵検査の頃までに一人前の職人になるのが通常のコースとなっていた。しかし、藤田氏の感想によると、技術の習得に七年もかかったのは、雑用の合間に練習をするからである。練習に専念できれば、三年ぐらいで一人前の陶工になれたであろうという。

藤田勇氏自身は窯元の後継者であったから、徒弟のコースを経ていない。同氏は一九〇八(明治四一)年の生まれであって、高等小学校卒業後、経営の見習いをしながら祖父について陶器作りを練習し、四～五年で一応の技術を習得したという。

横枕窯の代表的製品はもちろん大甕であるが、そのほかに横枕では中小各種の甕、便所甕、すり鉢、こね鉢、たこ壺、土管などを作っていた。たこ壺と土管は比較的新しく生産品目に加ったものである。製品にはそれぞれ規格があり、窯元グループごとに独自の規格名称をつけていた。大正の初までは、「五石」と称する二石入りの特大の甕も作っていたが、以後は、一石入り以上の甕を作らなくなった。第1表は、昭和期に横枕で作られていた甕の規格を示したものである。表からわかるように、規格の名称と容量とは一致しない。「大寸ギリ」以下の甕は、同じ容量の甕でも、味噌甕、らっきょう甕、梅甕と、用途に応じて形が少しずつ違っていた。なお、大型の甕は、窯詰の際に合口にして重ねる都合上、上に置く「上甕」を、下に置く「下甕」よりもわずかに小さ目、軽い目に作り、上甕は頸部に一本の沈線、下甕は頸部に二本の沈線をめぐらせて区別した。

佐賀県下では、多々良、桃川などでも大甕を作っており、製品の販売先については、生産地ごとに自ら縄張りのようなものができていた。藤田氏が窯を経営していた頃、横枕窯の製品の販売先は、九州本土では、唐津を中心として、西は周船寺(福岡県糸島郡)から東は名護屋まで、島嶼部では壱岐にまで及んでいた。販売は問屋を通さず、小売店に直接卸した。大正頃までは松浦川の舟運を利用して製品を積み出したが、(7)昭和に入ってからは、馬車、トラックを利用するようになった。

二　設備と用具

1　工　房

藤田氏の工房と窯場は、道路をはさんで斜め筋向いの関係位置をとっている。工房のある場所は小川ぞいの平地であるが、窯場のある場所は一段高く、丘陵の末端に当る傾斜地である(第1図)。

工房は間口九・八メートル、奥行八・四メートル、木造平家建瓦葺の建物である(第3図、図版第1―1)。この建物は約二〇〇平方メートルほどの不整四辺形をした敷地の西北隅を占めているので、建物の東側と南側にはL字形に連なる空地がある。建物の前面に当る東側の空地は、道路にそっていて、やや広く、乾燥や釉がけを行う屋外作業場として使われている。ここには井戸のほか、釉がけに使うコンクリート槽が、甕用と土管用とに分けて、各一個ずつ設けられている。南側の空地は狭く、ここには釉をいれた甕や製品が置かれている。

第 1 図　藤田製陶所全景　向って左，妻の見える建物が工房，道路をへだてて右，棟の傾斜した建物が窯の覆屋

第 2 図　工房の内部　西南部より東北隅を見る

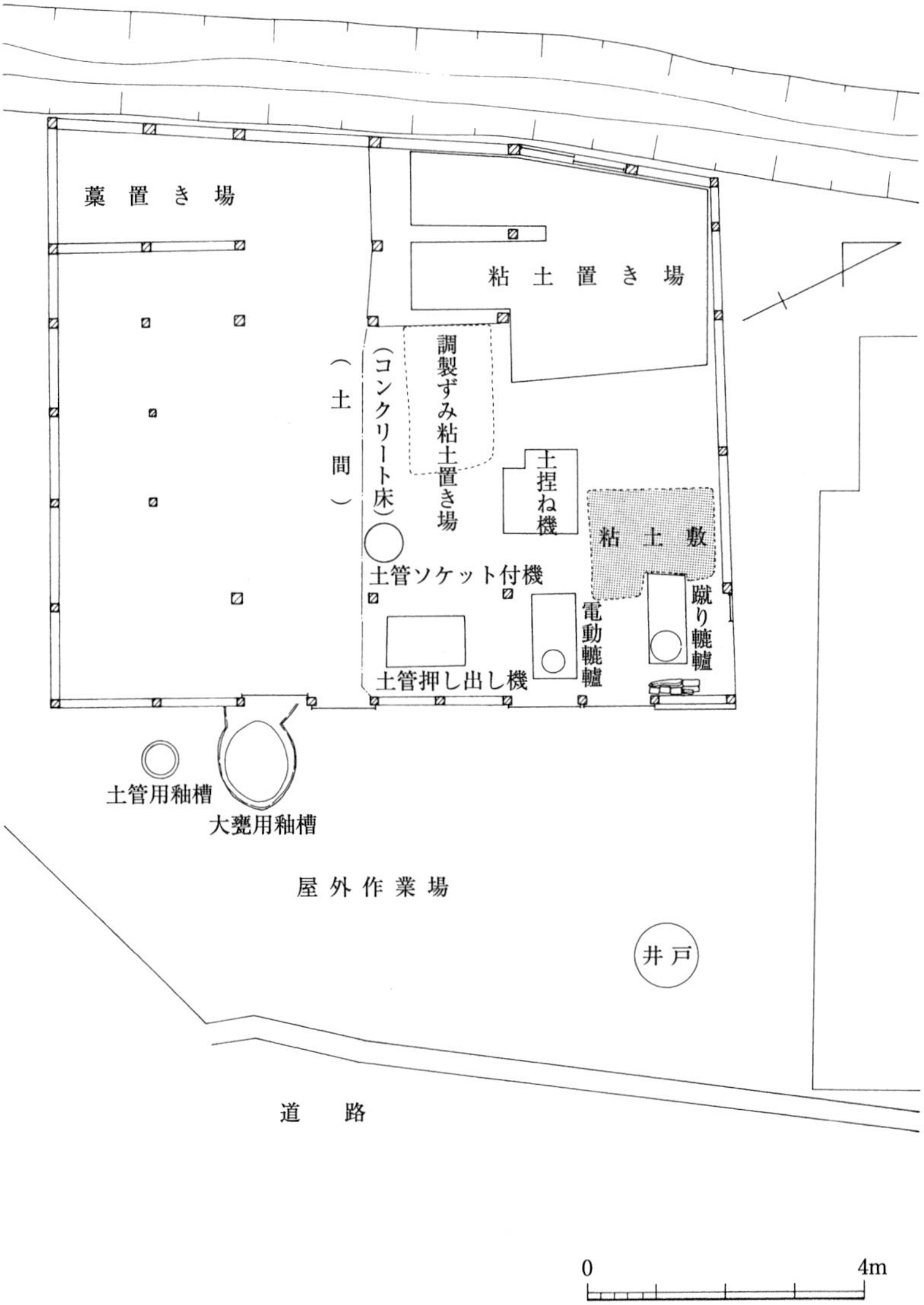

第3図 工房略測図（田崎博之・種定淳介実測，田崎製図）

工房の内部は、向って右(北)半分の奥が粘土置場、手前が作業用の空間である。向って左(南)半分は、大部分が焼成前の素地を集積しておく場所として使われ、その一部、西南隅が藁置場となっている。[8]

粘土置き場は床より一段低く掘りくぼめ、内部に、山から採取してきたままの粘土を、粘り気の強い土と、弱い土とに分けて貯えている。

作業用の空間はコンクリート床である。もとはここに四台の蹴り轆轤をすえてあったというが、現在は一台を残すのみである。その一台の蹴り轆轤は作業用の空間の東北隅、建物全体から見ても東北の隅に当るところにすえられている。蹴り轆轤の奥に接したところは、コンクリート床の上に粘土を平らに張りつめてある。ここは、成形用の粘土紐を作る場所である。このほか作業用の空間には、竪型の粘土捏ね機、たこ壺用の電動轆轤、土管用の粘土押出機、土管のソケットを付ける機械がすえられている(第2図)。

窯場については、今回の調査で十分な記録を作成できなかった。四室より成る連房式の登り窯で、トタン葺の上屋を架していることを記すに留めておく。

2　轆轤

大甕作りに用いる蹴り轆轤の本体は古くから使われてきたもので、いつ、誰が作ったのか、藤田氏自身も知らない(第4図、図版第2―1)。心棒は樫材製である。心棒の先端は尖らせただけで、金属をとり付けるなどの工作はしていない。回転部は上下二枚の円盤と、両者をつなぐ四本の桟から成っている。上盤は欅の一木作りで、径四四センチ、厚さ八センチ、下面の中心に磁製の軸受けを埋込んである。下盤は針葉樹の一木作りで、径四五センチ、最大厚さ一三・〇センチ、その径は上盤の径とほぼ等しい。下盤上面の周縁はなだらかな斜面に整えられている。下

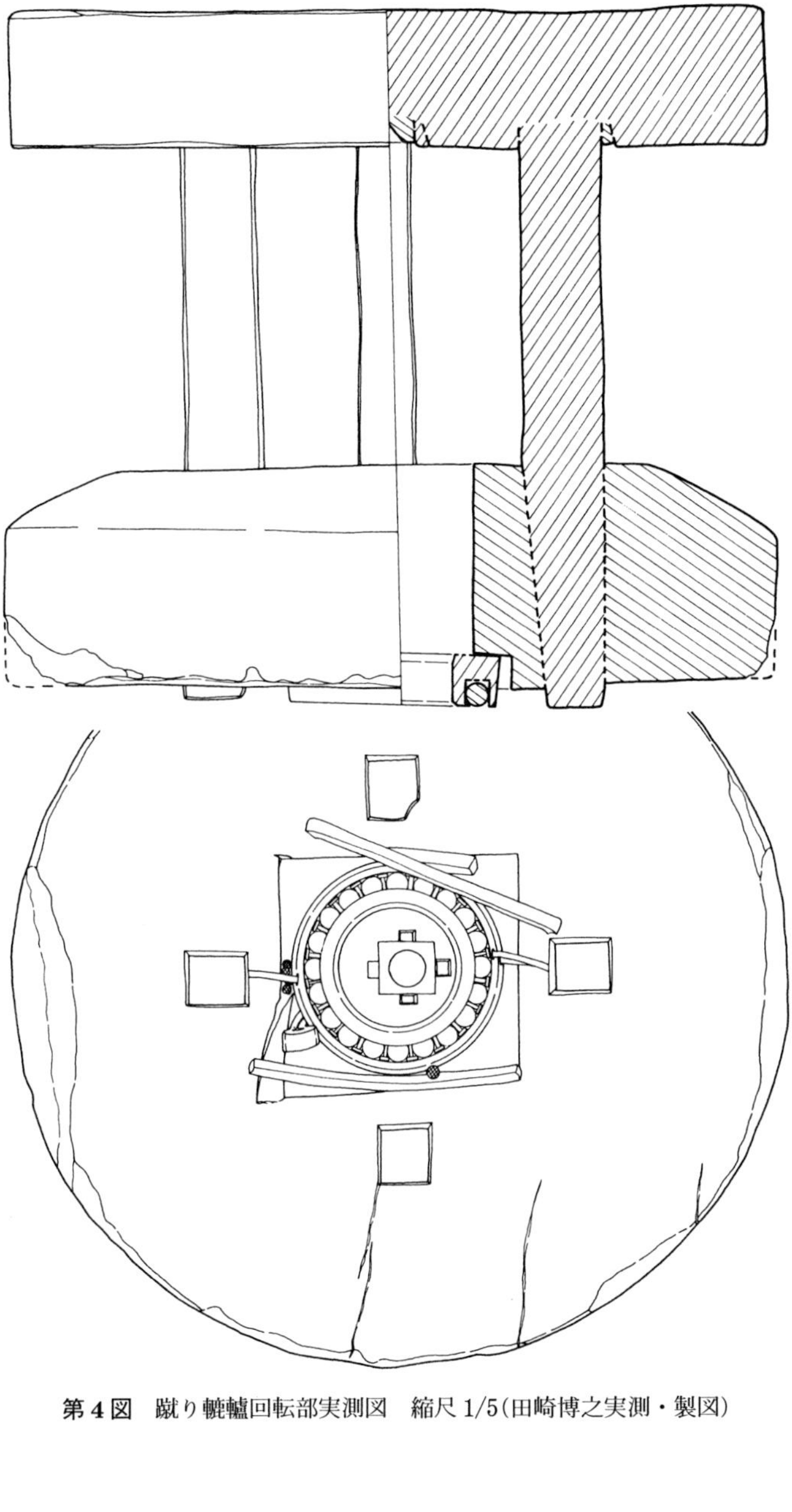

第 4 図　蹴り轆轤回転部実測図　縮尺 1/5(田崎博之実測・製図)

盤の中央には心棒を通すための孔が貫通しているが、この孔にボール・ベアリングをはめこんであるのは、戦後の改造である。

この蹴り轆轤は、工房の東北隅に、床を掘り込んで造った「車坪《くるまつぼ》」のなかにすえられている(第5図、図版第1―2)。車坪の平面は、長さ一・三〇メートル、幅〇・五五メートルの長方形である。轆轤はこの車坪の一方の端に片よせ、上盤の上面を工房の床面と同じ高さにそろえて設置してある。心棒は下端一尺ばかりを土中に埋め込み、周囲に杭を何本も打ち込んで固定してあるとのことである。車坪の底面は轆轤をすえてある部分が最も深くて、床下深さ四五センチであるが、他端にゆくに従ってしだいに浅くなる。車坪の、底が浅くなった方の端、二七センチ分は、落し蓋をかぶせて、ふさぐことができるようになっている。陶工は適当なところに、車坪を横切って渡し板をかけ渡し、その上に坐って作業をする。さらに体の位置を高めて坐りたい時には、渡し板の上に高さ二〇センチの小さな腰掛を置く。

この轆轤は、回転惰力を利用しながら使う場合と、単なる回転台として使う場合とがある。回転惰力を利用する場合は、盤を左回り(時計逆回り)に回転させる。これは、左足で下盤を引きよせることによって行う。陶工が姿勢を一段高め、腰掛に坐りながら作業をする時には、下盤でなく、上盤を引きよせることもある。いずれにせよ、右足で盤を蹴って回転惰力を与えるということはしない。藤田氏の説明によれば、大甕のような重くて背の高いものを作る場合、足で盤を蹴ると、轆轤が揺れ動いて仕事ができなくなるそうである。左足で轆轤を回している間、右足は、体を固定するために、車坪の壁に「突っ張る」ような気持で当てておくとのことである。

陶工自身が轆轤を回さないで、助手が轆轤回しを担当することもある。大甕成形の最終段階では、甕の背が高く

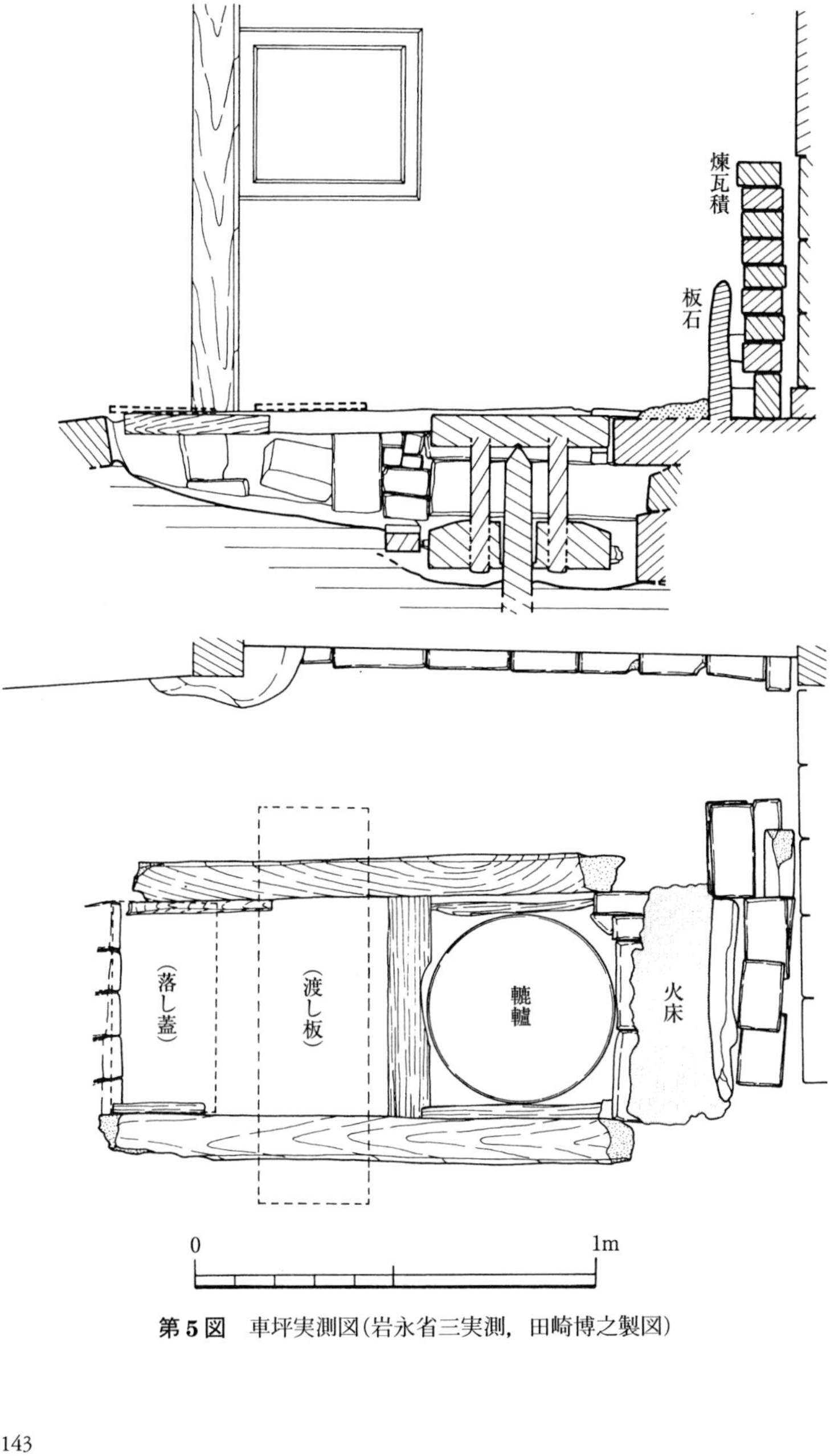

第5図　車坪実測図(岩永省三実測，田崎博之製図)

なるので、陶工は本来の座から離れ、床の上に立って作業をしなければならない。その場合は、陶工自身が轆轤に回転惰力を与えることができないので、助手が轆轤を回す。車坪の落し蓋と渡し板を取り払い、車坪の底に身を横たえた助手が、両足で交互に轆轤の桟を踏んで、左回りに轆轤を回転させるのである(図版第14－2)。車坪の平面が長方形で、しかも底が傾斜しているのは、助手が坪の底に寝ころびやすくするための設計である。

轆轤を単なる回転台として使用する場合は、回転惰力を利用する場合と違って、必要に応じ、左右いずれの方向にも回転させる。右回りに回転させたい時は右の足先で、左回りに回転させたい時は左の足先で、下盤を引きよせて回す。また、上盤や、製作中の器体を手で押したり、引いたりして回すこともある。陶工が床上に立って作業をしなければならない時は、左右いずれかの足先を轆轤の上盤にかけて引きよせる。ただし、足先で盤を引きよせるのが難しいような姿勢をとる場合は、足先で盤を押しやって回すこともある。(9)

車坪の、轆轤をすえてある方の端は工房の壁に接近している。しかも、壁にそって煉瓦を積み上げ、さらにその前に板石を立てているので、車坪の端と板石との間には、幅二五センチの狭い棚状の空間しか残されていない。この棚状の空間は、製作中の器体の乾燥を促進するために焚火をする場所であって、「火床《ひどこ》」と呼ばれる。壁際に置かれた煉瓦や板石は、防火のためにも役立つが、また、焚火で温められると熱を放散するので、器体を平均して乾燥させるのにも役立つと考えられる。

3　大甕の成形用具

最も重要な用具は叩き締め作業に使う木製の道具である。これは松材を用いて作る。松を用いるのは、堅くて、耐久性があるからである。杉材は加工しやすいが、軟かくて、すぐボロボロになるので使わない。松で作った叩き締め道具は「一生もの」であって、藤田氏は若い頃に作った道具をいまだに使っている。[10] 木製の叩き締め道具は、使わない時には必ず水に浸しておかねばならない。乾くと亀裂を生じるからである。藤田氏は自作の小甕に水をいれ、そのなかに叩き締め道具を浸して、収納している。

次に、叩き締め道具からはじめて、大甕の成形作業に必要な道具を列挙しておこう。

〈底打ち〉　甕の底となるべき粘土板を轆轤の盤上で叩く道具である。松の心持材を用いる。一種の叩き板であるが、身の横断面は半円形を呈し、厚味がある。平らな方の面に斜格子の刻みを入れている。この面で粘土を叩くのである。粘土に接しない側に偏して柄を作り出している。全長二七センチ（第6図1、図版第3－1）。

〈シュレー〉　甕の器壁を外側から叩くための叩き板である。「シュレー」というのは朝鮮系の名称である。材は松の板目材を用いる。身の幅が広く、先端にゆくに従い幅が狭くなっているのが特徴である。身の一面にのみ格子の刻みを入れる。他面は平滑である。全長三二・五センチ（第6図2、図版第3－2）。

〈トキャー〉　甕の器壁を内側から叩く道具であって、考古学研究者が「当板」「当て具」と称している道具に相当する。名称は朝鮮系。材は松の心持材を用いる。身は円盤形で、裏面の一側に偏して柄を作り出している。身の表面に若干のふくらみをつけ、不整な斜格子の刻みを入れている。表面には使用による磨滅によって木目が浮き出しているが、人工の刻み目に比べると目立たない。面径一四センチ（第6図3、図版第3－3）。

なお、藤田氏はこのほか、中小の甕を作るために、大きさの違うトキャー三個を所持している。製品の大きさに従って、トキャーの径と、面の曲率を変えなければならないからである。

〈底切り〉　甕の底の周縁を切り整えるためのヘラである。藤田氏は松製のものと、竹製のもの各一本を所持している。どちらを使ってもよいが、最近は切れ味のよい竹製のものをよく使っていたという。長さ、木製二七センチ。

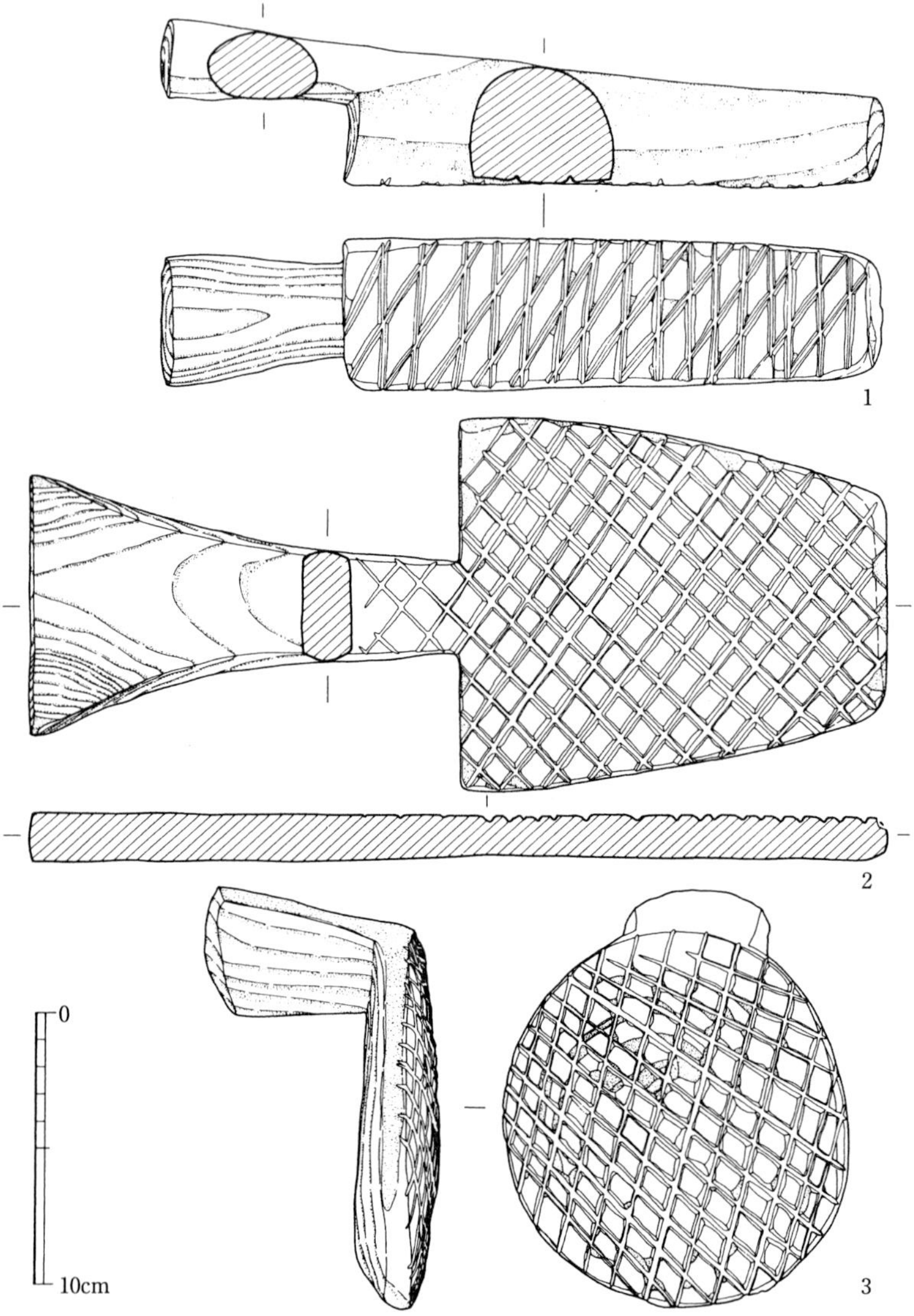

第 6 図　叩き締め道具実測図
　1　底打ち　2　シュレー　3　トキャー（田崎博之・藤尾慎一郎実測，田崎製図）

竹製三三センチ(図版第４―１)。

〈フイテ〉　甕の器壁をなでながら調整するための板状の道具である。材質が軟かい方がよいので、杉材で作る。食事用の膳のこわれたものを利用すると、材質も厚さも最適であるという。甕の内面をなでる。「ナカフイテ」と、外面をなでる「ソトフイテ」の二種があり、器壁の曲面に適合するように、ナカフイテの縁は外湾する曲線形に、ソトフイテの縁は内湾する曲線形に切り整えられている。いずれも縁は稜を落して丸味を持たせてある。使用の際は、内外二種のフイテを同時に用い、内外からフイテの側縁で器壁をはさみこんでなでるのである。藤田氏は大甕作りのために、曲率の違うナカフイテ二枚(図版第４―２左・中)と、ソトフイテ一枚(図版第４―２右)を持っている。長さ、ナカフイテ二一・五センチおよび一五・六センチ、ソトフイテ一一・二センチ。厚さはいずれも七ミリ前後。

フイテは叩き締め道具と違って、使わない時は乾しておく。藤田氏は大甕作り用のフイテ三枚のほかに、中小の甕作り用に大小さまざまのフイテ四〇枚を所有しており、それらを引き出しのついた道具箱にまとめて収納している。

〈鹿皮〉　轆轤の回転力を利用しながら口頸部の形づくりを行う際、器面に当てがう。

〈尺竹〉　製作中の甕の大きさを点検するための尺である。細い竹に刻みを入れたもの。(11)

〈巻き縄〉　成形作業中、すでに成形を終った下部が崩れるのを防ぐため、器体に巻きつけておく細い縄。長さ七・二メートル。

〈クミ〉　成形が終ったばかりの甕を轆轤から釣り上げ、乾燥場に運ぶための紐。甕の生素地を損傷しないよう、叩いて軟かくした藁で編む。紐は中央から二つに折り返し、折り返し点のすぐ下をしばってあるので、全体の形は松葉形をしている。長さ一・九六メートル(図版第４―３)。

〈クミダシ〉　甕の生素地の運搬中、前述のクミが当った個所が多少凹むので、運搬終了後、器壁の内面を叩いて凹みを修正しなければならない。クミダシはそのための棒である。真直な棒では、叩いた時に器壁にフィットしないので、棒の先に、甘藷状に削った木片を、棒の主軸と若干角度を違えて打ちつけてある。長さ六〇・七センチ（図版第15－1）。

〈火釣り皿〉　製作中の器体の乾燥を促進するため、器体の内部で焚火をする時に使う皿。アルマイトの洗面器の中央に鉄の鉤をとりつけて作る。径三二・五センチ（図版第2－2・3）。

以上列挙した用具のうち、成形作業中に陶工が手に持って使う道具、すなわち、底打ち、シュレー、トキャー、底切り、フイテは個人持ちであり、陶工が各自、使い勝手のよいものを自作するのが原則であった。出稼ぎに来る職人は、それぞれ自分の道具を持参した。職人同志で道具を貸し借りすることはなかったそうである。

三　大甕の製作工程

われわれが横枕窯を調査したのは、すでに藤田氏が廃業したのちであったので、大甕の製作工程のうち、実際に作業の状況を観察できたのは成形の工程のみである。したがって、本稿で詳述できるのはおのずから成形の工程に限られるのであるが、その前後の工程についても、藤田氏の談話にもとづいて、概略を記しておこう。

1　粘土の採取と調製

陶器作りに使う粘土は、横枕から見て松浦川の対岸、国鉄唐津線の西側にある丘ならば、どこでも採れるという。

この丘のなかの弁天山と称するところに、横枕の窯元が共同して一町二反の土地を購入し、採土地としていた。ただし、弁天山の粘土は粘り気が弱いので、別にその近辺に産する粘り気の強い粘土を、採掘料を払って採取し、両方の粘土を混ぜ合せることによって、適度の粘り気をそなえた材料土を調製した。

採取してきた生の粘土は、粘り気の強いものと弱いものに分けて集積し、これに大量の水をかける。何度も水をかけ、粘土が十分に水を含んだ頃を見はからって、両種の粘土を混合し、さらに若干の石粉[12]を加えて練り合せる。もとはアラシコが粘土を木槌で叩いたり、鍬で打ち返しては足で踏むという作業をくり返して粘土練りを行ったが、近年は土捏ね機を使うようになった。調製を終った粘土は仕事場の一隅に積み上げ、必要に応じて、針金で切り取って用いる。

2　成　形

大甕の成形は、基本的には次のような工程をたどる。

a　轆轤の盤上で粘土板を叩き締め、平らな底を作る。

b　底の上に粘土紐を積み上げて器壁の粗型を作る。

c　器壁を叩き締める。

d　轆轤の回転力を利用しながら、フイテで器壁をなでる。

e　轆轤の回転力を利用しながら、口頸部の形を整える。

しかしながら、実際には右の工程を一気にたどることはできない。何故ならば、粘土の軟かい間に、器体の下から上まで連続的にbの作業を行って、甕の粗型を一気に完成しようとしても、粘土の自重で形が崩れるおそれがあるからである。また、たとえ、形の崩れを防ぎ得たとしても、大形品の場合は、粗型を一気に作り上げると、口縁から差し入れた手が器壁の下部にとどかなくなるので、器壁の下部を叩き締めたり、フイテでなでる作業が不可能になってしまうのである。このような不都合が生じるのを避けるために、器壁の成形を何段かに分けて行う。中二石(二石入)の甕の場合はこれを四段に分つ。すなわち、器壁を上下に四段に分け、各段ごとに前記b〜dの作業をくり返しながら、下段より順次上段に及び、最後にeの作業を行って全体を完成する。各段の成形作業にはそれぞれ名称がつけられていて、器壁最下段の成形を「カッキ」と称し、以下順次、上段にうつるに従い「ヒトツケ」「フタツケ」「ウワツケ」と称する。

右の成形作業中、粘土を乾燥させるために、器体の外側と内側とで焚火が行われる。成形作業を何段かに分割することは古来珍しくないが、各段の成形作業の間に作業の休止期間を置き、下段の粘土が若干乾燥するのを待って、上段の成形にうつるのが普通である。横枕の場合は、焚火によって粘土の乾燥が促進されるので、各段の成形作業の間に休止期間をはさむ必要がなく、連続的に作業が行われるところに特色がある。

以上、概括的に述べた大甕の成形過程を、以下、さらにくわしく各段階に分って記述する。藤田氏には中二石(二石入)の大甕の成形作業を二回実演していただいたが、第一回と第二回の実演では、わずかながら手順に違いがあった。本章では第二回実演の経過にそって工程を記述する。なお、調査のデータを整理してみると、計測の方法その他に不備な点が目立つ。調査者自身不満足な点が多いが、藤田氏の体調の都合により、重ねての実演を依頼することは不可能であるので、現状のまま、調査の記録を公表する。なお、以下の記述で、轆轤の回転惰力を利用する場合は、必ずそのことを明記した。単に「轆轤を回転させる」とのみ記しているのは、轆轤を回転台として利用していることを意味する。

準備工程

(1)〈粘土塊の押し出し〉　土管製作用の機械を便宜使用する。この機械は、上部に粘土を入れると、粘土の円筒が下に向って垂直に押し出されてくるようになっている。甕作りの際には、この機械を使って、まず、径一一センチ、横断面円形の粘土棒を押し出し、これを切断して、長さ二八センチの円壔状の粘土塊を作る。粘土塊の中軸には小孔が貫通しているが、これは土管製作用の機械を便宜使用したために生じたものであって、甕作りには不必要なものである(図版第5－1)。

(2)〈粘土塊の叩きつけ〉　粘土塊を両手に持って、塊の側面を床に叩きつけ、さらにもう一度持ち上げて、反対側の側面を床に叩きつける。粘土塊はひしゃげて、円形であった横断面は小判型となり、中軸を貫通していた小孔はなくなる。この工程は小孔をつぶすのが目的であって、土管製作機を利用しなければ不要な工程である。

(3)〈粘土紐の作成〉　車坪に接して設けた粘土敷の床の上で、助手が行う。さきに用意した断面小判形の粘土塊を両手に持ち、床に叩きつける。少しずつ回しながら叩きつけること十数回、粘土塊がある程度細長くなると、今度は両手で粘土塊を押し転がして、径五センチ、長さ一四〇センチ内外の、断面が円形をした細長い粘土紐に仕上げる(図版第5－2)。

(4)〈焚火をはじめる〉　火床で薪を燃やしはじめる。成形作業に入るに先立って、早くから焚火をはじめるのは、燠を作っておいて、必要な時に薪を加えればただちに炎が燃え上がるようにするためである。

底叩き

(5)〈陶工轆轤の座に着く〉　轆轤の前に車坪を横切って渡し板を渡し、その上に陶工が坐る。陶工から見て右側の床の上には、底打ち、シュレー、トキャー、底切り、鹿皮をいれた小甕とフイテが置かれ、左側の床の上には木灰をいれた円筒形の陶器、背後の床の上には、前記(2)の段階にできた横断面小判形の粘土塊と、(3)の段階で準備した粘土紐が十数本置かれている。これらの道具や材料は、いずれも、陶工が手を伸ばせばとどく範囲にある。

(6)〈粘土の円盤を作る〉 甕の底となるべき粘土盤の準備である。渡し板の右端を台として使う。陶工は車坪の底に立ったり、渡し板に横坐りになって作業を行う。まず、横断面小判形の粘土塊を取り、渡し板の上で回しながらもみ、円錐形の粘土塊にする。ついで、円錐形の頂点を下向きにして粘土塊を板に叩きつけ掌で押さえて、径三〇センチほどの円盤に仕上げる。(13)

(7)〈轆轤の盤上に灰を撒く〉 灰入れから右手で一握りの灰をつかみ取り、轆轤に左回りの回転惰力を与えたのち、灰を握った手を盤の中心から右の周縁に向って移動させ、盤面に灰を撒く。これは完成した甕の素地が盤面から離れやすいようにするための用意である。

(8)〈底部の叩き締め〉 (6)の段階で準備した粘土の円盤を轆轤の盤上にのせ、轆轤を小刻みに右に回しながら、右手に握った底打ちで粘土盤の上面を叩く。道具の柄の付け根を轆轤の中心に置き、時計の文字盤になぞらえると一〇時の方向に道具を向けて叩きを行う。強く叩くこと二回転、弱く叩くこと二回転で終了。底となる粘土盤の上面には叩き目が残る(図版第6－1)。

(9)〈底部周縁の切り整え〉 轆轤に左回りの回転惰力を与え、底切りを底部の右側の縁に当てて、余分の粘土を切り取る。道具の先を右手で、元の方を左手で持つ。右手を安定させるため、右肘を右膝の上に置いて作業をする。この工程により、甕の底となる粘土盤は、径約三六センチに切り整えられる(図版第6－2)。

(10)〈底部上面の周縁にそって溝をつける〉 轆轤に左回りの回転惰力を与え、底の右側、縁から二センチほど内側に入ったところを右手人差指でなでて、指の幅分の浅い溝をめぐらす。次の工程では、この溝の上に器壁の積み上げが行われるのである(図版第6―3)。

カッキ

(11)〈器壁の積み上げ―粘土紐三段分〉 陶工は渡し板から起ち上がって、車坪の中に立ち、上体をかがめながら作業をする。(3)の段階で用意した粘土紐を数十センチほどの長さにちぎり取って、先端を右手で逆手に握る。粘土紐は腕にそわせて伸ばし、末端を肘あるいは肩にかけるようにして保持する。器壁の積み上げは、底部の内側に置いた右手から、外側にそわせた左手に向って、粘土をにじりつけるように繰り出しながら行う。粘土紐は押しつぶされて、幅七〜八センチの帯状になる。この作業は、轆轤の盤の手前寄り左側で左回りに行われ、轆轤は作業の進行と同調して、右回りにゆっくりと回される。轆轤は主として、製作中の器体を手で押すことによって回し、あわせて、右足で多少加勢する。

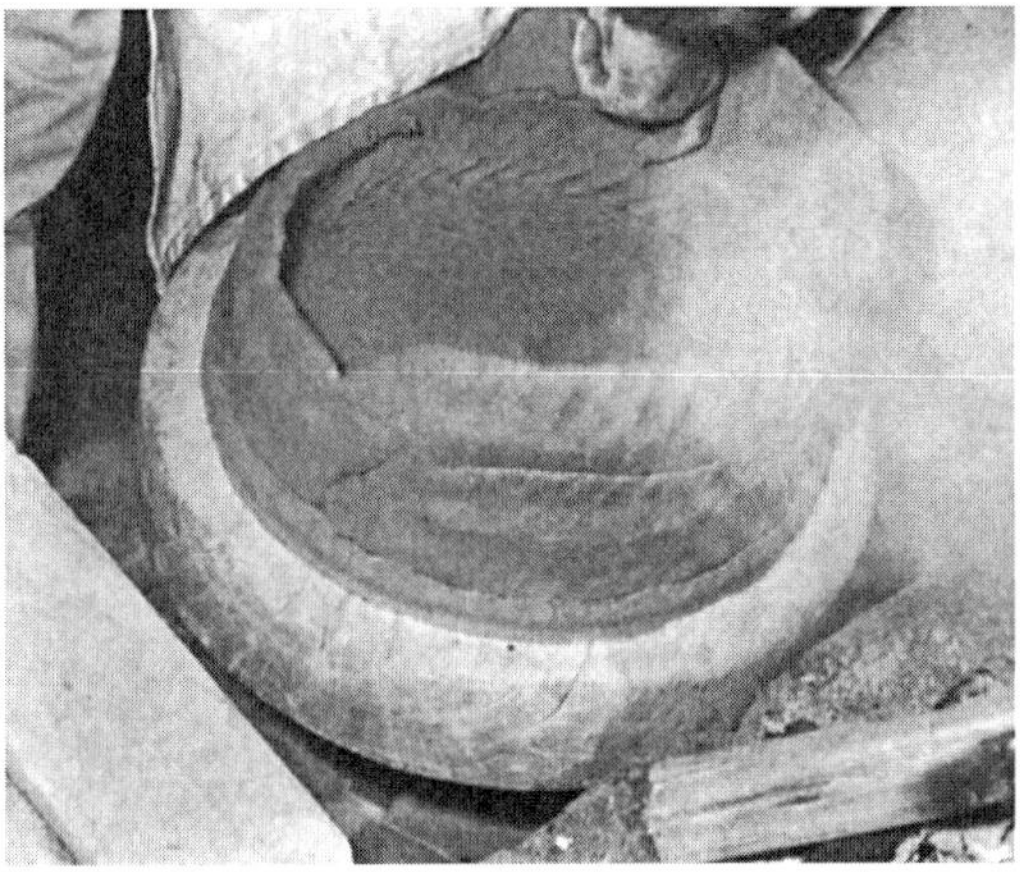

第7図 器壁の積み上げ
下段より上段に粘土帯が連続する

　積み上げは螺旋状に行われるのではない。どちらかといえば、リングを積み重ねるように進行する。しかし、積み上げが一周しても、手に持った粘土紐に余分が残っている場合は、粘土紐を切らないで、そのまま連続して上段の積み上げに移る。そのため、下の段から上の段にかけて、粘土帯が屈曲しながら続いている部分を生じることがある(第7図)。どこで粘土紐を継ぎ足すかという定則はなく、はなはだ自由かつ臨機応変に作業が進められる。積み上げられたばかりの器壁には、粘土の継ぎ目が明瞭に残っている。なお、積み上げは、器体の内側から粘土をにじりつけて行うので、上下粘土帯の接着面は、縦断面において内傾気味になる(図版第7―1・2)。

(12)〈底部と器壁外面との継ぎ目なでつけ〉 陶工はふたたび渡し板に坐って作業をする。その場で細い粘土紐を作って右の拳に握りこみ、その粘土を器表になすりつけるようにしながら、底部と器壁外面の継ぎ目を、人差指第二関節で、水平に、右回りに強くなでつける。左手は器体の内面にあてがう。作業の行われる点は、器体の手前寄り右側。轆轤は左回り。一回転で終了する。この工程により、底部と器壁外面との間にあった粘土の継ぎ目は消されてしまう(図版第7―3)。

(13)〈器壁外面のなでつけ〉 この工程を「コツケ」ともいう。前の工程と同様、右拳に粘土紐を握りこみ、その粘土を器面になすりつけるようにしながら、人差指第二関節で、下から斜め左上に向って器表を強くなでつける。その際、左手は器体の内面に当てがう。作業が行われるのは、器体の手前寄り右側である。作業は器面を右回りに進行し、轆轤は左回りに回される。この工程で、器壁外面にあった粘土帯の継ぎ目は消されてしまい、かわって、左上り斜位の、平行する粗いなで痕が一面に残る(図版第7―4)。

(14)〈器壁内面のなでつけ〉 外面のなでつけと同様、右拳に粘土紐を握りこみ、その粘土を器面になすりつけるようにしながら、人差指第二関節で器の内面を、左回りに水平に、強くなでつける。作業は下段から上段に向って進む。その間、左手は器体の外側に当てがう。作業の行われるのは、器体の手前寄り左側。轆轤は右回りに回される。この工程により、積み上げの際、内面に残された粘土の継ぎ目と粘土をにじりつけた指痕とが消され、かわって、横位のなで痕がつく(図版第8―2から推測されたい)。

⒂〈底部と器壁内面の継ぎ目なでつけ〉側壁内面と同様な要領で、底部と側壁内面の継ぎ目を強くなでつける（図版第７—５）。

⒃〈器壁の積み上げ—粘土紐一段分〉⑾と同じ要領で、器壁の上部に粘土紐一段分を積み足す。

⒄〈器壁外面のなでつけ〉前の工程で新たに生じた継ぎ目を⒀と同じ要領でなでつける。

⒅〈器壁の積み上げ—粘土紐一段分〉要領は⑾に同じ。

⒆〈器壁外面のなでつけ〉前の工程で新たに生じた粘土の継ぎ目をなでつける。要領は⒀に同じ。

⒇〈器壁内面のなでつけ〉⒃と⒅の段階で生じた粘土の継ぎ目を、まとめてなでつける。要領は⒁に同じ。

(21)〈器壁の積み上げ—粘土紐三段分〉粘土紐を三段積み足すのであるが、最上段は幅を狭くするので実質は二段半である。要領は⑾と同じ。ただし、最上段は左手親指でおさえて、上縁に平坦面を作り出すところが違う。生作りの器体は、この段階で口径五七・五センチ、高さ四〇センチとなる（図版第８—１）。

(22)〈器壁外面のなでつけ〉新たに外面に生じた粘土の継ぎ目を、⒀と同じ要領でなでつける。

(23)〈器壁内面のなでつけ〉新たに内面に生じた粘土の継ぎ目を、⒁と同じ要領でなでつける（図版第８—２）。終って尺竹で口径を確認する（図版第９—１）。

(24)〈上縁を軽く叩く〉シュレーを右手に持ち、刻みのある面で、器体の上縁を上から軽く叩く。叩く位置は器体の手前寄り右側。轆轤を右に回しながら行う。一回転で終了。

(25)〈器壁の叩き締め—シュレーの刻み面を使用〉叩き締めに先立って器面にマークをつける。左手に持ったトキャーを器体の内側に当てがい、右手に持ったシュレーの先端で、器壁外面の手前寄り右側を、下から上縁に向って軽くなで上げ、縦に線を入れる。この線が叩き締めの開始個所を示すマークとなる。器体の一部だけを重複して叩き締めると、その個所だけ表面積がひろがって、器形が歪んでくるので、すでに叩き終ったところを再度叩かないように、マークをつけておくのである。

マークを入れ終ると、右手に持ったシュレーで器体の外面を、左手に持ったトキャーで器体の内面を内外呼応して叩く。いいかえれば、器壁をはさんで、両側からシュレーとトキャーとを打ち合わせるような形で叩き締めを行う。叩きが加えられる点は、器体の手前寄り右側である。作業は轆轤を右回りに回しながら、器面を左回りに進行し、下段より上段に及ぶ。あらかじめつけてあるマークのところから叩きを開始し、左回りに一周してマークのところにもどってくると上段に移るのである。第二回実演の際に数えたところ、六周、二二五拍で刻み面による叩き締めが終った。叩き締めを終えた器体は径五八・五センチ、高さ三八センチとなる。内外面には道具の刻みに対応した叩き目が残る(図版第9―2)。

(26)〈焚火を燃え上がらせる〉　火床に薪を加えて、炎を大きく燃え上がらせる。

(27)〈器壁の叩き締め―シュレーの平滑面を使用〉　叩き締め開始点を示すマークをつけたのち、前回と同じ要領で、シュレーの平滑面を用いた叩き締めに入る。藤田氏によると、前回の叩きよりは弱く、全体をならすような気持で叩くという。第二回実演の際に数えたところでは、一七六拍で終った。シュレーの平滑面で叩くので、前回の叩き締めでついた器壁外面の叩き目は、かなりの程度まで消える。叩き終って尺竹で径を確認する。この時、器体の大きさは径六〇センチ、高さ三八センチになっている(図版第9―3)。

(28)〈上縁直下を叩き道具でなでる〉　轆轤を左回りに回転し、ごくわずかの回転惰力をつける。器体の右側、上縁から三～四センチ下がったところを、シュレーの先端と、トキャーの縁で内外からはさんでなでる。二回転で終了。これは叩き締め中に生じた器体の歪みを正すためである。

(29)〈底部外側面を削る〉　轆轤を急速に回し、左回りの回転惰力をつける。底部の右外側に底切りを当て、はみ出した粘土を削り去る（図版第10－1）。

(30)〈器壁内外面をフイテでなでる〉　轆轤を左回りに回転させ、十分な回転惰力を与えて行う。左手に持ったナカフイテを器壁の内面に、右手に持ったソトフイテを器壁の外面に当てがい、内外から道具の側縁で器壁を強くはさみこんでなでる。作業は器体の手前寄り右側で行う。まず、器壁の下端からはじめて上縁にいたる全面を一度なでたのち、中程から上縁に至る間を再度なでる。第一回実演の際は、表面が乾きすぎたので、水を含ませた皮で外面をふいたのちフイテを使った。なで終った器面には、かすかに刷毛目状の擦痕が残る。叩き目はほとんど消し去られるが、なお、部分的にかすかに残っている（図版第10－2）。

藤田氏によると、この工程では、単に表面を調整するばかりでなく、器形の調整をも行う。叩き締めの際に、八～九割方、基準の大きさに近づけ、フイテによって最後の大きさの調整を行う。大きく作りすぎると後もどりができないので、まず小さ目に作り、用心しながら基準の大きさに近づけるのが要領である。慣れると、毎回寸法を測らなくても、基準の大きさに合っているかどうかわかるという。

(31)〈底部内面を軽く叩く〉　陶工は一時、車坪の底に立ち、上体をかがめて作業する。轆轤をゆっくりと右に回しながら、トキャーの柄を右手でつまんで器内に差し入れ、手前寄り右側のところで、底面を軽く叩く。二回転で終了。トキャーによる叩き目はほとんどつかない。底面には(8)の段階でついた叩き目がそのまま残る（図版第10－3）。

(32)〈底部と器壁内面の継ぎ目をなでる〉　轆轤をゆっくりと右に回しながら、右手を器体の中に差し入れ、器体の手前寄り左側のところで、底部と器壁内面の継ぎ目を人差指でなでる。二回転で終了。

ヒトツケ

(33)〈器体に縄を巻きつける〉 縄の先端を粘土粒で器表に接着し、轆轤を左に回しながら、縄を器体に螺旋状に巻きつける(ほぼ四周)。縄の末端は、縄のすでに器体に巻きついた部分の下にさしこんでとめる。さらに、縄の要所を粘土粒で器面に接着し、縄がずれないようにする(図版第11－1)。

(34)〈渡し板の上に腰掛を置く〉 器体がしだいに高くなってゆくのに応じて、陶工の姿勢を高くするための用意である。

(35)〈器壁の積み上げ－粘土紐三段分〉 腰掛は置いたものの、すぐには使わないで、陶工は車坪の底に立って積み上げを行う。要領は(11)と同じ(図版第11－2)。

(36)〈器体の内部で焚火をはじめる〉 火釣り皿に薪を燃やしつけ、自在鉤にかけて器体の内部に釣るす。高さは(35)の段階で積み上げた部分の下端あたり、水平位置は、陶工と反対側の器壁スレスレのところになるように調節し、手前に手を差し入れて作業を行えるだけの隙間を作る。

(37)〈器壁外面のなでつけ〉 これより腰掛に坐って作業をする。要領は(13)と同じ。

(38)〈器壁内面のなでつけ〉 要領は(14)に同じ。終って、尺竹で口径を測る。この工程終了時の器体の大きさは、口径六七・五センチ、高さ五二・六センチである。

(39)〈器体に巻いた縄をはずす〉 縄の末端を器体からはずし、縄を手元にたぐりよせる。轆轤は自然に右回転し、縄がほどける。第一回目の実演では、叩き締め終了後に縄をはずした。

(40)〈器壁の叩き締め－シュレーの刻み面を使用〉 (35)の段階で積み上げた部分に対して行う。要領は(25)と同じ。

(41)〈器壁の叩き締め－シュレーの平滑面を使用〉 要領は(27)に同じ。終って尺竹で口径を測る。器体はこの段階で口径六七・五センチ、高さ五二・五センチとなる（図版第11－3）。

(42)〈火釣り皿を上方にずらす〉　第一回実演ではフタツケに入ってから行った。

(43)〈器壁内外面をフイテでなでる〉　(30)と同じ要領で、ナカフイテ、ソトフイテを用い器壁の内外面をなでる。ヒトツケに入って積み上げた部分よりも、かなり下からなではじめ上縁に及ぶ。途中で一度、作業を中断し、尺竹で口径を測る。この工程を終った器体は口径七一・五センチ、高さ五〇センチとなる（図版第11－4）。

フタツケ

(44)〈器体に縄を巻く〉

(45)〈器壁の積み上げ－粘土紐二段分〉　車坪右側の床上と渡し板の上にまたがって立ち、上体をかがめて作業をする。轆轤は右足先で上盤を引きよせ、右回りに回転させる。その他の要領は(11)と同じ（図版第12－1）。

(46)〈器壁外面のなでつけ〉　陶工は腰掛にもどって坐る。なでつけの要領は(13)に同じ（図版第12－2）。

(47)〈器壁内面のなでつけ〉　要領は(14)に同じ。この段階で器体は口径七〇・五センチ、高さ六八センチとなる。

(48)〈器壁の叩き締め－シュレーの刻み面を使用〉　陶工は車坪の底に立って作業をする。要領は(25)と同じ。

(49)〈器壁の叩き締め－シュレーの平滑面を使用〉　陶工は車坪の底に立つ。要領は(27)と同じ（図版第12－3）。

(50)〈器体に巻いた縄をはずす〉　陶工は腰掛にもどり、坐って作業をする。

(51)〈上縁直下を叩き道具でなでる〉　要領は(28)に同じ。終って、尺竹で口径を測る。

(52)〈器壁内外面をフイテでなでる〉　陶工は腰掛に坐ったまま、左足の先で轆轤の上盤を引きよせて、左回りの回転惰力を与える。その他の要領は(30)に同じ（図版第12－4）。

ウワツケ

(53)〈器体に縄を巻きつける〉

(54)〈火釣り皿を上方にずらす〉 器壁上縁の高さまで。助手が行う。

(55)〈器壁の積み上げ—粘土紐一段分〉 陶工は車坪右側の床上と渡し板にまたがって立ち、右足先で轆轤の上盤を引いて、右回りに回転させる。その他の要領は(11)に同じ。

(56)〈器壁外面のなでつけ〉 陶工は車坪右側の床上に立ち、左足先で轆轤の上盤を引きよせ、左回りに回転させる。その他の要領は(13)に同じ。

(57)〈器壁内面のなでつけ〉 陶工は引きつづき車坪右側の床上に立つ。轆轤は右足先で上盤を引きよせ、右回りに回転させる。その他の要領は(14)に同じ。

(58)〈器壁の積み上げ—粘土紐一段分〉 (55)に同じ。

(59)〈器壁外面のなでつけ〉 (56)に同じ。

(60)〈器壁内面のなでつけ〉 (57)に同じ。

(61)〈火釣り皿を上方にずらす〉 助手が行う。

(62)〈器壁の積み上げ—粘土紐一段分〉 (55)に同じ。

(63)〈器壁外面のなでつけ〉 (56)に同じ。

(64)〈器壁内面のなでつけ〉 (57)に同じ。

(65)〈器壁の積み上げ—粘土紐一段分〉 (55)に同じ。

(66)〈器壁外面のなでつけ〉 (56)に同じ。

(67)〈火釣り皿を上方にずらす〉助手が行う。

(68)〈器壁内面のなでつけ〉(57)に同じ。

(69)〈器壁の積み上げ―粘土紐一段分〉(55)に同じ。ただし、これが最後の積み上げであるので、高さの調整に留意しながら作業を行う。すなわち、陶工は積み上げに先立って車坪の底に立ち、器体の前後の縁と柱につけたチョークの目印を見通して高さを点検し、どの程度粘土を積み足せば基準の高さに達するかを判断したのち、積み上げに入る。これで、ウワツケの段階に入ってから合計五段、カッキの段階から数えて総計一八段の積み上げをしたことになる。(14) 積み上げを終えた器体の大きさは、口径四九センチ、高さ九四センチである(図版第13―1)。

(70)〈器壁外面のなでつけ〉(56)に同じ。

(71)〈器壁内面のなでつけ〉(57)に同じ。

(72)〈器壁外面のなでつけ補足〉(56)に準じる。

(73)〈器壁上縁を軽く叩く〉車坪の底に立ち、高さを点検したのち、轆轤を右回りに回転しながら、シュレーの刻み面で器体の上縁を軽く叩く。

(74)〈器壁の叩き締め―シュレー刻み面を使用〉車坪右側の床上に立ち、左足を前に踏み出した姿勢をとる。轆轤は、左足先で上盤を押しやって右に回す。その他の要領は(27)と同じ。最後に口縁の端面が外傾する斜面になるように叩き上げる。

(75)〈器壁上縁を皮でなでる〉陶工は車坪の底に立ち、轆轤に左回りの回転惰力をつける。両手で濡れた鹿皮を持ち、器体の手前右側のところで上縁をなでる。いったん上縁の端をとがらせたのち、とがらせた部分を外へ折り曲げる。

(76)〈器壁の叩き締め—シュレーの平滑面を使用〉(74)に同じ(図版第13—2・3・4)。

(77)〈火釣り皿を取り去る〉助手が行う。

(78)〈助手が轆轤を回しはじめる〉車坪から腰掛、渡し板、落し蓋を取り除き、坪の底に麻袋と座布団を敷く。助手は体の左側を下にして、なかば上向きになった姿勢で坪の底に横たわり、両足で交互に轆轤の桟を踏んで、左回りに回転させる。以後、口径を点検する時と、器体に巻いた縄をほどく時を除いて、助手は絶えず轆轤を回し続ける。その間、陶工は車坪右側の床上に立って作業をする。

(79)〈器壁内外面をフイテでなでる〉要領は(29)に同じ(図版第14—1)。

(80)〈口頸部の形作り〉鹿皮で器体の上縁をなでながら口縁部の形を作ったのち、いったん、作業を中断して尺竹で口径を点検し、ついで、頸部の外側を皮の上から掌でおさえて、くびれをつけ、さらに、くびれの下端、甕の肩に当るところにわずかに稜をつける(図版第14—2)。

(81)〈胴部内外面をフイテでなでる〉甕の肩から胴の最もふくれたあたりまでを、鹿皮でふいて湿り気を与えたのち、フイテでなでる。

(82)〈口頸部の形の修正〉口頸部を鹿皮でなでて形を修正。

(83)〈頸部に沈線をめぐらす〉頸部を鹿皮の上から右手指先でなでて、上甕・下甕の区別を示す沈線をつける。

(84)〈器体に巻いた縄をほどく〉助手は一時、轆轤回しを休む。陶工が縄の末端を引きながら床の上を歩くと、轆轤が回って自然に縄がほどける。縄がほどけたところで、尺竹を用いて、最終的に口径を点検する。

(85)〈器表の部分的な修正〉助手はもう一度轆轤を蹴りはじめる。陶工はフイテと鹿皮を用い、表面の仕上げを部分的に修正、成形作業を終る(図版第14—3)。完成した器体の大きさは腹径六四・五センチ、高さ九三センチである。器面には目立たないけれども刷毛目様擦痕、鹿皮の擦痕があり、一部には叩き目も残っている(図版第15－3・4)。ことに底部内面には底打ちによる叩き目が明瞭に残っている(第8図)。

(86)〈持ち出し〉 クミの二本の足の間に甕の下部をはさみこむようにし、二人の人間がクミの両端を持って甕を釣り上げる。ただし、一組のクミだけでは甕が安定しないので、二組のクミを交差させて用いる(図版第14－4)。轆轤から釣り上げた甕はただちに乾燥場に運び、用意した円形の板の上に置く。

(87)〈器壁の凹みを修正〉 運搬中、クミが当ったために生じた凹みを修正するため、甕の内部にクミダシを差し入れて、内面を軽く叩く。

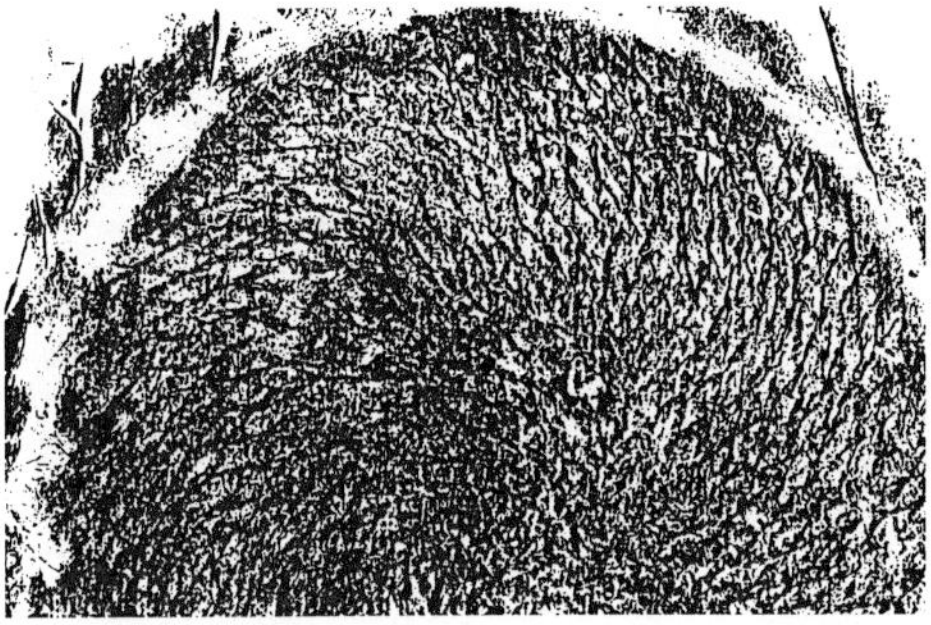

第8図 大甕完成品の底部内面に残った叩き目

以上で成形の作業は終りである。詳述し過ぎたために、かえってわかりにくい点を生じたかもしれない。全体を概観しやすいように、作業の経過を文末の第2表に表示しておいた。

3 乾燥・施釉・焼成

成形を終った甕の生素地は、ただちに工房の前庭に持ち出して乾燥させる。直射日光が当っても意に介さない。ただし、そのまま放置すると、片側だけが早く乾燥して歪みを生じるので、一時間に一回、甕を回して方向を変える。夕方は屋内にとり入れ、朝は再び庭に取り出す。六割方乾いたのちは、屋内で乾かす。乾燥による素地の収縮は一割であるという。

素地の素焼は行わない。素地が乾燥するとただちに釉がけを行う。釉は、粘土を水簸したものと、木灰を水簸したものとを三・五対一の割合で混合した、いわゆる土灰を使っているが、昭和初年から、これにマンガンを添加するようになった。これは融点を下げるための処置である(15)。土灰釉をかけた陶器は茶色に焼き上るが、マンガンを添加すると釉が黒味を帯びる。釉がけ作業は二人がかりで、コンクリート造りの浅い釉槽のなかに甕を横たえ、甕を回転しながら行う。その際、内面にもよく釉がかかるように、手で釉をかきよせて甕の内部に入れる。釉をかけ終ると甕を逆さにして、余分の釉を注ぎ出す。もっとも、以上のような釉がけ法は相当の体力を要するので、最近では、釉槽に板をかけ渡し、その上に甕を正立させて、外面には柄杓で釉を注ぎかけ、内面には、布製のハタキ状の用具で釉を塗りつけるという方法をとっていた。釉がけを終えた甕は、一日ほど屋外で乾燥したのち、屋内に積み上げる。

窯は先にも記したように、四室から成る連房式の登窯を使う。製品は裸のまま窯詰めする。大甕を窯詰する際には、三~四個の煉瓦の上に下甕を正立させ、その上に合口にして、上甕を倒立させる。上下の甕の口が熔着しないように、下甕の口縁上に石粉をまぶした粘土の小塊を、適当な間隔をおいてならべておく。藤田氏が引退する直前の頃は、一回の火入れで、中二石の大甕五〇本、たこ壺一〇〇〇本、すり鉢少々を焼くのが普通であった。

燃料は松を用いる。以前は山林から伐採してきたものを用いたが、最近はもっぱら家屋の廃材を利用していた。追い焚きには、戦後、重油のバーナーを用いるようになった。焼き上りは、釉が融けて、陶器の面が鏡のように光るのを目安にして判定する。焼き上るまでには三昼夜半以上を要する。製品の焼成による収縮は約一割である。

おわりに

藤田勇氏が伝承する肥前大甕の成形技術において、核心をなす要素は、粘土紐巻き上げ技法、叩き技法、蹴り轆轤の使用、焚火による強制乾燥である。焚火による乾燥はしばらくおくとしても[40]、その他の要素はいずれも古い時代から行われているものである。原始的な技術の基本を変更することなく、部分的な改良を重ねることによって、堅牢な実用の陶器を能率的に作り出すことに成功しているのが、この大甕成形技術の特色であるといえる。

この技術が朝鮮系の技術であることは、シュレー、トキャーのような重要な道具が、朝鮮系の名称でよばれていることからも推測できるのであるが(16)、さらに、朝鮮の現存製陶技術との比較によって確認することができる。肥前における大甕の成形技術と、朝鮮のそれとは、道具の形態、基本的な工程、焚火による乾燥の促進など、基本的な諸点において一致するのみならず、技法の細部においても多くの共通点を持っていて、両者が親縁関係にあることは疑いをさしはさむ余地がない(17)。

しかしながら、肥前大甕作りの技術が朝鮮系であることは確かであるとしても、その朝鮮系の技術が、いつ、いかなる経路を経て肥前に持ちこまれたかは明らかでない。肥前ではすでに中世末ないし近世初頭から、朝鮮製陶術の流れをひく唐津焼があった。唐津焼は茶陶として有名であるが、唐津焼の窯跡から出土する陶片のなかには、叩き目を印する日常雑器も数多く含まれている。しかし、叩き技法によって作られた唐津焼の陶器は、いわゆる肥前石甕の類に比べると胎土が精良であり、また薄手である。両者の間にはかなりの相違があり(18)、肥前大甕の製作技術が唐津焼の伝統のなかから自然に生じたと考えるのは、いささか躊躇されるのである。肥前における大甕製作技術の成立過程については、薩摩その他(19)、かつて九州一円にひろがっていた類似の大甕製作技術の成立過程とともに、文献資料の捜索、遺跡遺物の検討、現存する伝統的な製陶技術の比較といった諸方面から、追求すべき余地が大きく残されている。

肥前大甕の成形技術は多くの改良がなされているとはいえ、基本的には古い技法を温存しているので、須恵器をはじめとする古代の土器の成形技術について、われわれのイメージを具体的にしようとする場合、よい参考資料となる。次に、調査中に気付いたことを二、三記しておこう。

まず、道具所有の形態である。すでに記したように、轆轤のような設備は窯元が用意するが、シュレー、トキャーなどの、成形作業中、陶工が手に持って使う道具は、①陶工が使い勝手のよいものを自作し、②個人持ちであって、貸借することなく、③堅牢で耐久性がある。また、④種々の形の陶器を作るために、一人の陶工が種々の規格の違った道具を用意している。このような道具所有の形態を、無批判的に古代にまでさかのぼらせて考えることは慎まねばならないが、今後、須恵器の窯跡などから出土する叩き目のある製品について、微視的な検討を進める際、参考とされてよいことである。

次に、佐原真氏のいう「叩きしめの円弧」について一言しておきたい。[20]「叩きしめの円弧」は、叩き締め作業の際、道具を持った陶工の手が弧状の軌跡をえがいて移動してゆくことから生じるのであるが、藤田氏の実演では、この手の動きを、実際に見ることができた。図版第13の2～4に掲げた写真は、ウワツケの段階での叩き締め作業の、開始時、中頃、終了直前における手の位置を撮影したものである。この三枚の写真から、道具を持った手が、下から上へ弧状をえがいて移動してゆく状況を読み取ることができる。

シュレーの身の幅が、先端にゆくほど狭く作られているのは、上記のような手の動きと轆轤の高さを計算に入れた改良の結果と解される。陶工が渡し板に坐り、右手に持ったシュレーを轆轤の盤面まで下げた時に、シュレーの身の下縁が水平に近くなり、轆轤の盤面と平行するように配慮してあるのである。叩き板の両側縁を平行に作らず、先端にゆくほど身の幅を狭くするという工夫は、朝鮮で現に用いられている叩き板にも見られるので、[21]日本以外のところで行われた改良であろうと考えられる。

横枕では製作中の器体がしだいに高くなってゆくのに応じて、陶工が姿勢を高めてゆく状況を具体的に観察できた。横枕では、中二石の甕を作る場合、陶工は姿勢を四段切りかえる。すなわち、①渡し板の上に坐る、②渡し板の上に置いた腰掛に坐る、③車坪の底に立つ、④車坪の傍の床上に立つ、以上の四段階である。弥生式土器の甕棺や須恵器の大甕を作る際にも、陶工は姿勢の切りかえを余儀なくされたであろう。回転台や轆轤を使わない場合は、腰掛等を使いにくいので、陶工は不自然な姿勢を強いられたかもしれない。

本書第三章中で須恵器の甕に見られる「叩きしめの円弧」に言及し、「叩きしめの円弧」は中型の甕に目立つが、大型の甕ではかえって目立たないことを指摘した。(22) その際はしかるべき理由を考えつかなかったけれども、この現象は、陶工の姿勢の変更と結びつければ説明がつく。すなわち、大型の甕では、製作中に陶工が何度か体の高さを変えるので、部分的には「叩きしめの円弧」が生じても、器体の上下を一貫する「円弧」があらわれにくいのであると考えられる。須恵器大甕の実物をくわしく観察した上での結論ではないが、藤田氏の実演を観察していて考えたところを記しておく。

製作中の器体を焚火で乾燥させる技法は、いつはじまったのか明らかではないが、[41] 横枕窯における焚火の使い方を検討してみると、この技法が轆轤の使用と緊密に結びついていることがわかる。既述のように、外側の焚火は器体の一側においてのみ行われる。また、器体の内側に釣り下げる火釣り皿も、器体の中心をはずし、一側に片寄せて釣り下げられる。このように内外の焚火が、器体の一側に片寄ってなされるにもかかわらず、器体の全周が均等に乾燥され、乾燥の不均衡による歪みを生じないのは、成形作業の間、器体が轆轤の上で絶えず回転させられているからである。回転台や轆轤を使わないで、静止した器体を内外から乾燥させようとすれば、大がかりな焚火が必要となり、しかも、焚火を行っている間、陶工は作業を休むことを余儀なくされる。器体を内外から焚火で乾燥させながら作業を行う技法は、回転台や轆轤を使うことによって、はじめて可能になったといえよう。

焚火による強制乾燥の意義は、陶工の手待ち時間をなくし、かつ、設備を遊ばせないという点にあったと考えられる。

単に手待ち時間をなくするだけのためであれば、回転設備を使用しない場合に行われるように、多数の器体を同時に作るという方法をとることができる。陶工は粘土の自然乾燥を待つ間、他の器体の成形に従事し、粘土が乾いた頃を見はからって、もとの器体にもどり、成形を再開するという方法をとればよいのである。(23) しかし、回転台や轆轤を使用する場合、この方法をとれば、多数の設備が必要になり、しかも、粘土の乾燥を待つ間、それらの設備を遊ばせておかねばならないことになる。

陶工に手待ち時間を与えず、しかも、設備を遊ばせないためには、成形途中の器体を、いったん、轆轤の盤上からはずして乾燥させ、その乾燥を待つ間、轆轤では別の器体を作るという方法をとることも可能である。しかし、この方法をとると、大型の器体の場合は、器体の運搬や、乾燥した器体を轆轤にもどした時の心出しが、わずらわしい作業となる。焚火による乾燥を採用すれば、右のようなわずらわしい作業を行わなくても、陶工に手待ち時間を与えず、しかも、設備をフルに活用できるのである。

このほか、粘土紐の積み上げ方、轆轤の回し方など、論ずべきことが多いが、それらの点については多数の比較資料を収集する必要があるので、ここではふれないことにしたい。[42]

調査に終始協力をいただいた藤田勇氏ご夫妻に感謝し、ご壮健を祈りたい。なお、同氏が使用していた轆轤と大甕製作用の道具類は、その後、佐賀県立博物館に寄贈され、永久に保存されることとなった。
本稿は昭和五五・五六年度文部省科学研究費（特定1）による「古代・中世・近世陶磁器の材質技法に関する研究」（代表者　楢崎彰一）の成果の一部である。

註

（1）壱岐では、今日でも細々ながら甕棺としての需要がある。
（2）肥前大甕の製法についてふれた古い文献には、木崎盛標が残した『肥前国産物図考』一七七三～八四年（『日本庶民生活史料集成』一〇巻、三一書房所収）がある。佐賀県立博物館は同書の最も完備した写本を所蔵する。尾形善郎他『肥前国産物図考に見る習俗』（『佐賀県立博物館報』一四）一九七八年参照。最近の文献では、永竹威『武雄古唐津系陶芸技法調査記録』（『佐賀県文化財調査報告書』第二七集）一九七四年、『山陽新幹線関係埋蔵文化財調査報告』第九集、福岡県教育委員会、一九七八年。
（3）藤田氏の実演は一九八〇年四月二三日に行われた。
（4）押川窯、横枕窯の歴史については『相知町史』下巻、一九七七年参照。
（5）七室より成る連房式の登り窯である。今も、畑のなかに窯壁の基部が残り、傍に山王大神の石造の小祠が立っている。
（6）賃金の額について、藤田氏には不確かな記憶しか残っていない。昭和初年に、アラシコは日当九〇銭、職人はその三倍ぐらいであったという。
（7）舟着場を「ドバ」と呼んだ。川底が浅いので、舟を通す時は、一時、流をせきとめて、水位を高めたという。
（8）藁は甕の素地を集積する際、下敷として使う。
（9）後述する成形作業の(74)(76)の段階がその例。
（10）藤田氏は二、三度、道具を作りかえたことがある。ただし、それは、使い勝手のよい道具を作るためであって、道具がこわれたから作り直したのではない。現在の道具をいつ作ったか、はるか以前のことなので定かな記憶はない。

(11) 尺竹の用法について、藤田氏の説明にわかりにくい点があったので、ここには記さない。

(12) 石粉と称するのは砂岩の粉である。

(13) この工程の最後に藤田氏は、別の粘土塊から一握りの粘土をちぎり取り、それを粘土盤の中央にはりつけ、掌で叩いて密着させた。その意味を問うたところ、粘土の量が少々不足しているように感じたので、つけ足したとのことであった。毎回行うことではないという。

(14) 第一回実演では、総計一七段の積み上げを行った。なお、積み上げの段数は、実質半段程度の幅狭いものでも、すべて一段として数えた。

(15) 土灰釉の熔融点は一二〇〇度、マンガンを添加した場合の熔融点は一〇〇〇~一一〇〇度。

(16) 朝鮮ではシュレーに当る道具を「スレ(수레)」、トキャーに当る道具を「トゲ(도개)」と呼ぶ。鄭明鎬・Roger I. Eddy「韓国甕器店の作業過程について」藤口健二訳『九州文化史研究所紀要』第二七号、一九八二年参照。

(17) 前掲の鄭・エディ論文参照。叩き締めの際に使う当て具(トキャー)の柄の形は、日朝で多少相違するが、註(2)に掲げた『肥前国産物図考』に、「トッカヒ」の名称を付して図示されている当て具は、朝鮮で現用されている当て具と似た柄を持っている。かつては日本でも、朝鮮の現用品と同じ柄の付け方をしたと考えられる。鄭、エディ両氏は、焚火について全くふれていないが、藤口氏の「訳者あとがき」に指摘されているように、掲載の写真(邦訳では4・22図)に火釣り皿が見えるので、成形作業中、火による乾燥が行われることは確かである。鳥居竜蔵「朝鮮の土器作り」(『人類学雑誌』三二巻八号、一八八六年)にも「中央に孔の開いた土器の中に炭火を入れ天井から甕の中につり下げる」と記されている。韓国甕器店を実地に調査された森醇一朗氏の教示によると、横枕の技法と、朝鮮の技法は細部においても多くの一致点を持つという。

(18) 佐賀県下の窯跡の分布調査に当った東中川忠美氏の教示による。

(19) 鹿児島県苗代川で行われていた叩き技法については、寺石正路「渦紋土器の製法」(『東京人類学会雑誌』四六号、一八八九年)、村田知子「さつま焼の製法と陶工用具」(『鹿児島民具』二号、一九八一年)参照。

(20) 佐原真「平瓦桶巻作り」『考古学雑誌』第五八巻第二号、一九七二年。
(21) 註(16)で引用した鄭・エディ論文邦訳26図、ならびに本稿註(17)で引用した鳥居論文挿図。
(22) 横山浩一「須恵器の叩き目」『史淵』一一七輯、一九八〇年(本書第三章)。
(23) このような方法は、常滑焼の甕作りで実際に行われていた。杉崎章「常滑の大甕作り」(『民具研究』三四、一九八一年)による。

作業工程一覧

大区分	段階	作　　業	轆轤	陶工の姿勢
フタツケ	44	(器体に縄を巻く)	L	腰掛に坐る
	45	器壁の積み上げ　2段	R	車坪の底に立つ
	46	器壁外面のなでつけ	L	腰掛に坐る
	47	器壁内面のなでつけ	R	〃
	48	器壁叩き締め　刻み面使用	R	車坪の底に立つ
	49	器壁叩き締め　平滑面使用	R	〃
	50	(器体から縄をはずす)	R	腰掛に坐る
	51	上縁直下を叩き道具でなでる	L	〃
	52	器壁をフイテでなでる	L○	〃
ウワツケ	53	(器体に縄を巻く)	L	〃
	54	(火釣り皿を上方にずらす)		
	55	器壁の積み上げ　1段	R	床と渡し板の上に立つ
	56	器壁外面のなでつけ	L	床に立つ
	57	器壁内面のなでつけ	R	〃
	58	器壁の積み上げ　1段	R	床と渡し板の上に立つ
	59	器壁外面のなでつけ	L	床に立つ
	60	器壁内面のなでつけ	R	〃
	61	(火釣り皿を上方にずらす)		
	62	器壁の積み上げ　1段	R	床と渡し板の上に立つ
	63	器壁外面のなでつけ	L	床に立つ
	64	器壁内面のなでつけ	R	〃
	65	器壁の積み上げ　1段	R	床と渡し板の上に立つ
	66	器壁外面のなでつけ	L	床に立つ
	67	(火釣り皿を上方にずらす)		
	68	器壁内面のなでつけ	R	床に立つ
	69	器壁の積み上げ　1段	R	床と渡し板の上に立つ
	70	器壁外面のなでつけ	L	床に立つ
	71	器壁内面のなでつけ	R	〃
	72	器壁外面のなでつけ補足	L	〃
	73	器壁上縁を軽く叩く	R	
	74	器壁の叩き締め　刻み面使用	R	床に立つ
	75	器壁上縁を鹿皮でなでる	L○	車坪の底に立つ
	76	器壁の叩き締め　平滑面使用	R	床に立つ
	77	(火釣り皿を取り去る)		
	78	(助手が轆轤を回しはじめる)	L◎	
	79	器壁をフイテでなでる	L◎	床に立つ
	80	口頸部の形づくり	L◎	〃
	81	器壁をフイテでなでる	L◎	〃
	82	口頸部の形の修正	L◎	〃
	83	頸部に沈線をめぐらす	L◎	〃
	84	(器体の縄をはずす)	R	床を歩く
	85	器表の部分的な修正	L◎	床に立つ
	86	(器体の持ち出し)		
	87	クミダシによる器壁の凹みの修正		

(　)内は加工以外の動作．R は右回転，L は左回転，○印は轆轤の回転惰力を利用していること，◎印は助手が轆轤を回していることを示す．

表 2　「中二石」大甕成形

大区分	段階	作　　業	轆轤	陶工の姿勢
準備工程	1	粘土塊押し出し		
	2	粘土塊叩きつけ		
	3	粘土紐の製作		
	4	(火床で焚火をはじめる)		
底叩き	5	(陶工着座)		渡し板に坐る
	6	粘土の円盤を作る		〃
	7	(轆轤の盤上に灰を撒く)	L○	〃
	8	底部の叩き締め	R	〃
	9	底部周縁を削る	L○	〃
	10	底部周縁ぞいに溝をめぐらす	L○	〃
カッキ	11	器壁の積み上げ　3 段	R	車坪の底に立つ
	12	底部と器壁外面の継ぎ目なでつけ	L	渡し板に坐る
	13	器壁外面のなでつけ	L	〃
	14	器壁内面のなでつけ	R	〃
	15	底部と器壁内面の継ぎ目なでつけ	R	〃
	16	器壁の積み上げ　1 段	R	車坪の底に立つ
	17	器壁外面のなでつけ	L	渡し板に坐る
	18	器壁の積み上げ　1 段	R	車坪の底に立つ
	19	器壁外面のなでつけ	L	渡し板に坐る
	20	器壁内面のなでつけ	R	〃
	21	器壁の積み上げ　3 段	R	車坪の底に立つ
	22	器壁外面のなでつけ	L	渡し板に坐る
	23	器壁内面のなでつけ	R	〃
	24	器壁上縁を軽く叩く	R	〃
	25	器壁叩き締め　刻み面使用	R	〃
	26	(焚火を燃え上がらせる)		
	27	器壁叩き締め　平滑面使用	R	渡し板に坐る
	28	上縁直下を叩き道具でなでる	L	〃
	29	底部外側面を削る	L○	〃
	30	器壁をフイテでなでる	L○	〃
	31	底部内面を軽く叩く	R	車坪の底に立つ
	32	底部と器壁内面の継ぎ目をなでる	R	渡し板に坐る
ヒトツケ	33	(器体に縄を巻く)	L	〃
	34	(渡し板の上に腰掛を置く)		
	35	器壁の積み上げ　3 段	R	車坪の底に立つ
	36	(火釣り皿を釣るす)		
	37	器壁外面のなでつけ	L	腰掛に坐る
	38	器壁内面のなでつけ	R	〃
	39	(器体の縄をはずす)	R	〃
	40	器壁叩き締め　刻み面使用	R	〃
	41	器壁叩き締め　平滑面使用	R	〃
	42	(火釣り皿を上方にずらす)		
	43	器壁をフイテでなでる	L○	腰掛に坐る

図版第 **1**

1　工房の外観

2　車坪のある一隅

図版第 2

1　轆轤回転部

3　火釣り皿の自在鉤

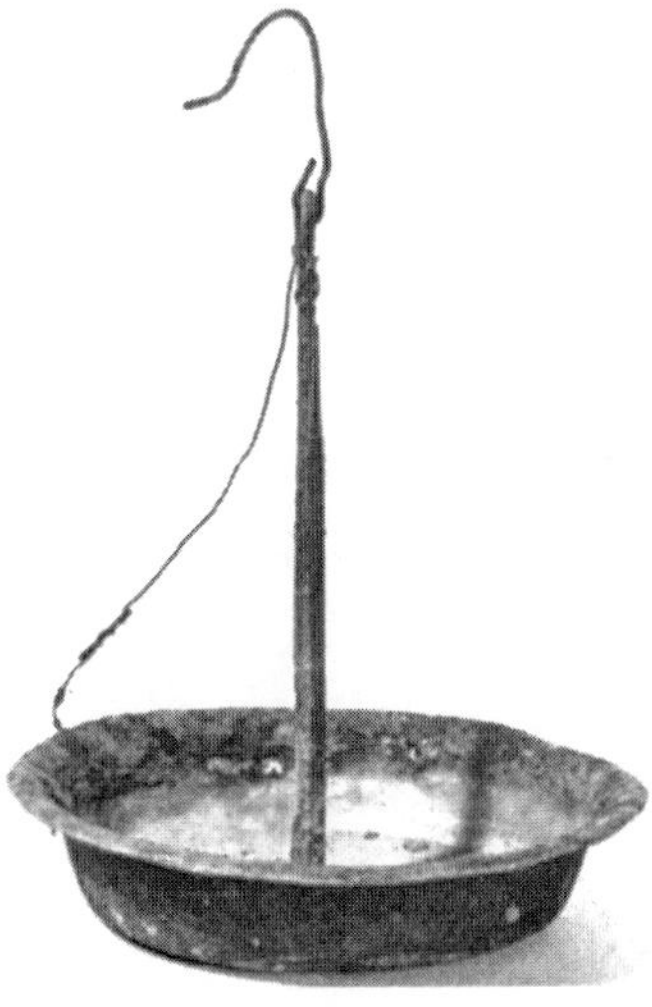

2　火釣り皿

図版第3

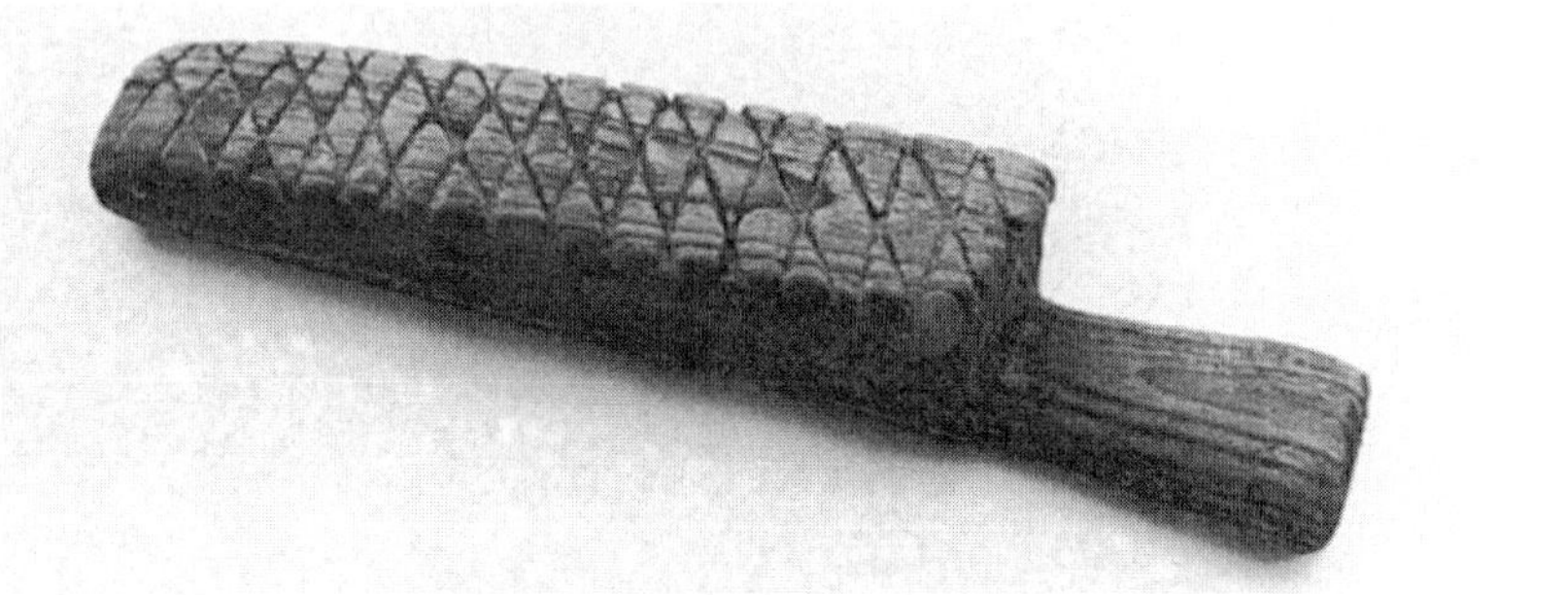

1　底打ち

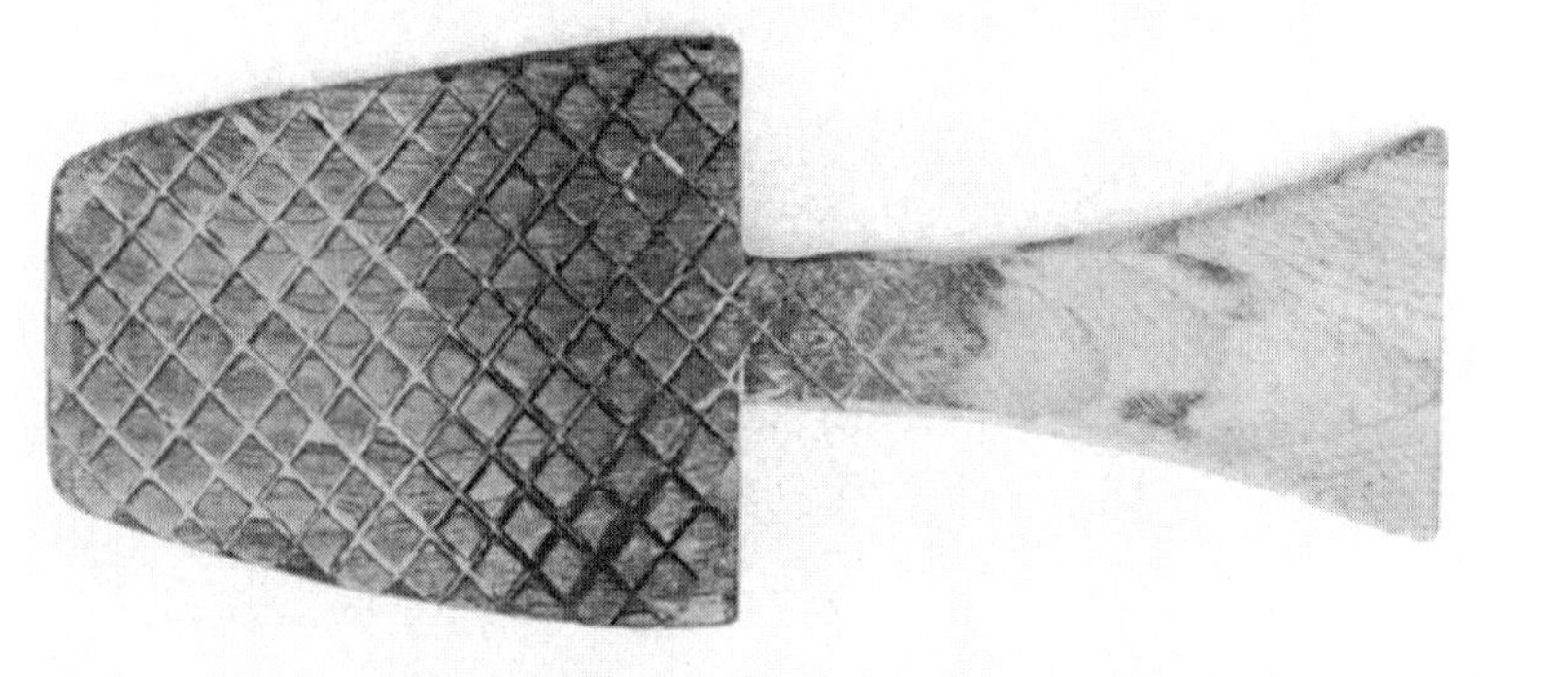

2　シュレー

3　トキャー

図版第 4

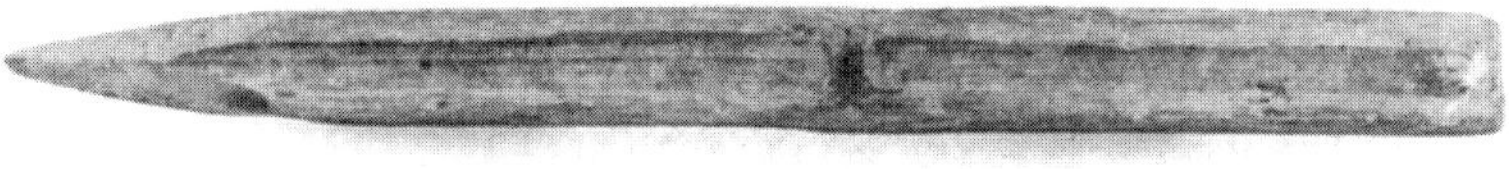

1　底切り

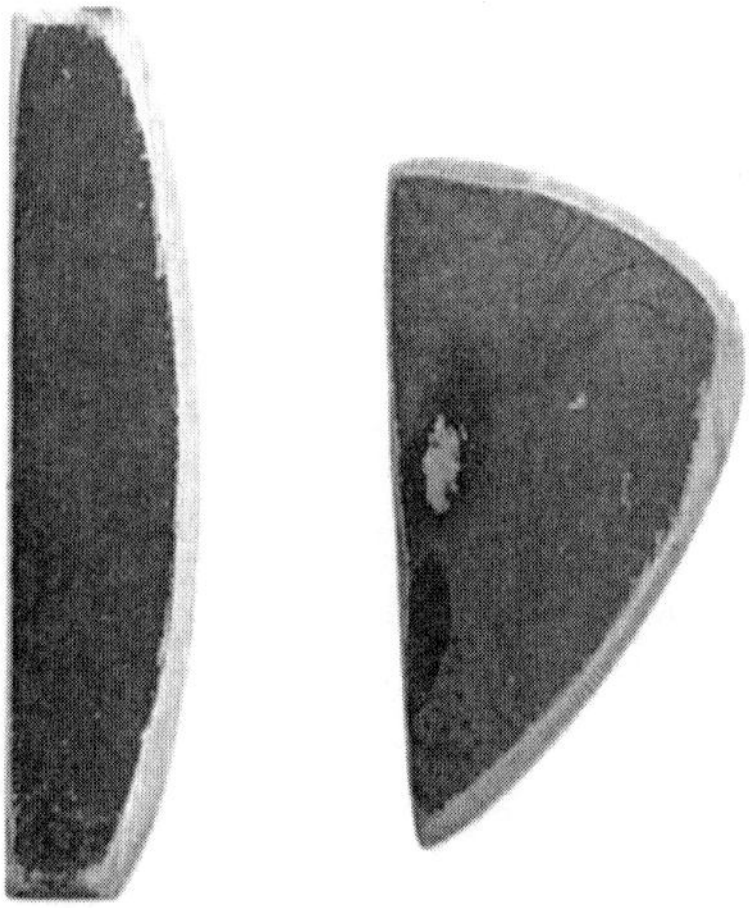

2　ナカフイテ

ソトフイテ

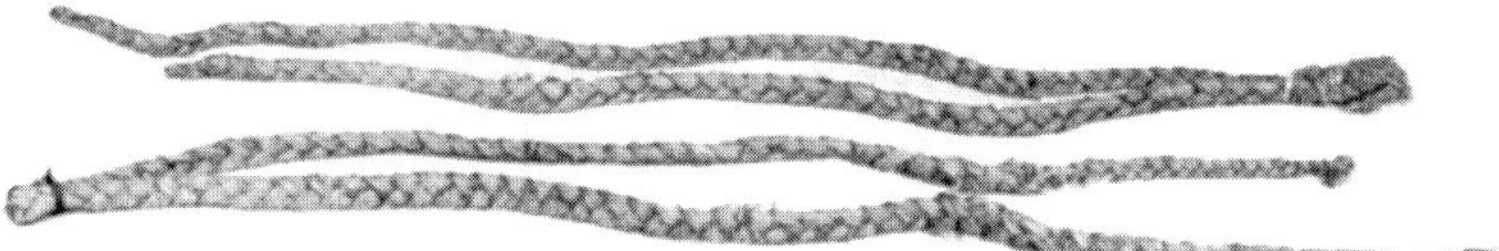

3　クミ

図版第 5

〔準備工程〕

1　粘土塊の押し出し—段階(1)

2　粘土紐づくり—段階(3)

図版第6

〔底叩き〕

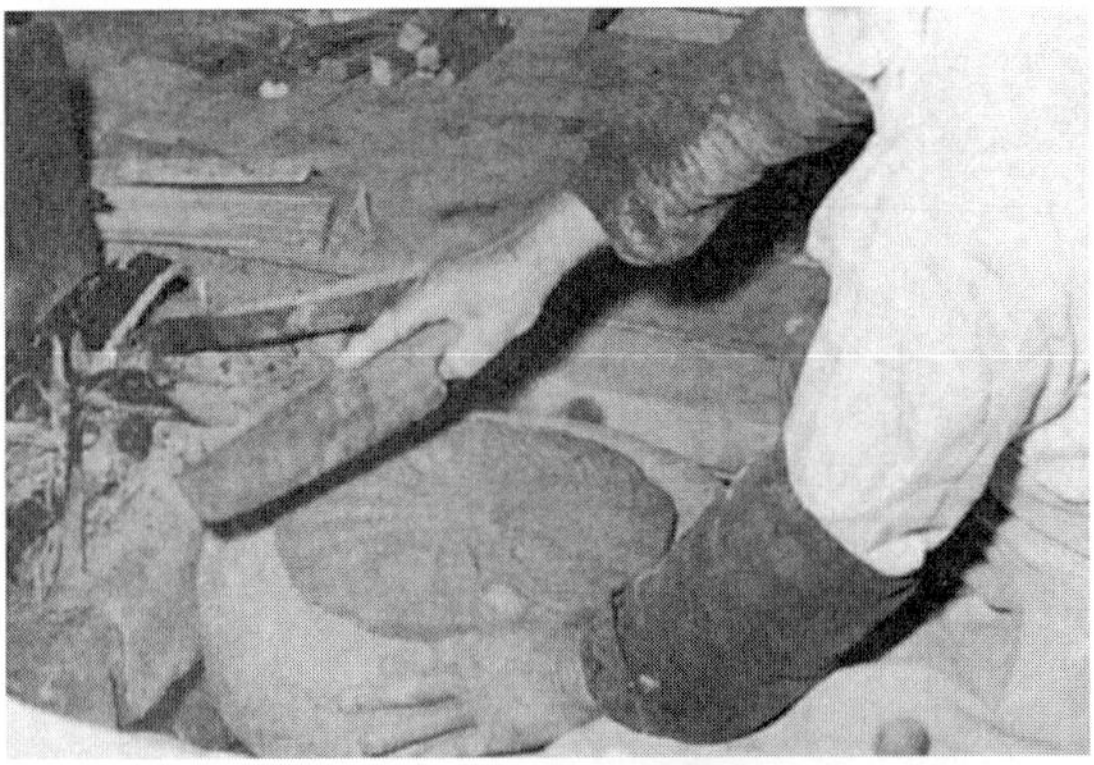

1　底面叩き締め―段階(8)

2　底部周縁の切り整え―段階(9)

3　底部上面の周縁にそい溝をつける―段階(10)

図版第 7

〔カッキ〕

1　器壁の積み上げ—段階(11)

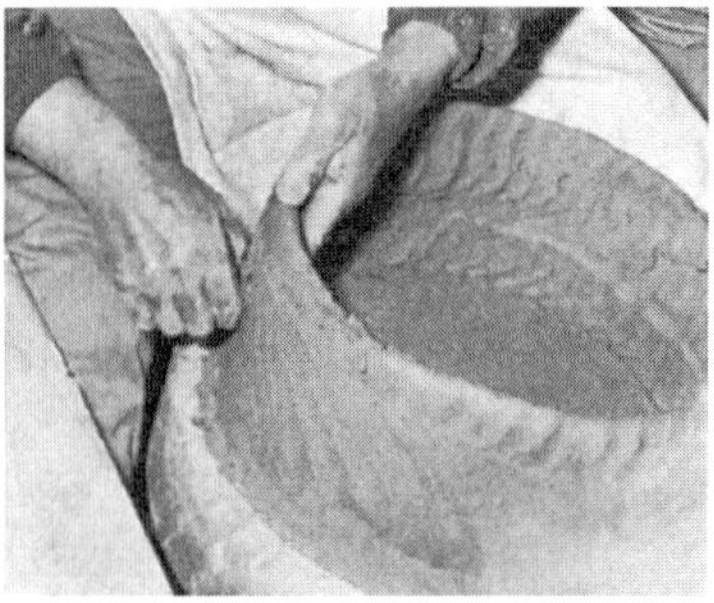

4　器壁外面のなでつけ—段階(13)

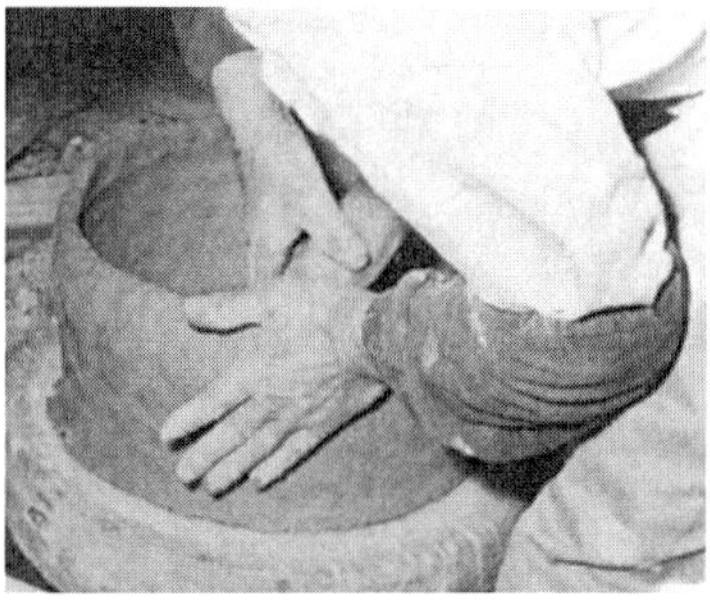

2　器壁積み上げの際の左手の使い方—段階(11)

5　底部と器壁内面との継ぎ目なでつけ—段階(15)

3　底部と器壁外面との継ぎ目なでつけ—段階(12)

図版第 8

1　器壁の積み上げ―段階(21)

2　器壁内面のなでつけ―段階(23)

図版第 9

〔カッキ〕

1　尺竹で径を確認する—段階(23)

2　シュレー刻み面による器壁の叩き締め—段階(25)

3　シュレー平滑面による器壁の叩き締め—段階(27)

〔カッキ〕

図版第 10

1　底部外側面を削る—段階(29)

2　器壁内外面をフイテでふく—段階(30)

3　底部内面をトキャーで軽く叩く—段階(31)

図版第 11

〔ヒトツケ〕

1　器体に縄を巻きつける—段階(33)

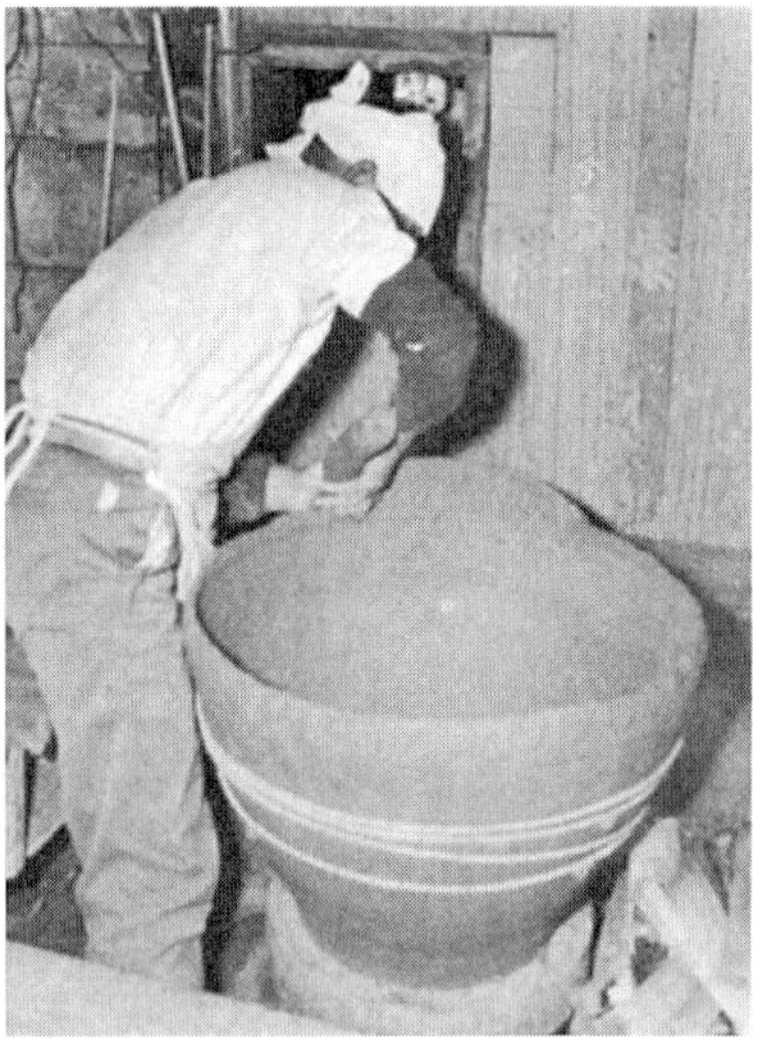

2　器壁の積み上げ—段階(35)

3　器壁の叩き締め—段階(41)

4　器壁をフイテでふく—段階(43)

〔フタツケ〕

図版第12

1　器壁の積み上げ―段階(45)

2　器壁外面のなでつけ―段階(46)

3　器壁の叩き締め―段階(49)

4　器壁をフイテでふく―段階(52)

図版第 13

3

1

4

2

1　器壁の積み上げ—段階(69)，　2～4　器壁の叩き締め—段階(76)

〔ウワツケ〕

図版第 14

1　器壁をフイテでふく—段階(79)

2　口頸部の形づくり—段階(80)

3　器表の最終的な修正—段階(85)

4　持ち出し—段階(86)

図版第 **15**

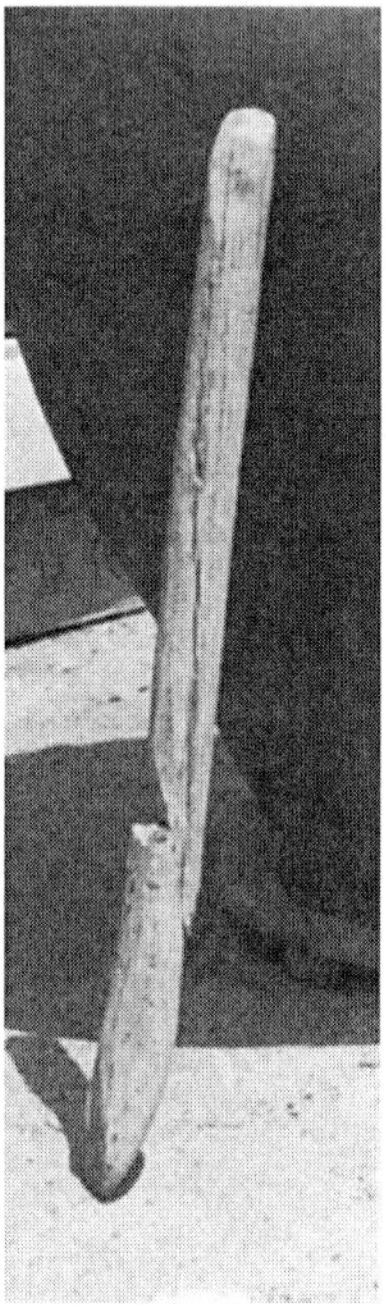

1　クミダシ

2　完成した一石入り大甕の素地

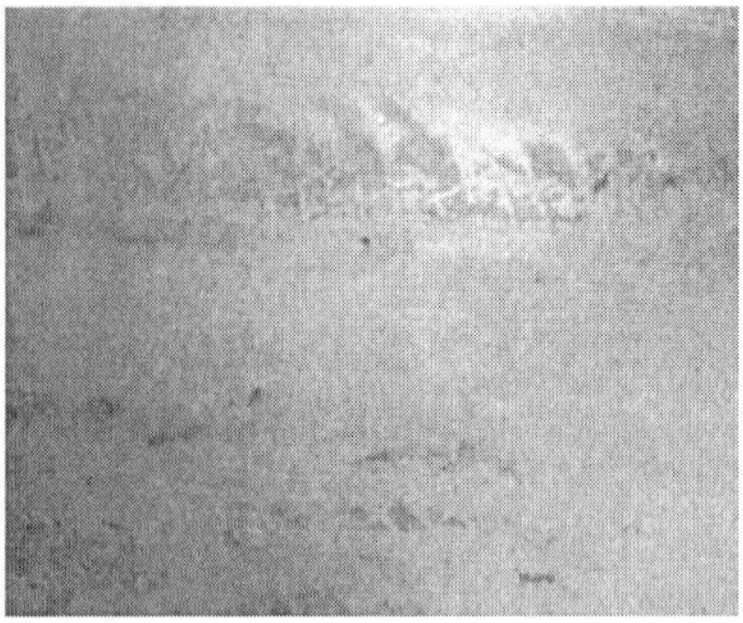

4　甕の外面に残る叩き目

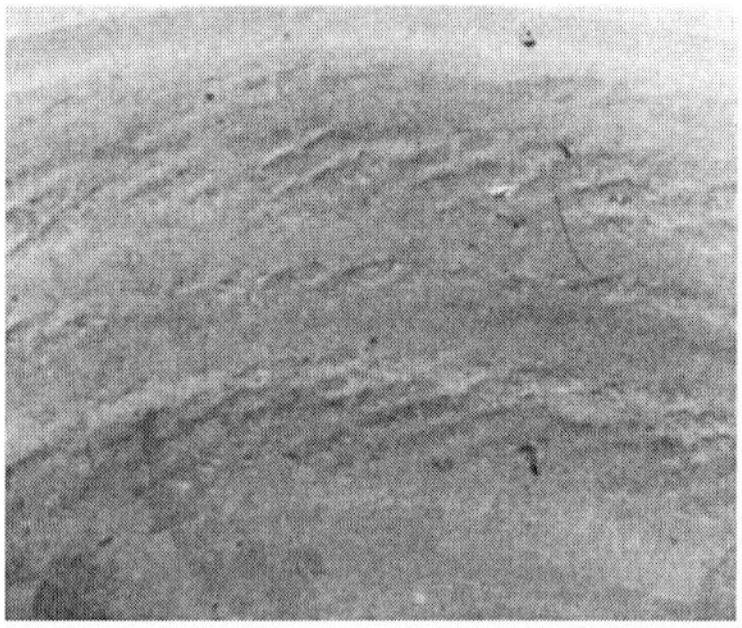

3　甕の内面に残る叩き目

Ⅲ

考古学からの問い

第八章　〝大化薄葬令〟に規定された墳丘の規模について

はじめに

かつて〝大化薄葬令〟は、古墳の営造を衰退せしめた主要な要因の一つであると考えられていた。古墳営造の衰退がすでに大化以前にはじまっていたことが明らかになった今日、〝薄葬令〟が古墳の営造に及ぼした影響はかつてほど大きく評価されなくなったけれども、〝薄葬令〟と通称される詔勅が『日本書紀』に記載されているからには、何らかの形でこれに言及することなくして古墳の盛衰を論じることは許されないであろう。

この論文は〝薄葬令〟の歴史的意義の考察にまで及ぶものではないが、〝薄葬令〟に記された墳丘の規格を現実に残っている古墳と対比することによって、〝薄葬令〟の持っていた性格の一面を明らかにしようとしたものである。

本稿の出発点は一九六五年に筆者が行った口頭発表にある。(1)それまでにも〝薄葬令〟に記された墓の規格と古墳の実物との対比は多くの研究者によってなされていたが、その際に主として取り上げられた要素は石室の規模と墓域一辺の長さであって、墳丘の高さは特に問題とされることがなかった。筆者の研究の特徴とするところは、墳丘の高さと墓の一辺の長さを互いに関連させてとらえ、特に、墳高と一辺の長さの比率を問題にしたことである。

〝薄葬令〟に規定されている墓の規格を見ると、一辺の長さに対して墳高が異様に高いことが注意される。これは〝薄葬令〟の筆者が古墳築造に関する技術的な知識を欠いていたことを示しており、〝薄葬令〟が大化当時のものであったとしても、理念的な産物にすぎなかったのではないか、というのがかつての口頭発表の要旨である。

この発表後、十数年が経過した間に、高松塚をはじめとする版築技法によって築かれた古墳の調査があり、また、各地での群集墳の調査を通じて、七世紀における墳丘築造の実態がしだいに明らかになりつつある。本章はこれらの新しい資料を参照しながら、かつての筆者の所説が、今日でもなお一つの学説として存在する余地があるか否かを点検してみたものである。

一　『日本書紀』の原文

いわゆる〝大化薄葬令〟とは、いうまでもなく『日本書紀』の大化二(六四六)年三月甲申(二二日)の条に載せられた長文の詔のうち、前半の営墓葬送について規定した部分を指す。本稿で検討の主たる対象とするのはさらにその一部であって、墓の規模、役夫、葬具等について具体的な数字を挙げながら身分別の基準を示した部分である。『日本書紀』の原文から関係の部分を抜書すると次の通りである。(2)

夫王以上之墓者、其内長九尺、濶五尺。其外域、方九尋、高五尋。役一千人、七日使訖。其葬時帷帳等、用㆓白布㆒。有㆓轜車㆒。上臣之墓者、其内長濶及高、皆准㆓於上㆒。其外域、方七尋、高三尋。役五百人、五日使訖。其葬時帷帳等、用㆓白布㆒。担而行之。〔蓋此以㆑肩担㆑輿而送之乎。〕下臣之墓者、其内長濶及高、皆准㆓於上㆒。其外域、方五尋、高二尋半。役二百五十人、三日使訖。其葬時帷帳等、用㆓白布㆒、亦准㆓於上㆒。大仁・小仁之墓者、其内長九尺、高潤各四尺。不レ封使レ平。役一百人、一日使訖。大礼以下、小智以上之墓者、皆准二大仁一。役五十人、一日使訖。凡王以下、小智以上之墓者、宜用二小石一。其帷帳等、宜用二白布一。庶民亡時、収二埋於地一。其帷帳等、可レ用二麁布一。一日莫レ停。

「孝徳紀」は『日本書紀』のなかでも「信頼できる部分と作為にみちた部分とが微妙に入り交った」巻であると見なされており[3]、したがって、そのなかに含まれる〝薄葬令〟に対しても、これまで何人かの古代史家や法制史家によって詳しい史料批判が行われてきた。本稿で検討の主たる対象とする部分については、古く坂本太郎氏が二つの重要な指摘を行っている。それは詔文のなかにあらわれる「上臣・下臣」という官人の階層区分が新羅の官名と関係があり、大化頃に実際に行われた可能性のあること、および、〝薄葬令〟が諸王をすべての臣の上位に格付けしている点でのちの律令の規定と大きく異なっているということである[4]。〝薄葬令〟の詳細な史料批判を行っている関晃氏[5]、林紀昭氏[6]も坂本氏の指摘を基礎として、〝薄葬令〟のなかの右に引用した部分は、大化当時の実情を伝える原史料によって書かれたものと考えている。

もっとも、本稿の場合、特に従来の史料批判を立論の前提とする必要はない。〝薄葬令〟に記された数値自身の検討から出発して、しかるのち、その検討の結果が、『日本書紀』の史料批判に影響を及ぼすか否かを吟味すればよいわけである。

二　数値相互の関係

問題を墳丘の規模を示す数値にしぼるに先立ち、〝薄葬令〟に記された諸数値が互いにどのような関係を持っているか点検しておこう。

中国の礼典や法令を見ると、各種の規定、特に身分的な差別規定のなかにあらわれる一連の数値が、等差数列や等比数列のような一定の原則に従って変化する数列の形をとっている場合がしばしばある。もっとも、最高の身分から最低の身分まで、それぞれに割り振られた数字のすべてが、完全な数列の形に整えられているとは限らない。中国唐代の場合、官人は一品から三品までの「貴」、四・五品の「通貴」、六品から九品までの「賤」の三階層に大別され、階層ごとに処遇に大きな差があったので(7)、階層の境目では数列に乱れを生じていることが多い。

規定のなかにあらわれる数値が数列の形をなす例として、本稿の主題にも関係の深い『大唐開元礼』の墓の規模に関する規定を引用しておこう(8)。

> 凡百官葬、墓田、一品方九十歩、墳高一丈八尺、二品方八十歩、墳高一丈六尺、三品方七十歩、墳高一丈四尺、四品方六十歩、墳高一丈二尺、五品方五十歩、墳高一丈、六品以下方二十歩、墳不レ得レ過二八尺一、其域及四隅、四品以上築レ闕、五品以上立二土堠一、余皆封レ塋而已、（『大唐開元礼』序例下　雑制）

この規定において、墓田一辺の長さは一品から五品までの場合、官品を降るごとに一〇歩（一五〇尺）ずつ逓減するところの等差数列になっている。五品と六品の間でこの原則が破られ、三〇歩という大きな差がつけられているのは、ここが上述した「通貴」と「賤」との境目に当るからである。墳高については「貴」「通貴」「賤」の間に断層を設けないで、六段階の身分に割付けられた数値がすべて公差二尺の等差数列をなすように整えられている。

また注意すべきは、墓田の大きさと墳高がそれぞれ独立して定められているのではなく、相互の間に一定の比率が保たれていることである。一品から五品までの場合、墓田一辺の長さは墳高の二五倍であり、六品以下はその半分の一二・五倍になっているのであって、この規定にあらわれるすべての数値が互いに数学的に簡明な関係を持つように整えられている。

規定のなかの諸数値の関係に初等数学的な形式美を与えようとする傾向は、日本の律令にも引きつがれている。ただ、日本の場合は処々に微妙な調整が加えられていて、中国ほど簡明な原則が貫徹していない。

以上のようなことをわざわざ述べたのは、〝大化薄葬令〟のなかにあらわれる数値にも、規則的に変化する数列の形をなすものが見られるからである。(9)

前章で引用した〝薄葬令〟の営墓葬送に関する身分別の規定は、第1表のように整理できる。表でわかるように、規定には墓室の長さと広さと高さ、墓の一辺の長さと高さ、役夫の数、日数という七種の数値が示されている。このうち墓室の大きさに関する三種の数値は、全く変化しないか、あるいは二段階しか変化しないので、変化の規則性は問題にならない。変化の規則性を検討できるのは残りの四種の数値である。

第1表　〝大化薄葬令〟に見える身分別の規定

身分＼事項	墳丘	墓室	役夫	葬具等
王以上	方九尋 高サ五尋	長サ九尺 広サ五尺	一〇〇〇人 七日	帷帳等は白布 轜車
上臣	方七尋 高サ三尋	同上	五〇〇人 五日	同上 担行
下臣	方五尋 高サ二尋半	同上	二五〇人 三日	同上
大仁・小仁	不封使平	長サ九尺 高サ四尺 広サ四尺	一〇〇人 一日	同上
大礼~小智		同上	五〇人 一日	同上
庶民				帷帳等は麁布

それぞれについて見ると、墓の外域一辺の長さは、王以上、上臣、下臣と身分が降るに従って九—七—五尋と変化し、二尋ずつ逓減するところの等差数列をなしている。

これに対し墳丘の高さは五—三—二・五尋と不

規則な変化を示し、数列の形に整えられていない。

役夫の人数は明らかに規則的な変化を示す。王以上、上臣、下臣それぞれに割付けられた役夫の数は、一〇〇〇―五〇〇―二五〇人というように二分の一ずつ逓減するところの等比数列になっている。また、大仁・小仁の一〇〇人から大礼~小智の五〇人への減少率も二分の一である。ただ、下臣と大仁・小仁の間だけは公比二分の一の原則が破れ、その他の場合よりも減少率が大きくなっているが、これは下臣と大仁の間が当時の官人の階層区分の境目に当っていたからであると解される。下臣と大仁の間で官人の処遇に大きな差のあったことは、墓制ばかりでなく冠の制からも推定できる(10)。

日数について見ると、これもまた、王以上、上臣、下臣、大仁・小仁と身分を降るに従い、七―五―三―一日と二日ずつ逓減するところの簡明な等差数列になっている。大礼~小智が大仁・小仁と同じく一日となっているのは、もはやこれ以上逓減できないからであろう。

以上のように見てくると、墓の一辺の長さ、役夫の人数、日数が、いずれも数列の形に整えられているにもかかわらず、墳高だけが不規則な変化をしており、また、一辺の長さと墳高の間に、中国の規定に見られるような一定の比率が保たれていないことが注意される。

これについては、残念ながら明快な説明を与えることができない。ただ、数列をなす数値は、そのなかのいずれか一項の絶対値を定めたのち、適当な公差、公比を与えて他の数値を割り出していったと考えられるのに対し、墳高のみはそのような決め方をしなかったと考えられる。以下は筆者の推測であるが、墳高を示す数値は、一辺の長さに対応して個々に決められたのではなかろうか。すなわち、九尋、七尋、五尋という一辺の長さに対し、それぞれ高さとして適当と考えた数値を割り振っていったのであって、その際、一辺の長さと墳高との比率を一定の原則に従って整えようという意識を欠いていたというのが実情に近いのではなかろうか。

もっとも、筆者は右の推測を以下の立論の前提とするつもりはない。〝薄葬令〟の筆者が墳の高さと幅の関係をどのように認識していたにせよ、実際に〝薄葬令〟を規範として墓を造ろうとすれば[11]、墳の高さと幅は必然的に関連を持ってくるのであって、両者を関連させて検討を加えることは、無意味ではないと考える。

三　墳丘の高さと幅の比率

〝薄葬令〟に規定する墳丘の規模を改めて記すと次の通りである。

王以上　外域方九尋　高五尋（墳高指数五六）
上臣　外域方七尋　高三尋（墳高指数四三）
下臣　外域方五尋　高二尋半（墳高指数五〇）

括弧内に記した墳高指数[12]とは、詳しくは墳丘高幅指数というべきもので、墳丘の高さを幅で除した数に一〇〇を乗じた数である（小数点以下四捨五入）。つまり、墳丘の高さが幅の何パーセントに当るかを示す数字である。

すでに冒頭で記したように、右の〝薄葬令〟の規定では、外域の幅に対して高さが異様に高いこと、いいかえれば墳高指数が異様に高いことが注意される。幅に対して高さが高過ぎることが、墳丘の築成に当ってどのような支障をもたらすかというと、墳丘斜面の傾斜角が急になり過ぎ、斜面の安定を保つことが難しくなるのである。仮に、〝薄葬令〟の規定通りの墳丘を平坦面の上に盛土で築いたとすると、頂上が尖っていたとしても、斜面の傾斜角は王以上の墓で約四八度、上臣の墓で約四〇度、下臣の墓で四五度となる（第１図ａ）。日本の古墳は頂上が尖らず、頂上に若干の平坦面をつくり出すのが普通であるから、実際の斜面の傾斜角は上記の角度をさらに上まわることになる。試みに、頂上平坦面の幅が墳丘の幅の二割であったとして計算してみると、墳丘斜面の傾斜は、王以上の墓で約五四度、上臣の墓で約四七度、下臣の墓で約五一度という急角度となる(第1図b)。

九州大学水工土木学教室山内豊聡氏の教示によると、(13) 盛土法面の傾斜が何度になれば盛土の崩壊が起こるかということは、盛土高、土質、含水率、圧密の度合い等々、種々の要素によって決定されるのであって、個々の場合について計算することはできるが、一般に法面の傾斜が何度以上になれば必ず崩壊するという原則はない。極端な場合、版築の工法をとれば、築地のような垂直に近い壁体をつくることも可能である。

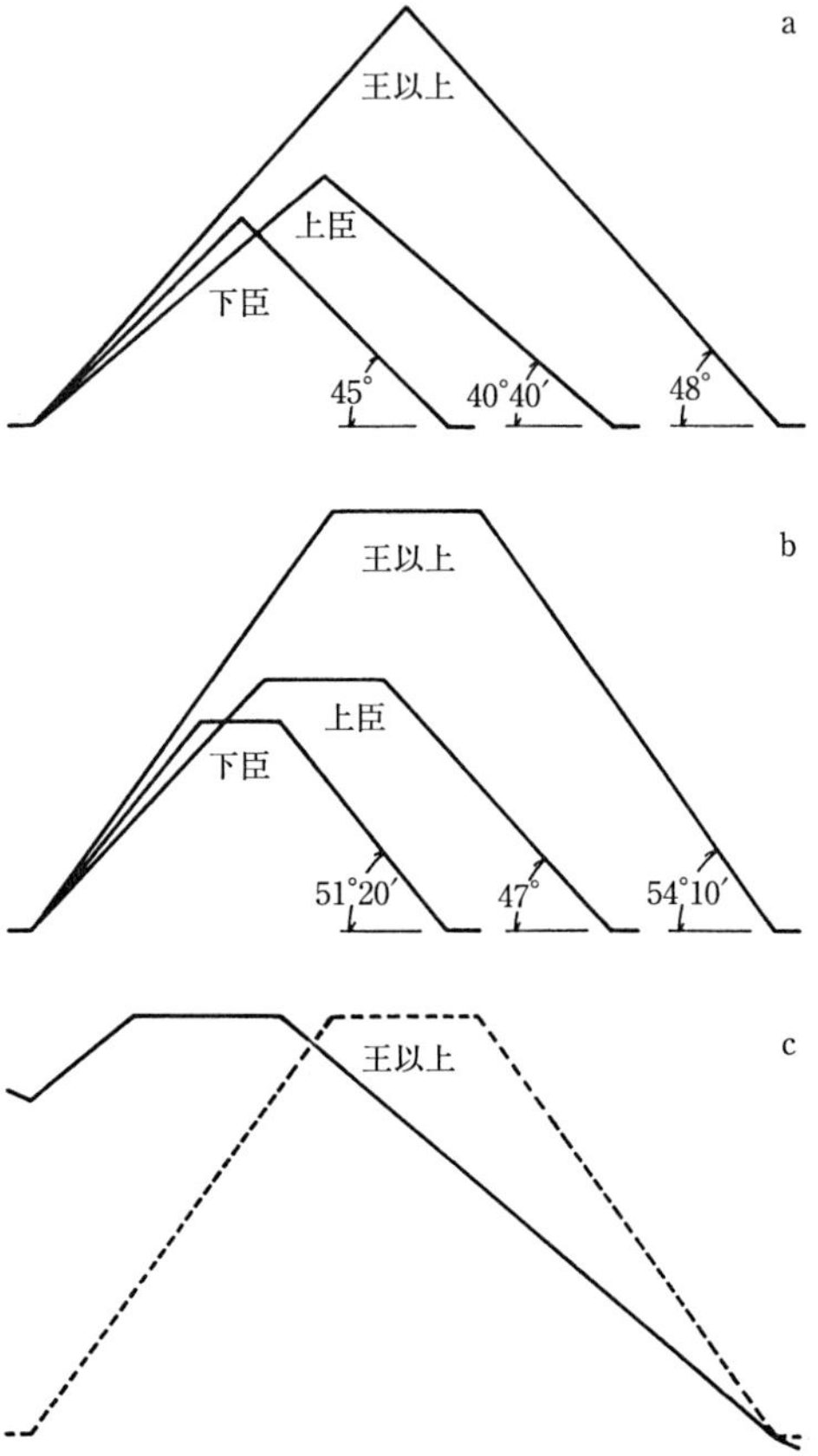

第1図　〝薄葬令〟の規格に従った墳丘斜面の傾斜角
a　平地に尖頭型の墳丘を築いた場合
b　平地に截頭方錐型の墳丘を築いた場合
(頂上平坦面の幅は，基底部の幅の2割)
c　王以上の墓を平地に築いた場合(破線)
と傾斜面に築いた場合(実線)との比較

しかし、通常の材料と工法による限り、自ら限界があるのであって、現在の土木関係の団体では安全率を見込んだ上で、経験的な基準値を定めている。日本で行われている既成の基準[14]は、盛土法面の勾配を一・五割（断面において高さと水平距離の比が一対一・五、傾斜角にして約三三度）から二割（断面において高さと水平距離の比が一対二、傾斜角にして約二六度）程度にするよう規定している。これにくらべると〝薄葬令〟のモデルがいかに急勾配であるかがわかるであろう。誤解のないように言いそえておくと、法面の傾斜で問題になるのは平均傾斜角であって、部分的に急傾斜をつくることはかまわない。法面の傾斜を急にしても、途中に小段を設ければ法面は安定する。これは古墳の段築についても言えることである。

先に引用した唐礼の墓の規模に関する規定では、一品から五品までの墳高は墓田一辺の長さの二五分の一であり、六品以下の墓でも墳高は墓田一辺の長さの一二・五分の一にすぎない。墳高にくらべて墓域がいちじるしく広いので、規定通りの高さの墳丘を造っても、墳丘は墓域の一部を占めるにすぎず、墳丘裾と墓域の境界との間には広い余地が残るはずである。日本の〝薄葬令〟の場合は、「外域」の広さにくらべて墳高がいちじるしく高く規定されているので、規定通りの高さの墳丘を造れば、墳丘と「外域」との間に余地を残すことは不可能であり、しかもなお、墳丘の斜面がいちじるしく急傾斜になることをまぬがれなかったであろう。したがって、本章では、〝薄葬令〟にいう「外域」の大きさを、墳丘の大きさと実質的に同じものとして取り扱っている。

ここで忘れてならないことは、以上の検討が、墳丘を平坦面の上に盛土で築いたという前提のもとに行われていることである。日本の後期古墳は山丘の傾斜面に築かれているものが多く、特に群集墳と称されるものは圧倒的多数が傾斜面に築かれ、いわゆる「山寄せ」の築造法をとっているのであるから、傾斜面に墳丘を築いた場合についても検討を加えておかねばならない[15]。

山寄せの築造法をとると、第1図cに示したように、墳丘斜面の傾斜角をかなりの程度まで緩和することができる。しかし、墳丘が正しい截頭方錐形をしている場合は、規定通りの高さを維持しながら斜面の勾配を緩くすると、墳丘裾部の横幅が広くなり、結局、墳丘は規定された墓域からはみ出してしまう(16)。そのような事態を避けるためには、墳丘の背面ばかりでなく、側面の一方あるいは両方をも山寄せしなければならなくなる。

どのような設計をすれば、墳丘斜面の傾斜角をどれだけ緩和できるかということを、方墳、円墳のそれぞれについて机上で計算することはできるが、そのような計算をくわしく行うことは実際的ではない。現実に存在する古墳は、必ずしもわれわれが頭のなかでえがいているような、理想的な截頭方錐形や截頭円錐形をしていないからである。方墳や円墳でも若干のゆがみがあり、さらに最近では、長方形、楕円形の墳丘や、また、種々の不整形の墳丘が知られている。机上での計算は現実の古墳が持つ多様性を見のがすおそれがあるので、そのような検討はさしひかえ、実際に残っている古墳のなかに、〝薄葬令〟に規定されたような墳丘の高さと幅の比を実現したものをさがし求めることによって、〝薄葬令〟の規定が現実ばなれしたものか否かを検討してみよう。その検討は、日本の古墳の全体について高さと幅の比の変遷を系統的にたどりながら行うのが理想的であるが、そこまでの作業を行う余裕がないので、とりあえずここでは、大化前後の時代に造られた古墳のなかで、墳丘の幅に比して高さが高いものを個々に引き出しながら検討することにする。

四　古墳の実例による検討

第2表は畿内のいわゆる終末期古墳のなかから必要なデータが公表されている古墳を取り上げ、墳丘の高さと幅

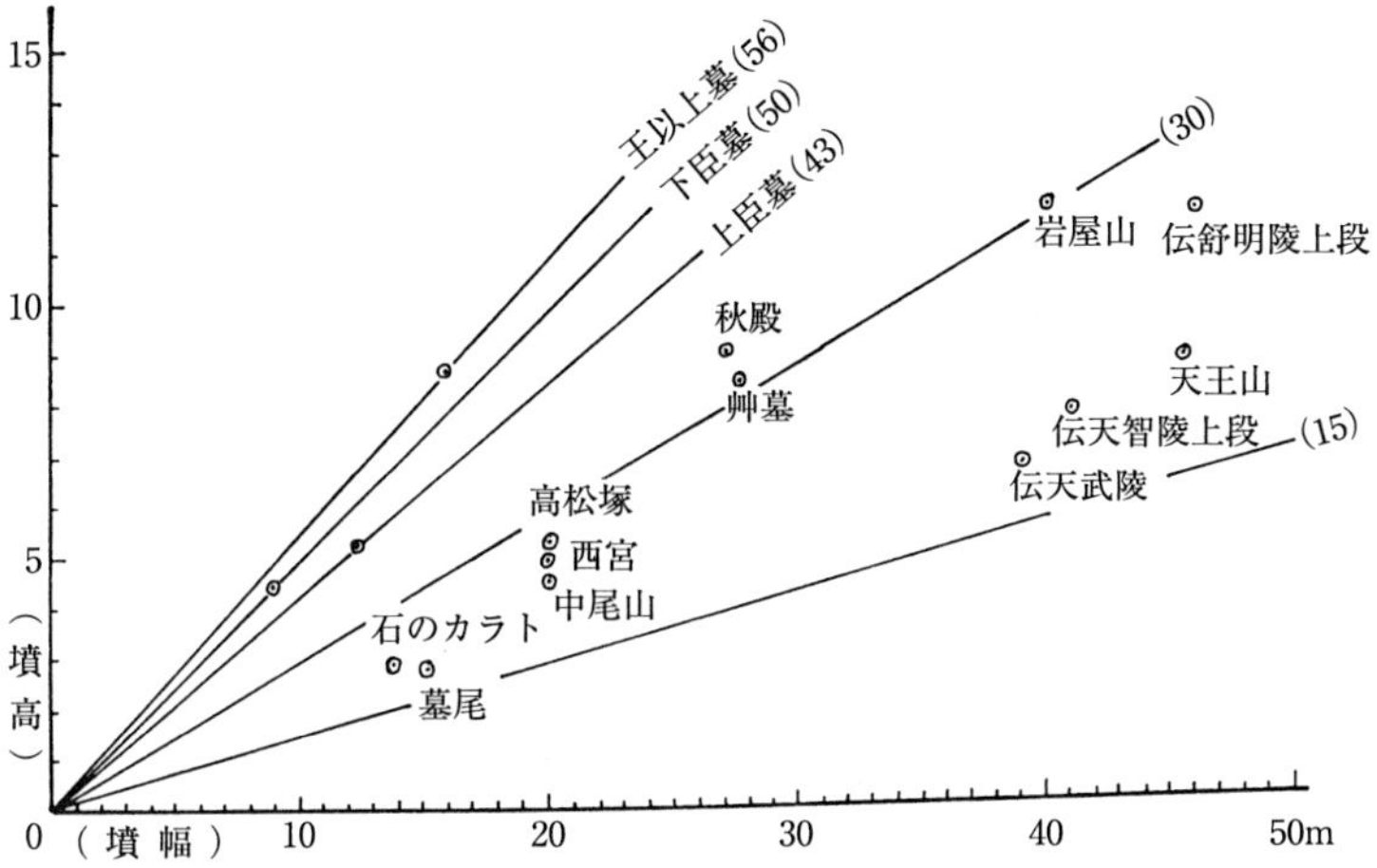

第2表　畿内〝終末期古墳〟の墳高と墳幅の比較(括弧内は墳高指数)

の相関関係を示したものである。[17] 取り上げた古墳のなかで墳高指数が最も低いのは指数一八の伝天武陵であり、最も高いのは指数三四の秋殿古墳である。

古墳時代中期の平地に造られた前方後円墳においては、後円部の墳高指数が二〇以下である。第2表で取り上げた古墳のなかには、中期の盛土墳にくらべると墳高指数がいちじるしく高いものがあるけれども、それでもなお〝薄葬令〟のモデルの墳高指数には及ばない。畿内のいわゆる終末期古墳のなかには、詳細な調査を経ていないものが多数にあるので、将来、さらに高い墳高指数を持つ古墳が発見される可能性はあるが、すくなくとも現在のところ、大化前後の約一世紀間に畿内で造られた上層階級の墳墓のなかに、〝薄葬令〟のモデルのような高い墳高指数を持つものは見当らないのである。

ついでに注意しておきたいのは、版築の工法と墳高指数との関係である。版築工法を活用すれば〝薄葬令〟のモデルのような墳高指数の高い墳丘の築造も可能であることはすでに述べた。しかし、版築工法は六世紀末に寺院建築技術の一環として日本に伝来してはいたものの、これが墳墓の築造に応用されるのは、大化以後、七世紀後半のことである。大化の時期にさかのぼる版築造りの古墳はまだ見つかっていない。〝薄葬令〟が実際に大化の時期に出されたとすれば、規定の立案に際して、版築工法の墓造りへの応用が予想されていたとは考え難い。〝薄葬令〟で墳高が高く規定されていることと、版築工法の導入とは無関係であると考えたい。

さらに、それればかりではなく、版築工法が墳丘の築造に応用された時期においても、この工法が墳高を高めるために活用された形迹は明瞭でない。というのは、版築工法によっている古墳が、他にぬきんでて墳高指数が高いという現象が認められないからである。版築造りの高松塚古墳、石のカラト古墳、中尾山古墳ともに墳高指数は二〇台にとどまっている。これらの古墳では、高松塚西斜面の傾斜が約四〇度であり、また、石のカラト古墳、中尾山古墳でも斜面の傾斜が六〇度近い部分があるというように、墳丘斜面の傾斜が急であって、いわゆる「腰高」の印象を受けるものが多いが、頂上平坦面を広くとっているため、結果として墳高指数が特に高くならないのである。もとの墳形はよくわからないが、同じく版築造りの牽牛子塚古墳(18)にも同様な傾向がうかがわれる。

ここで版築の問題を離れて、ふたたび墳高指数一般の問題にもどろう。墳高指数の算出に当って特に問題になるのは、その基礎データである墳高と墳幅をどのようにして定めるか、いいかえれば、墳丘の末端部をどのようにして認定するかということである。これは平坦面に築成された古墳では容易であるが、傾斜面に築成された古墳では必ずしも容易ではない。第2表に取り上げた古墳のうち、伝舒明陵最上段、伝天智陵、伝天武陵、石のカラト古墳、中尾山古墳では端部の認定は容易であるが、その他の古墳では端部の認定は容易でなく、特に高松塚古墳については問題がある。

高松塚古墳は約二〇度の傾斜面に造られた円墳である(第2図)。版築の工法が用いられてはいるものの、築造の基本的な手順は、一般の斜面に造られた横穴式系統の石室を主体とする古墳と同じである。築造に当っては、まず

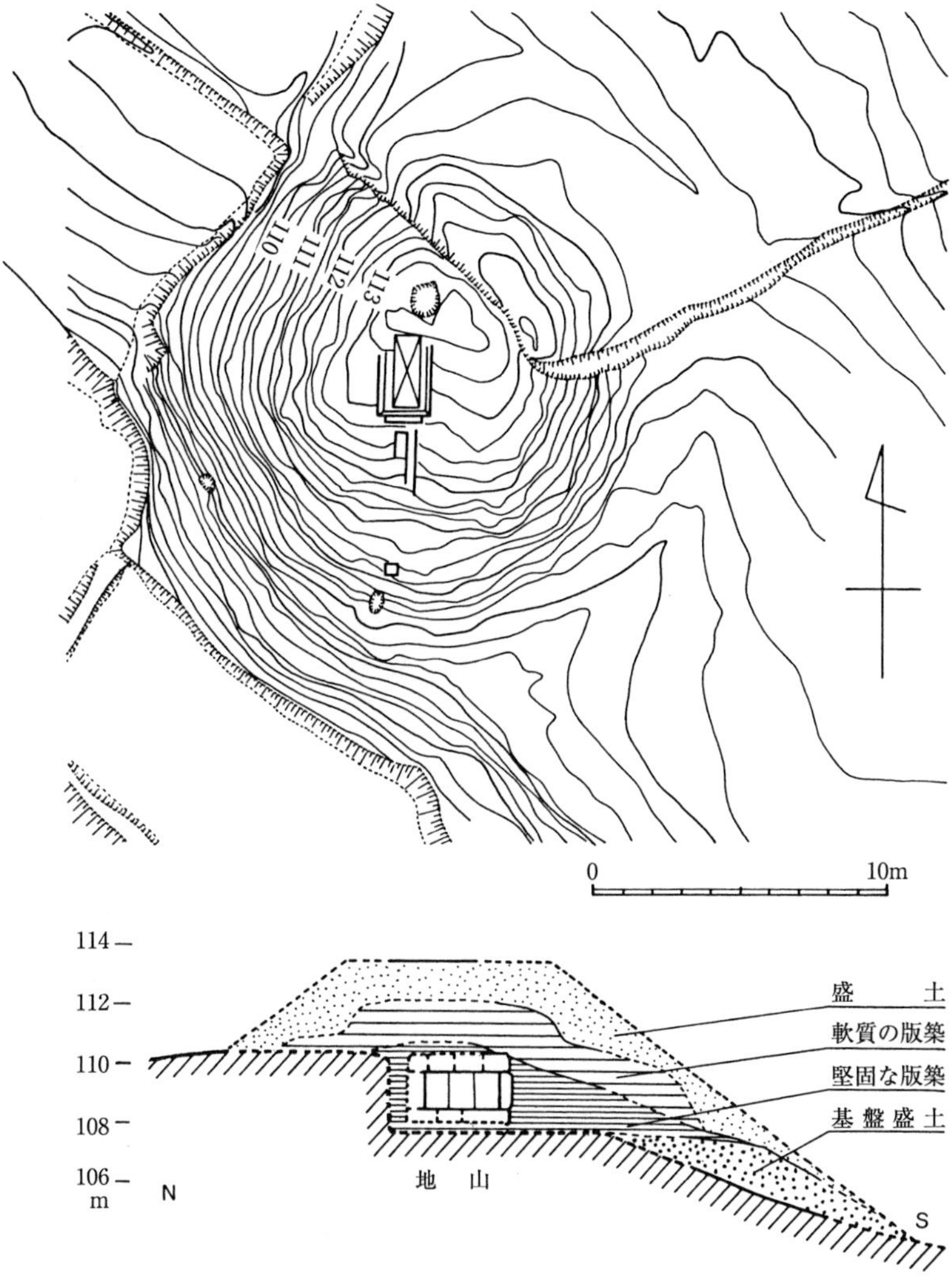

第 2 図　奈良・高松塚古墳　墳丘平面図(橿原考古学研究所 『壁画古墳高松塚』より)と墳丘断面推定模式図

地山を掘りこんで石室構築のための掘り方を設け、掘り方の前方、地盤の降る側の斜面には版築によらない通常の工法で盛土を行い、掘り方底面とほぼ同じ高さの平坦面を造成する。石室の構築と版築による墳丘の築成は、このようにして整備された基盤の上に行われるのである。記述の便宜上、石室の構築に先立って盛土で造成された部分を、上部の盛土と区別するため、基盤盛土と呼んでおこう。

従来、高松塚古墳の墳高として示されている五～五・八メートルという数値は、版築による盛土のはじまるあたりから上の部分の高さであって、基盤盛土の高さを含んでいない。基盤盛土の高さをも墳高に加えるならば、高松塚古墳の墳高は一挙に九・五メートルとなり、墳の幅を二〇メートルとすると、墳高指数は四八になって、〝薄葬令〟の上臣の墳高指数より高くなる。[19] しかしながら、この古墳では、基盤盛土は上部の盛土の前面の半ばにそってあるにすぎないから、古墳をその正面である南方から見た場合、基盤盛土と上部の盛土とが一体的な墳丘として受け取られたかどうか疑問である。高松塚古墳の場合、基盤盛土の高さを墳高に算入するには、「墳高」についてかなりの拡大解釈を必要とする。

以上、畿内の古墳をながめてきた限りでは、〝薄葬令〟に示されたような高さと幅の比をそなえた明確な例を見出し難いが、視野を全国にひろげると、〝薄葬令〟の墳丘の規格に合致するとされる古墳がないわけではない。一九八一年に発掘された大分市の古宮古墳[20]がその唯一の例である。

古宮古墳は大分県にあるにもかかわらず、主体部がくり抜きの石棺式石室に羨道を付した畿内風の構造を持っていることにより問題になった古墳である。石室の構造と出土の須恵器から七世紀後半の築造と推定され、天武天皇四(六七五)年に死んで、外小紫の位を贈られた壬申の乱の功臣、大分君恵尺《おおきだのきみえさか》の墓ではないかと推測されている。

古宮古墳のあるところは、丘陵の中腹に当る約二七度の傾斜面である。墳の築造に当っては、斜面の上方に地山

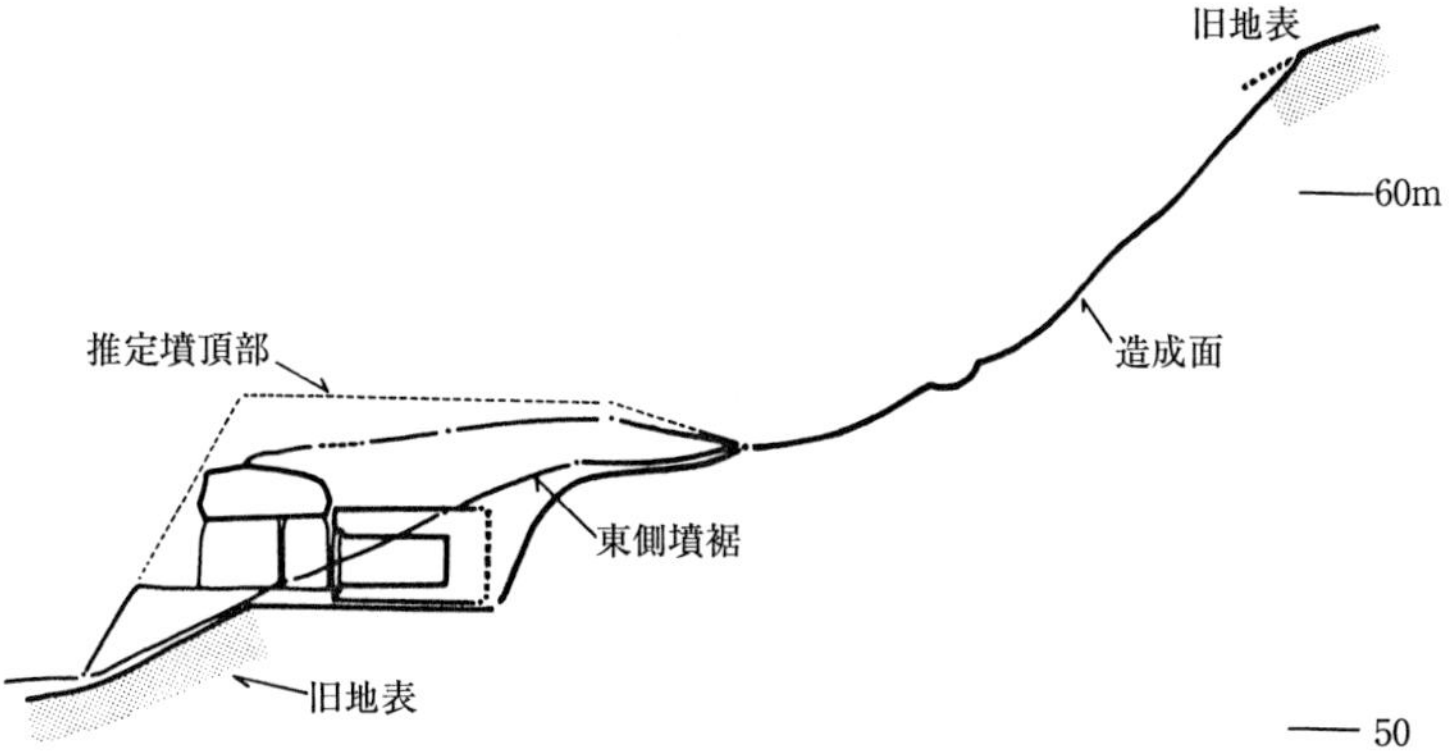

第3図　大分・古宮古墳断面復原想定図
（大分市教育委員会『古宮古墳』より）

を削って棚状の段を造り出したのち、中心部に石室の掘り方を設け、さらに、掘り方の前面、下方の斜面に基盤盛土を行っている。斜面の下方に向って開口する石室のうち羨道の前半は、掘り方からはみ出し、基盤盛土の上に乗っている。

古墳の現在の外観からもとの墳形を推測することはできないけれども、トレンチ発掘によって残存する盛土の末端が検出され、それを手がかりとして、もとの墳丘は南北一二・四五メートル、東西一一・一五メートル、斜面の下側から見た高さ四・九メートルの方墳であったと推定されている（第3図）。右の数値は一尋を一・七メートルとして換算すると、南北七・一一尋東西六・九七尋、高さ二・八尋となるので、この古墳は一辺長さ七尋、高さ三尋という〃薄葬令〃の上臣の墓の規格に合せて設計されたのであろうと報告者は推定している。

古宮古墳では高松塚古墳と違って、基盤盛土が墳丘前面の全幅にわたっているので、前方からこの古墳をながめた場合、基盤盛土と上部の盛土の高さを合算したものが、墳全体の高さと受取られたであろうことは想像に難くない。ただ筆者が一抹の不安を感じるのは、古宮古墳の墳丘を以上のように復原した場合、墳丘の前面が六〇度の急傾斜になることである。高さ四・九メートルの法面をそのような急傾斜に

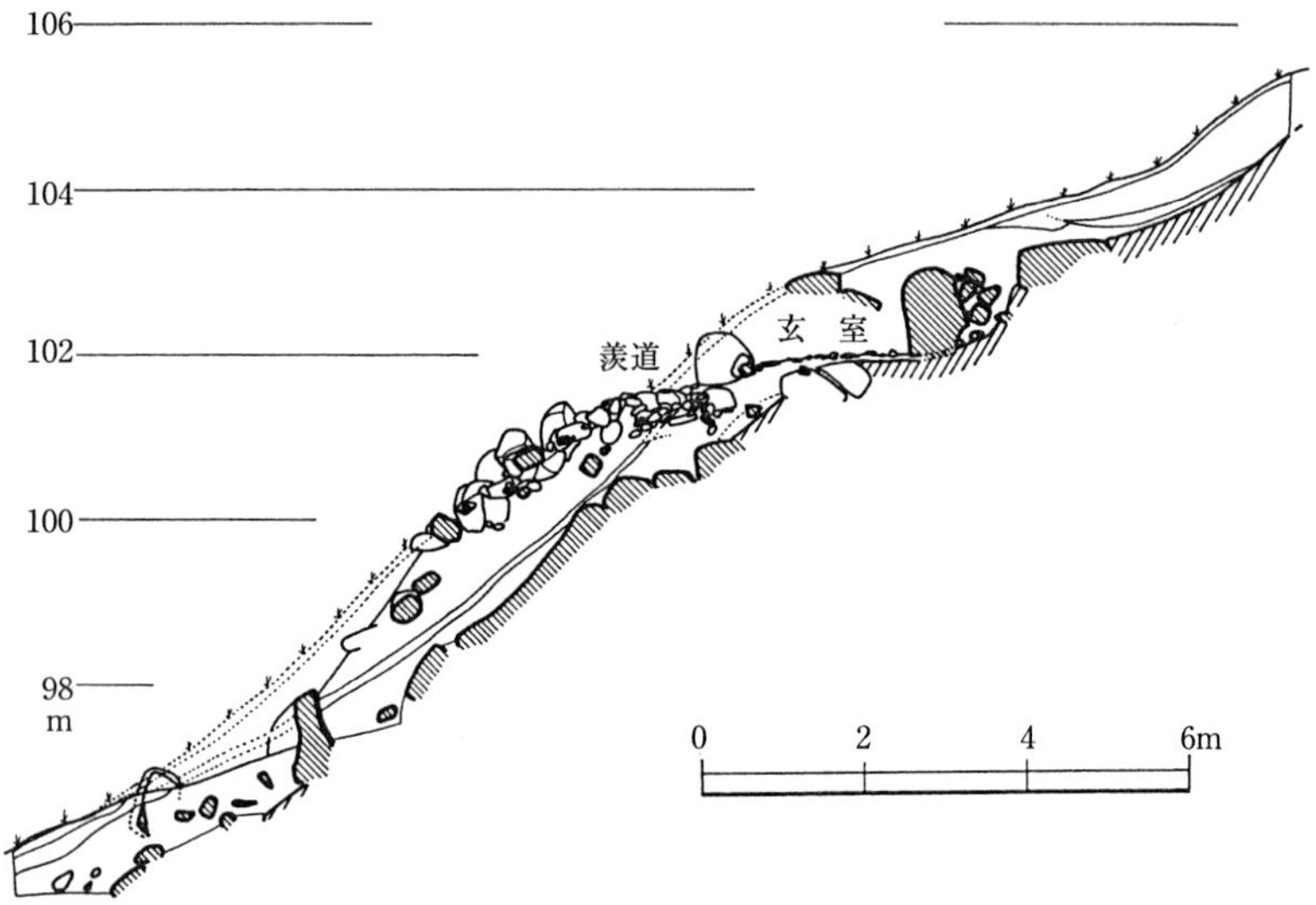

第4図　福岡・大谷古墳群第8号古墳断面図
（福岡市教育委員会『大谷古墳群』Ⅰより）

仕上げて、果して盛土の安定を保ち得たかという点に若干の疑問が残る。

古宮古墳とともに、特に墳高指数の高い古墳として、ここで挙げておかねばならないのは、福岡市の大谷古墳群八号墳(21)である。この古墳は群集墳のなかの一基であって、これまで一般にはあまり知られていないけれども、異様に高く急峻な基盤盛土を行っている点で注意される。築造の年代は出土の須恵器から七世紀中頃と推定できる。

この大谷八号墳が造られているところは、花崗岩の母岩がところどころに露出した三〇度を越す急傾斜面で、主体をなす横穴式石室は等高線と直交して設けられている。地盤が急傾斜であるため充分な長さの石室掘り方を穿つことができなかったのであろう、玄室はようやく掘り方内に収まっているが、羨道は掘り方からはみ出して、あらかじめ積まれた基盤盛土の上に乗っている（第4図）。

この基盤盛土は「古墳築造当時の地表には手を加えることなく盛土をなし、大小の石を石垣状に積上げて」羨道部底面の高さに至ったものである。その下端の高さは、

第4図に引用した断面図において標高九八メートルあたりであるというから、基盤盛土のみの高さで三・五メートルである。法面の傾斜は五〇度を越える。平面形は羨道部を中心にして半径四・四メートルのほぼ半円形をなして、斜面にとりついているという。上部の盛土は破壊されて原形は不明であるが、一応、高さ二・五メートルと推定すると、基盤盛土の高さを加えた墳丘の全高は約六メートルとなり、墳の幅を八・八メートルと見れば、墳高指数は六八となって、〝薄葬令〞の王以上の墓の墳高指数をはるかに突破する。

このように、極端な山寄せの設計と、盛土の急峻な法面を石積みで保護するという工法をとれば、〝薄葬令〞のモデルのような墳高指数の高い墳丘をも築き得るということが、大谷八号墳という実例によって明らかになった。

このような例は他にはまだ報告されていないけれども、山崎純男氏によると大谷古墳群中の他の一基[22]にも、類似の構造を持っていたと推定できるものがあり、また、三島格氏によると、大谷古墳群から約三キロのところにある福岡市大牟田古墳群中[23]にも類例があったという。したがって、類例はわずかであるとはいえ、大谷八号墳はこの地域において唯一の特殊な存在ではないことになる。

おわりに

最初に記した通り、本稿執筆の目的は、〝大化薄葬令〞に規定されている墳丘の高さが墓の一辺の長さに対してあまりにも高いので、規格通りの墳丘を築くことは技術的に不可能なのではないかという筆者の旧説を、新しい資料を参照しながら再検討することであった。検討の結果、山丘の傾斜面に築かれた古墳において、福岡市大谷八号墳のような、〝薄葬令〞の規格を凌駕するほどの高い墳高指数を持った古墳が現実に存在することが明らかになった。したがって、筆者の旧説は当初ほどの強さをもって主張することができなくなったわけである。しかしなお、大谷八号墳のような極端に墳高指数の高い古墳はごく少数であり、現在のところ北部九州の一角に知られているにすぎないので、今ただちに筆者の旧説を修正することはさしひかえ、将来、資料の充実をまって改めて検討することにしたい。

本稿を草するに当り、筆者の知識の不足している分野について、山内豊聡、越智重明、狩野久、西谷正、東野治之の諸氏から教示を受けた。また、筆者と必ずしも見解を同じくする方々ではないが、近藤義郎、都出比呂志、町田章、猪熊兼勝、山崎純男、柳沢一男の諸氏との討論のなかで啓発された点が多かった。なお、本稿の図面製図は藤尾慎一郎氏の手をわずらわせた。

註

（1）横山浩一「大化薄葬令についての一考察」（奈良国立文化財研究所開所記念講演、一九六五年五月二二日）。
（2）日本古典文学大系本による。
（3）家永三郎「孝徳紀の史料学的研究」坂本太郎博士還暦記念会編『日本古代史論集』上巻、一九六二年。
（4）坂本太郎『大化改新の研究』（一九三八年）四〇二―七頁。
（5）関晃「大化のいわゆる薄葬制について」古代史談話会編『古墳とその時代』一、一九五八年。
（6）林紀昭「大化薄葬令の再検討」森浩一編『終末期古墳』一九七三年、同「大化「薄葬令」再論」『考古学論考―小林行雄博士古稀記念論文集』一九八二年。
（7）「貴」「通貴」の定義は「唐律疏議」に見える。「賤」は賤民の意味ではなく、貴、通貴に対して相対的に賤という意味。

中国官人の階層区分については、越智重明「王僧虔の誡子書をめぐって」(『東方学』第六輯、一九八二年)、ならびに同氏の直接の教示によった。なお、日本の律令時代にも、三位以上を「貴」とし、四・五位を「通貴」とする階層区分のあったことは「律」および「律疏残篇」によって知ることができる。また同じ通貴の階層でも、四位と五位の間にかなりの処遇の差があったことが、律令格式や六国史等の記載でわかる。

(8)　古典研究会刊、洪氏刊本影印本による。

(9)　かつて筆者はこのことをもって、〝薄葬令〟に書紀編者の潤色が加った証拠となし得ないかと考えたことがあるが、現在はそのように考えていない。

(10)　「推古紀」一九年五月五日の条、菟田野薬猟に関する記事のなかに、諸臣が冠に着けていた髻花のことを述べて「大徳小徳並用㆑金、大仁小仁用㆓豹尾㆒、大礼以下用㆓鳥尾㆒」とあり、小徳以上(下臣以上)、大仁・小仁、大礼以下の三階層が区別されていたことがわかる。このことは以前から、猪熊兼繁『古代の服飾』一九六二年等により指摘されている。なお、このような大化当時の階層区分がどのような変遷を経て、註(7)にふれた律令時代の階層区分につながるのかということについて、古代史家の間にも意見の相違があるが、この問題は、〝薄葬令〟とのちの「喪葬令」との比較研究に重要なかかわりを持っている。

(11)　高橋美知雄「高松塚論への疑問」(『高松塚論批判』一九七四年)、奥村郁三「大化薄葬令について」(同上)は〝薄葬令〟を制限法的な法規と見なし、規定通りの墓の築造を強制したものではないと説く。この見解は、歴史家の気付かなかった観点を示したものとして評価したい。ただ、註(6)に引いた林紀昭一九八二年論文、四七六頁に指摘するように、〝薄葬令〟の基底にある「礼」の思想の本旨に従えば、規定通りの墓が造られることが、制定者の理想であったと解される。〝薄葬令〟の起草者は、規定のなかの諸条件を同時に満足させる墓造りが可能であると考えていたと見るべきであろう。

(12)　ここでいう墳高指数とは、堀田啓一「大和における終末期古墳の墳丘指数をめぐって」(『橿原考古学研究所論集』創立三十五周年記念、一九七五年)にいう墳丘指数と同趣旨のものである。ただし、堀田氏は指数の算出に当り、円墳の径に相当するものとして方墳の対角線距離を用いる。

(13)　土質工学に関する記述は山内豊聡氏の直接の教示によるほか、同氏『土質力学』一九六〇年、土質工学会編『土質工学ハンドブック』一九六五年を参照した。
(14)　前掲『土質工学ハンドブック』六三一頁に引用する土木協会、日本道路公団、日本国有鉄道の基準。
(15)　丘陵や傾斜面を利用した場合、規定通りの墳丘築造が可能ではないかという疑問は、註(11)の奥村氏の論文でも提出されている。なお、墳丘を持つ横穴古墳、たとえば『朝田墳墓群』V(『山口県埋蔵文化財調査報告』第六四集、一九八二年)に報告されている第Ⅱ地区第七号墳のような場合、墓道出口の底を墳丘の基底と見なすと、墳高指数は非常に高くなる。ただし、当時、そこまで墳丘と見なされていたか否か疑問であるので、一応、本章では墳丘を持つ横穴は検討の対象から除いた。
(16)　円墳の場合は方墳ほど裾の幅が広くならない。
(17)　日本の古墳について墳丘の高さと幅の比を最初に問題にした小林行雄「前方後円墳」(『考古学』第八巻一号、一九三七年)は、前方後円墳の後円部の径と幅の比が時代によってほとんど変化しないことを指摘したのち、「角度で言えば二十度内外の、乾いた土の自然に作り出す斜面によって、古墳の高さが定められていることを知るべきであろう」と付記している。本稿で取り上げるのは小林論文が取り扱ったよりも新しい、前方後円墳が造られなくなった時期の古墳である。この時代の古墳について高さと径の比を問題にした論文に註(12)堀田氏の論文がある。泉森皎他『竜田御坊山古墳—付平野塚穴山古墳』(『奈良県史跡名勝天然記念物調査報告』第三二冊、一九七七年)六三頁以下は、堀田論文を批判したうえで、河内大和の終末期古墳の墳高と墳幅の相関関係を示す図表をのせている。本稿第2表に取り上げた古墳は、堀田論文、泉森報告に取り上げられた古墳に若干の伝天皇陵を加えたものであるが、くわしいデータの公表されている古墳に限ったため、総数はかなり少なくなっている。また、最近の調査結果に従って、数値を訂正したものがある。典拠は次の通り。
天王山古墳—梅原末治「大和赤阪天王山古墳」『日本古文化研究所報告』九、一九三八年。
西宮古墳—梅原末治「大和平群村西宮古墳」『日本古文化研究所報告』一、一九三五年。
岩屋山古墳・艸墓古墳・秋殿古墳—橿原考古学研究所編『飛鳥・磐余地域の後、終末期古墳と寺院跡』(『奈良県文化財調査報告書』第三九集）一九八二年。
墓尾古墳―原田修『墓尾古墳』（『埋蔵文化財包蔵地調査概要』8、東大阪市教育委員会）一九七一年。
高松塚古墳―橿原考古学研究所編『壁画古墳高松塚―調査中間報告』奈良県教育委員会・奈良県明日香村、一九七二年。
文化庁文化財保護部記念物課「特別史跡高松塚古墳保存施設設置に伴う発掘調査概要」『月刊文化財』一四三号、一九七五年。
石のカラト古墳―『奈良山』Ⅲ、奈良県教育委員会、一九七九年。
中尾山古墳―『史跡中尾山古墳環境整備事業報告書』明日香村教育委員会、一九七五年。
(18) 網干善教「牽牛子塚古墳」註(17)『飛鳥・磐余地域の後、終末期古墳と寺院跡』。
(19) 西南方の水田面を基準にすると、高松塚古墳の墳高が大幅に高くなることは、註(17)に引いた『壁画古墳高松塚―調査中間報告』二七頁に指摘されている。
(20) 『古宮古墳』（『大分市文化財調査報告』第四集）一九八二年。
(21) 『大谷古墳群』Ⅰ（『福岡市埋蔵文化財調査報告書』第一九集）一九七二年。
(22) 福岡市教育委員会調査。
(23) 同前。

第九章　古代の文献に見える「版位」とその実物

一　版位とは何か

「版位」と書いてヘンイ、あるいはヘンニと読む。版位という物の名称は『内裏式』『儀式』『延喜式』など[1]、平安時代に編纂された儀式書や、式の類にしばしばあらわれてくる。考古学の研究者にはなじみが薄いが、古代史の研究者には周知の名称である。この版位あるいは版と称されるものは、朝廷の儀式において、参列者の占めるべき位置を示すために使われた標識の一種である[2]。形状の詳細はのちに述べるとして、さしあたり、方形をした厚い板状の物体を頭にえがいておけばよい。

この板状の標識は、平《ひら》の面を垂直にして立てられたのではなく、平の面を水平にして置かれた。使われる場所は、原則として屋外である[3]。古代の朝廷の儀式は、君主側のみが屋内に座し、臣側はその前方の庭中にならんで執り行うのが普通であった[4]。そのために、古代の宮殿官衙には広い前庭や中庭が用意されていた。屋内の儀式ならば、柱、閾などを目標にして位置を定めることもできるが、庭中には適当な目じるしがないので、とくにこのような標識を必要としたのである。

版位の源流は中国にある。すでに漢代には蕝《せつ》(蕞)と称するものがあって、版位に類する用途に供されていた。これは茅を束ねたものであるという。[5] 蕝と版位との系譜関係や、版位の出現年代を明らかにした研究はまだない。ただ、唐代の礼典『大唐開元礼』を見ると、版位の制は唐代においてすでに完成の域に達しており、唐以前に長い発展の歴史を持っていたことが推測できる。

版位の制は中国から、日本、朝鮮など、[6] 近隣の諸国に伝わった。おそらく、渤海にも伝わったと思われる。版位に関する記載が日本の文献に頻出するのは平安時代になってからであるが、古くは養老令に、版位の規格を定めた儀制令版位条がある。[7] さらに『令集解』に引用された大宝令の註釈書「古記」に、版位の解説が見えるので、[8] 大宝令にも類似の条文のあったことがわかる。右の「古記」の記述は条文の存在を示すばかりでなく、当時、版位が実際に使われていたことをうかがわせるものがあるので、日本における版位の使用が、すくなくとも大宝令施行期間中に遡ることは確実である。[9]

律令国家の成立期に、日本の朝廷は中国の儀礼をとり入れ、朝儀の改革と整備をはかっている。版位もその過程で中国から導入され、日本に定着したものと考えられる。当時の為政者が、直接的な支配手段の確立ばかりでなく、朝儀の整備にも熱心であったのは、対外的に、日本が中国と礼儀を同じくする国であることを示す必要があったからであり、また、対内的にも、礼儀というものが国家の秩序を保つうえに有効な手段であることを認識していたからである。中国には古くから、国家の秩序は法よりも先に、礼儀によって維持されるべきであるという思想があった。日本の律令国家成立期における朝儀の整備が、この礼の思想と無関係でなかったことは、すでに古代史家によって指摘されているところである。[10]

礼の思想にもとづく中国の儀礼では、儀場に参列者を割付けるに当って、身分序列を第一義的な基準として尊重した。周公が諸侯を尊卑の別に従って明堂に割付け、それによって諸侯を服せしめたと伝えられるように、[11] 身分の尊卑を、空間的位置関係という誰の目にも明らかな形で表現することによって、儀式の参加者に自らの身分を自覚させ、承認させるという効果を期待したのである。このように、儀場への参列者の割付は、身分序列の確認という、国家の秩序維持にかかわる重要な意味を持っていたので、その割付を指示する版位もまた、重要な用具と見なされた。今日のわれわれから見れば単なる標識にすぎない版位の規格が、重々しくも、国家の基本法典である令によって規定されていた理由はここにある。

参列者の割付に身分序列を重視する考えは、日本の律令国家の儀式にもそのまま継承されている。一例として、中国の儀式を模倣して行われた元正朝賀の儀における参列者の割付を示しておこう[12]。この日、王公百官は朝堂院の中庭に列立して、大極殿内の天皇を拝する。列立者の先頭に立つ太政大臣と大極殿との間には、三十余丈(約一〇〇メートル)もの距離がおかれている。この距離がまず、天皇と臣との間にある基本的な身分の違いを表現している。さらに、太政大臣以下、列立者相互の間にある身分の違いも、天皇からの距離によって表現される。列立の順序は身分の上下に従い、上位の者ほど天皇に近く、下位の者ほど天皇から遠くに立つように定められており、その位置を的確に指示するものが版位であった(第１図)。同一位階の者は同じ版位に就くが、その場合も、叙位順あるいは年齢順にならぶよう規定されていた。このような、詳細な序列づけに従う列立の方式は、氏姓制度の複線的な身分序列の下では、おそらくあり得なかったであろう。位階制という単線的な身分序列が用意されることによって、実施可能になったのであり、また、その単線的な身分序列を絶えず確認し、維持するために、かかる列立の仕方が必要とされたのである。

版位はまた、儀場に参列者を幾何学的に整然とした形で割付け、儀式に様式化された美しさを与えるためにも必須の用具であった。律令時代の儀式に見られる参列者の割付の整斉さは、同時代の都の条坊や、宮の殿舎配置に見

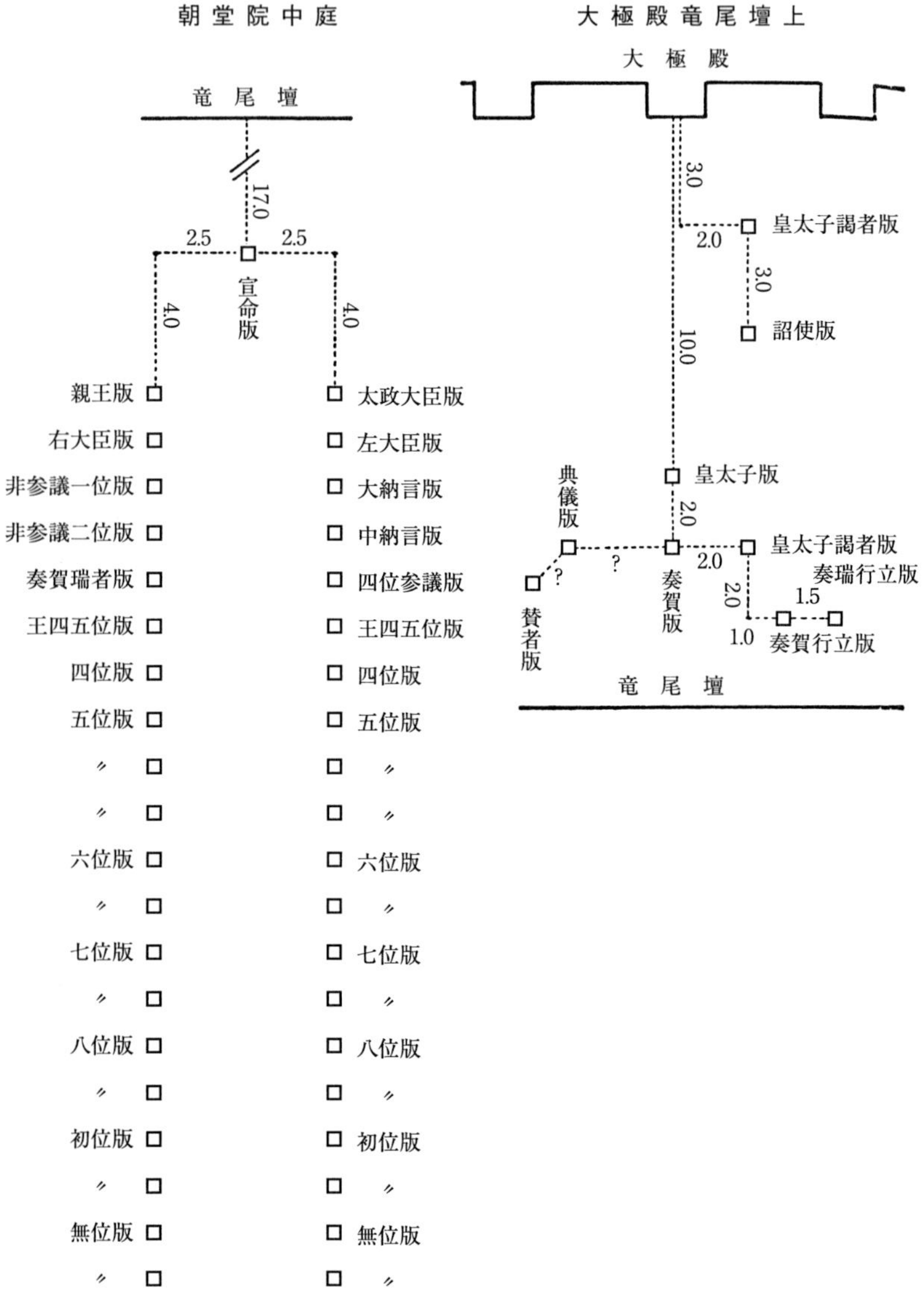

第 1 図　平安宮元正朝賀儀版位配置図
(『儀式』による．数字の単位は丈．朝堂院中庭に配置された位次の版の間隔は 1.3 丈)

られる整斉さと同質のものであって、秩序と均整を尊ぶ律令制的な精神のあらわれである。儀場を秩序正しく整え、美的体験を通じて参列者のなかに律令制の理念を浸透させてゆくことは、また、礼の思想にかなった施策であった。

版位の使用は、律令時代の儀式のなかに広くゆきわたっている。版位が使われたのは、元正朝賀の儀のような朝拝型の儀式ばかりではない。書類の進達、踏印、叙位、任官というような、律令制度の成立に伴って生じる種々の実務的な手続が儀式化されると、それらの儀式のなかでも版位が使用された。またそれと併行して、朝廷の伝統的な祭祀や年中行事が儀式としての形式を整えられるが、その過程で、伝統的な行事のなかにも版位の使用が入りこんでいった。たとえば、大嘗祭の中心的な行事である卯の日の儀において、大嘗宮内で行われる儀式には版位を使わないけれども、大嘗宮の南門外庭で事を行う歌人、語部や、列立する官人に対しては版位を置いている(13)。

このように版位の使用は律令時代の朝儀のなかに広く深く浸透しており、律令制的な朝儀の成立には版位の導入が不可欠の要件であったと考えられる。したがって、版位の導入過程を明らかにすることは、すなわち、それと不可分の関係にあった律令制的な朝儀の成立過程をも明らかにすることになるわけである。残念ながら、資料の決定的な不足により、現状では、大宝令施行期以前に遡って版位の歴史を追跡することは不可能であるが、将来に関しては、まったく望みがないわけではない。文献資料の増加はほとんど期待できないとしても、考古学的資料の出現に関しては望みがないわけではないのである。本稿では、版位の規格や用法について、従来、曖昧にしか認識されていなかった部分を明らかにしながら、既発見の資料のなかに版位の実物があることを証明し、それによって、これまで完全に考古学者の視野の外にあった版位という儀式の用具が、考古学の立場からも捕捉可能な対象であることを示してみたい。

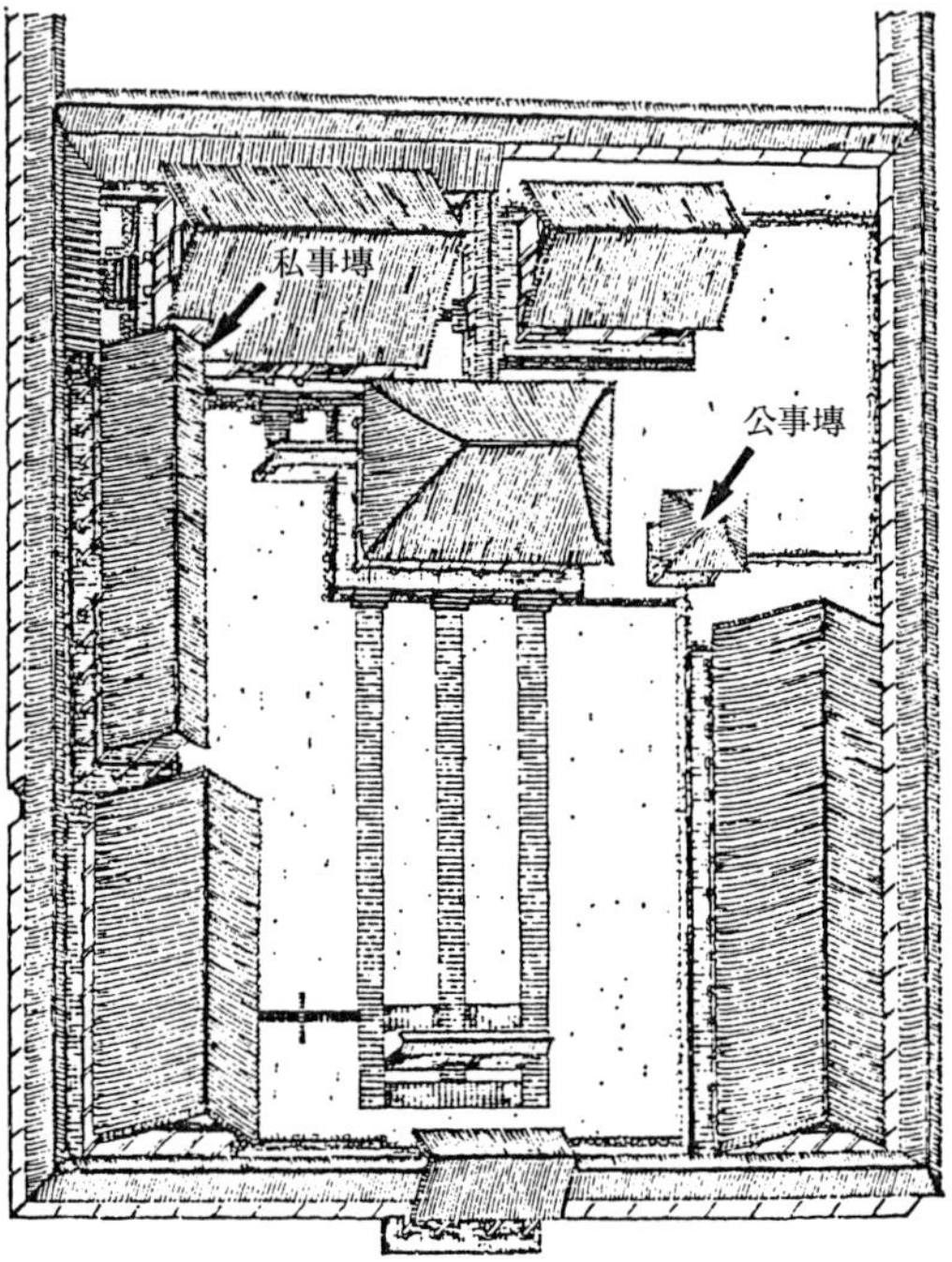

第2図　平城宮の公事・私事塼が出土した官衙区画の復原図(奈良文化財研究所原図)

二　版位の実物

版位にかかわる考古学的徴証は、現在のところ、きわめて微々たるものであるが、版位の実物と認定できる遺物がないわけではない。平城宮跡から発見された二個の塼《せん》がそれである。いずれも方形の塼であって、その一個には「公事」、他の一個には「私事」の刻字がある(第3図)。

二個の文字塼は一九六七年、平城宮跡の第四〇次発掘の際に、いわゆる第二次内裏外郭の東方にある一つの官衙ブロックから発見された(14)。この官衙ブロックは東西六四メートル、南北七九メートルの長方形の範囲を占めており、四周を築地によってかこまれ、南に正門を開いている(第2図)。正門の内側は広場である。広場の中央を南北に貫いて三条の塼敷の舗道が走っていて、その行きつく先にこの官衙の正庁と見られる建物がある。広場の東側には一棟、西側には二棟の倉庫らしい建物があり、正庁の背後にも二棟の建物がある。また、正庁の東側には、井戸屋形を伴う一基の井戸がある。

この一郭の建造物群は宮内の他の官衙とは趣を異にし、建物の基壇化粧や通路の舗装に塼を多く用いるという特色がある。平安宮との比較によって、この官衙ブロックを太政官曹司庁にあてようとする考えがあるが、いまだ推測の域を出ない。

二個の文字塼のうち公事塼は、正庁の東側にある井戸の中から発見された。出土状況から見ると、井戸が廃絶してのち、他の遺物とともに内部に投棄されたものである。私事塼は正庁背後、この官衙ブロックの西北隅にある建物の西南部あたりから発見された。包含層内の出土である。どちらの塼もすでに原位置から移動した状態で発見されたが、塼を多用するこの官衙ブロック内で使われていたと考えて間違いなかろう。

第3図　平城宮跡出土「公事」塼(上)と「私事」塼(下)
(奈良文化財研究所写真)

文字塼はいずれも淡い黄褐色をしており、公事塼は部分的に灰色のところがある。

公事塼は一方の側面と下面とを完全に失っているので、本来の寸尺がわかるのは左右の幅だけである。計測値は、現存最大長さ二四・四センチ、幅二五センチ、現存最大厚さ八・六センチである。字くばりから判断すると、本来の平面形は方形であったと見てよい。上面の四周の稜には面取りを施す。焼成前に、上面のほぼ中央に「公事」の文字を刻している。

私事塼も一方の側面と下面を完全に失っている。計測値は現存最大長さ一八・三センチ、幅一七・五センチ、現存最大厚さ一〇・二センチであって、公事塼よりわずかに大きい。字くばりから判断して、平面は方形であったと見てよい。上面の四周には、公事塼のような面取りは行っていない。やはり焼成前に「私事」の文字を上面の中央に刻するが、文字のならびは若干左に傾いている。文字は磨滅がはなはだしいのでくわしい比較はできないが、公事塼よりも筆勢が弱い。

以上の記述からわかるように、二個の文字塼は相似た形制をとっているとはいえ、大きさ、細部の加工、文字に多少の違いがあり、別人の作であると考えられる。二個の塼の大きさが、通常の建築用の塼と同じであるのか、独自の規格によっているのかが問題になるが、関連する遺物の整理が終っていないので詳細は不明である。

二個の文字塼は発見後しばらくの間、用途不明の遺物とされていたが、現在は筆者の見解に従い、版位の実物として奈良文化財研究所平城宮跡資料館に陳列されている。この文字塼が版位であることを理解するには、版位についての、さらに詳細な知識を必要とする。つぎに、古代の文献にあらわれた版位に関する記載をつづり合わせ、右の文字塼の性格を理解するのに必要な範囲内で、版位のイメージの再構成を試みてみよう。

三　版位の規格

中国の唐代における版位の規格については、『大唐開元礼』によってその詳細を知ることができる。この礼典は開元二〇(七三二)年に成ったものであって、日本に版位が導入されてからさほど年月を経ない頃の編纂であるから、そこに述べられている版位の規格は、日本が版位の制を定めるに当って参考とした中国の版位の規格と、いちじるしく隔たってはいなかったと思われる。版位の規格に関する『大唐開元礼』の記載は次のとおりである。

⑴　凡版位、皇帝位方一尺二寸、厚三寸、題云皇帝位、皇太子方九寸、厚二寸、題云皇太子位、百官一品以下、方七寸、厚一寸半、題云某品位　〔『大唐開元礼』巻三　序例下　雑制〕

すなわち、皇帝、皇太子、百官一品以下と、三つの区分を設けて、身分の高い者の版ほど大型になるように寸尺を定め、また、版面には版位に就く者の身分を表した題字を記すよう規定している。『大唐六典』も、版位について同様のことを記し、さらに「黒質赤文」、すなわち、黒地に赤で題字を記すことをつけ加えている。[15]なお、唐の儀制令に版位の規格に関する条文のあったことは、『倭名抄』所引の逸文から明らかであり、『大唐開元礼』『大唐六典』等の記載にもとづいて、条文の全体が復原されている。[16]

日本の養老令は版位の規格を次のように規定する。

⑵　凡版位、皇太子以下各方七寸、厚五寸、題云其品位、並漆字、〔儀制令版位条〕

この条文が中国の規定を参照しながらつくられていることは、字句の類似によって明らかであるが、規定する内容は中国のものと多少の違いがある。最も大きな違いは、日本の版位に身分による大きさの差がなく、皇太子以下すべて同一規格の版を用いるとする点である。もっとも、この違いは見かけほど大きなものではない。中国では版位の大きさに身分による差をつけてはいるものの、百官一品以下の版はすべて同一規格であり、服制や葬制に見られるような細かな差等を設けていない。すなわち、中国においても、版位の大きさ自体はステータス・シンボルとしてさほど重視されていなかったのであって、日本の制はその傾向をさらに強めたものと見ることができる。

日本の令制版位は、唐の百官一品以下の版にくらべると、平面の大きさが等しいにもかかわらず、厚さが三倍以上にもなっている。日本の令制版位はいちじるしく厚いのが特徴であって、その全体の印象は、板状というよりも、ブロック状と形容した方がふさわしい。

第1表　諸書に見える版位の大きさ

		〔寸　法〕	〔用　途〕	〔出　典〕
唐	(a)	方一尺二寸　厚三寸	皇帝の版	『大唐開元礼』（本文史料(1)）
	(b)	方九寸　厚二寸	皇太子の版	右に同じ
	(c)	方七寸　厚一寸半	百官一品以下の版	右に同じ
日本	(d)	方七寸　厚五寸	皇太子以下の版	養老儀制令（本文史料(2)）
	(e)	方五寸　厚一寸	中宮女官朝賀の版	『延喜式』中宮職(17)
	(f)	方八寸	元日朝拝の版	『延喜式』木工寮(18)
	(g)	長一尺四寸弘八寸五分厚七寸	内裏南庭尋常の版	『本朝世紀』天慶四年九月二五日(19)
	(h)	長八寸　高五寸（或長七寸　高六寸）	内裏南庭尋常の版	『永昌記』長治三年四月六日(20)
	(i)	長一尺四寸弘八寸五分厚七寸		『拾芥抄』衣服寸法部(21)
	(j)	長一尺五寸幅一尺許　高八寸	宣命の版	『江家次第秘抄』(22)

不思議なことに、版位の規格について令に明確な規定があるにもかかわらず、日本では令に定められた版位の寸尺が厳重には守られていない。第1表と、次頁の第4図に示すように、諸書に散見する版位の大きさにはかなりのバラツキがあって、一つとして令の制に合致するものがない。厚みがあるという令制版位の特徴はおおむね継承されてはいるものの、(e)のような薄い例も見受けられる[23]。また、平安時代中期以降には、(g)(j)のように、平面長方形の版位が出現する。このように、版位の寸法や形に種々の変異が生じたのは、令に示された版位の寸尺の絶対値が、とくに重要な意味を持っていなかったからであると考えられる。複数の版を使用した場合、大きさが区々で式場の美観がそこなわれたり、下位の者が上位の者よりも大きな版に就いたりするような事態が起らない限り、版位の寸法に多少の変化が生じても問題にされなかったのではなかろうか。

版位の材料には石などが使われることもあったが、木を用いるのが原則であった。版位はもともと、板をもって

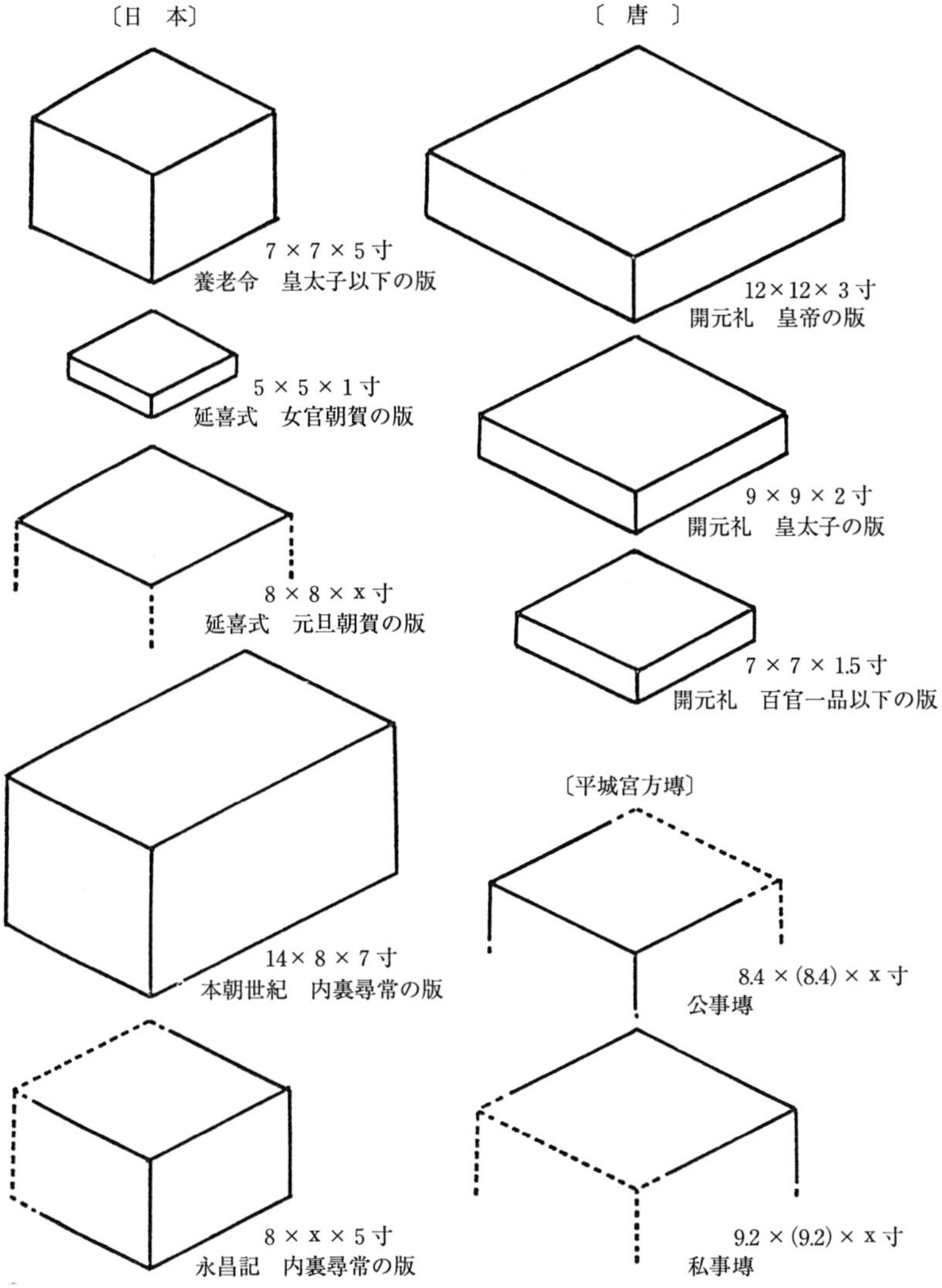

第 4 図　諸書に見える版位および平城宮公事・私事塼の形状比較図
(国および時代による基準尺の違いは無視した)

標識としたものであるから、一木作りであるのが本来の姿である。日本の古代の版位は分厚く、しかも、それが一木作りなのであるから、かなりの重量があったはずである。たまたま就版者の足が触れることがあっても、簡単には動かないような重々しいものであったろう。ただし、中世以降は、版位を一木で作るという古制が崩れ、箱状の軽々しい作りの版位が用いられるようになった。(24)

令の規定では、版面の題字は漆で記すことになっている。しかし、この建前は早くも大宝令施行期間中に崩れ、『令集解』の註釈に、

(3) 古記云、漆字、謂以〻漆用〻墨也、今行事、以〻火焼作〻字也、〔『令集解』儀制令版位条〕

とあるように、火を以て焼いて字を記すことが行われた。火を以て焼くとはどのような技法をいうのであろうか。焼印の技法はすでに奈良時代に知られていたとはいえ、版位製作のために多数の印を常備するようなことが行われていたか、疑問である。筆者はむしろ、焼火箸による技法を用いたのであろうと考えている。焼火箸による木材の加工は、平城宮跡出土の木製遺物に多くの実例がある。

四　常置の版位

1　常置の版と臨時の版

天皇一世一代の大儀である即位式や大嘗祭、また年間最大の儀式である元正朝賀の儀では、多数の版位が使われた。これらの版位は、大規模な儀式ではその前日、小規模な儀式では当日、時には儀式の途中に、儀式の場に配置され、儀式が終るとただちに撤去された。儀式に臨んで一時的に置かれる版位であるから、これらの版位を「臨時

の版」と呼んでおこう。式の類はこのような臨時の版の扱い方を記述するために、多くの紙数を費している。これは式編纂の目的からみて当然のことなのであるが、それに目をうばわれると、臨時の版が版位の主要なものであるという誤解におちいりやすい。古代の朝廷で使われた版位は臨時の版ばかりではない。それとは別に、宮城内の殿舎に付属して、普段から多数の版位が置かれていたのである。臨時の版に対して、これらの平常から置かれていた版位を「常置の版」と呼ぶことにしよう。

版位といえば、まず臨時の版を思い浮べるのが普通であって、常置の版の存在は、これまであまり注意されたことがなかった。[25]さきに紹介した平城宮跡出土の文字塼は、実は、この常置の版に属している。そこで本稿では、臨時の版の説明を一切省略し、常置の版の説明に主力を注ぐことにしたい。これは今後、版位の考古学的徴証の捜索を意識的に進めるためにも必要な準備作業である。依拠する資料は主として、『内裏式』『儀式』『延喜式』などの、九世紀から一〇世紀前半にかけて編纂された儀式書、式の類である。これらの文献に見える版位の用法の一つ一つについて、いつ頃の現実であるかを考定するのは容易なことではないので、一応、平安時代の前期に、版位の用法はかくあるべしとされていた建前を復原するだけで満足することにしたい。

2　内裏常置の版

常置の版のなかで比較的よく知られているのは内裏の常置の版である。それ以前の宮については確証がないが、平安宮においては、内裏の正殿である紫宸殿の前庭(南庭)に一組の版位が常置され、「尋常の版」[26]と呼ばれていた。紫宸殿前の版位については、しばしば、その上に犬や狐の屎が残っていたとか、鷺が集ったとかいう類のことが異変として記録されている。六国史に記録されたものだけでも十余例を数える。[27]次に二、三の例を掲げておこう。

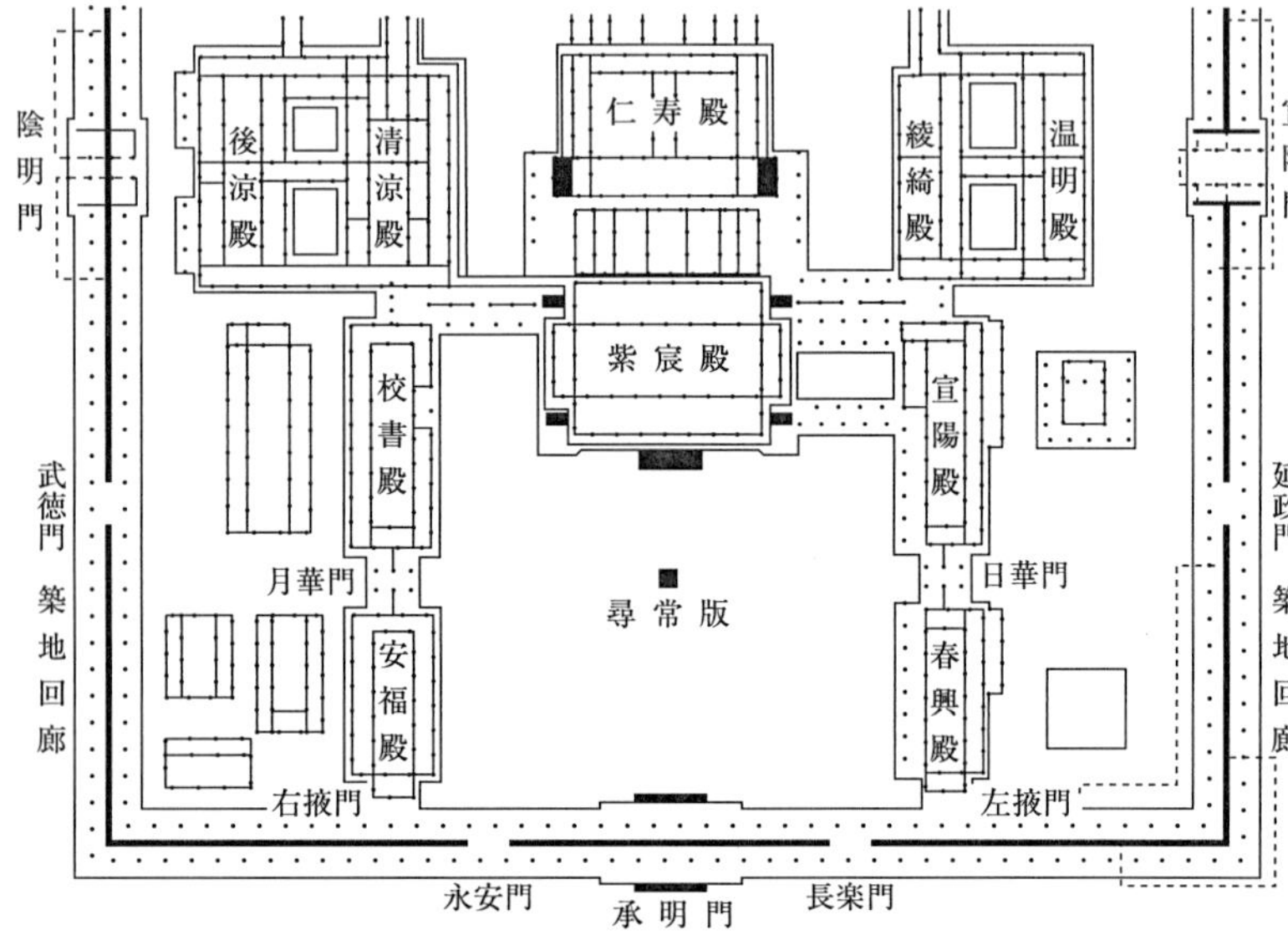

第5図　平安宮紫宸殿前庭における尋常の版の推定位置
（内裏復原図は『平城宮発掘調査報告』Ⅲによる）

(4)　白鷺集二建礼門上一、須臾降集二大庭版位一、〔『続日本後紀』承和一三年一〇月二五日〕

(5)　紫宸殿前版上、狐遺屎、〔『日本三代実録』貞観一七年一〇月九日〕

(6)　犬遺二屎於紫宸殿前版上一、陰陽寮占曰、可レ慎二兵火一、〔『日本三代実録』仁和元年一月八日〕

このような異変が起り得たのも、版位が庭中に常置されていたからである。

裏松固禅は尋常の版が置かれていた位置を、日華門と月華門を結ぶ線の中央に推定している。(28) この位置は紫宸殿前庭の南北中心線上にも当るわけである（第5図）。固禅の推定は長治三（一一〇六）年四月六日、この位置に新造の版位を置いたという『永昌記』の記事(29)にもとづいている。『永昌記』は平安末期の日記であるが、右の版位の位置は、『西宮記』などの、宣命使就版経路の記述から推測される版位の位置に近い(30)ので、古制を踏襲したものと思われる。地面に置かれた版には、これを固定するための特別な工作はなされていなかったらしい。儀式の際に、必要があれば、尋常の版を一時、取り除くことも行われている。[31]

紫宸殿の前庭に入って、奏上、献上、受命、受領などの行為を行う者は、尋常の版に就いて事を行う。諸司の官人が用務を帯びて紫宸殿の前庭に入ろうとする時は、内裏の鍵をつかさどる闈《い》司がその旨を殿上に取り次ぐのであるが、その際、闈司自身がまず尋常の版を使用する。すなわち、闈司は版位に就いて、官人の用件と官姓名を奏し、参入許可の勅を得て、これを官人に伝えるのである。[32] このような手続を経て前庭に参入した官人も、やはり、尋常の版に就いて事を行う。たとえば、位記のような文書に捺印をする場合には、少納言が中務省の輔と、印を携えた主鈴とを伴って前庭に入り、版位に就いて捺印の許可を奏請したうえで、版位の近くに用意した案(机)を用い、捺印を行うことになっていた。[33]『日本三代実録』に、

(7)　天皇御㆓紫宸殿㆒視㆑事、大臣以下参議以上並侍、従五位上行少納言兼侍従橘朝臣春行就㆑版奏請、踏㆓印官符㆒、（『日本三代実録』仁和元年二月一一日）

とあるのは、定められた方式に従い、文書への捺印が行われたことを記録しているのである。

また、たとえば、一一月一日に具注暦を進上する際には、中務省の輔が暦を陰陽寮の官人に運ばせて、紫宸殿前庭の敷物の上に置き、版位に就いて暦を奉る旨を奏上する。暦は、官人が退出したのち、闈司が紫宸殿の簀子敷まで運び、さらに内侍が天皇の手元に取り次ぐことになっていた。[34]『日本三代実録』に、

(8)　天皇御㆓紫宸殿㆒視㆑事、中務省率㆓陰陽寮㆒、就㆑版、奏㆓進御暦㆒、（『日本三代実録』元慶八年一一月一日）

とあるのは、定められた方式に従い、暦が進上されたことを記録しているのである。このような「版に就いて云々」という表現は、六国史には稀にしかあらわれないが、それは、版に就くのがごく普通のことであって、記録する必要がなかったからである。史書の編者が文章を厳めしくしたいというような修辞上の必要を感じた時にのみ、

この字句が挿入されたのであろう。
以上の諸例からわかるように、尋常の版は、紫宸殿の前庭に入った者が、殿上となんらかの接触を持とうとする場合に立つべき位置を示している。それは「ここまで進め」ということを指示する反面、「これ以上進んではいけない」ということをも指示している。いいかえれば、尋常の版は、臣が天皇に近づいてよい限界点を示しているのであって、天皇と臣とを一定の距離をおいて相対せしめる役割を果しているのである。

もちろん、官人の資格と用務に応じ、尋常の版よりも内方に入ることを許されることもあるが、その場合も、版位に就いていったん停止し、許しを得たのち、はじめて内方に入ることができた。たとえば、四月七日に成選《じょうせん》の短冊を奏する儀は、大臣以下参議以上が昇殿して行われるが、前庭に参入した大臣等はいったん、尋常の版に就いて立ち、持ちて参り来るようにとの勅を待って、紫宸殿に昇ることになっていた(35)。将軍が節刀を受領あるいは返還する儀も同様であって、将軍はいったん、版位に就いて立ち、命を得てのち昇殿して節刀を受領または返還することになっていた(36)。

儀式の次第が複雑であったり、列立者が多様である場合は、常置の版のほかに臨時の版や標が置き副えられた(37)。たとえば、宣命が下される儀式では宣命の版を置き、多数の臣が列立する儀式では位次の標を立てなければならない。そのような場合には、

(9) 其日早旦、中務録率二史生省掌等一、参二入内裏一、置レ版并立レ標、尋常版以北進一許丈置二宣命版一、南去一許丈、更東折二丈五尺立二親王標一、次太政大臣標、次左右大臣標、次…………、自二宣命版一西折二丈五尺、与二王四位五位一相対立二文人王四位五位標一、次臣四位標、次…………、並各相去七尺、〔『儀式』九月九日菊花宴儀(38)〕

というように、尋常の版が臨時の版や標を割付ける基準点として活用された。

紫宸殿前の尋常の版は、宮内常置の版のなかでは最も新しい時代まで残っていたもので、古代中世を通じて存続したが、江戸後期には廃絶していたらしく、江戸後期の口伝書である『江家次第秘抄』は、尋常の版に注して「今ハナシ」(39)と記している(40)。

3　朝堂院常置の版

朝堂はもともと政務を執り行う場所であったが、事務が繁雑化するにつれて、朝堂のほかに各官司の事務所、いわゆる「曹司」が設けられ、事務の中心は朝堂から曹司に移行したものと見られている。しかし、庶政は朝堂において行うという原則は、形骸化しながらも一〇世紀頃までは建前として残っており、官人は寒い季節を除いて、毎朝まず朝堂の座に着き、しかるのち曹司に赴くべきであると規定されていた。そしてそのために朝堂には、官人が着席する朝座が各官司ごと

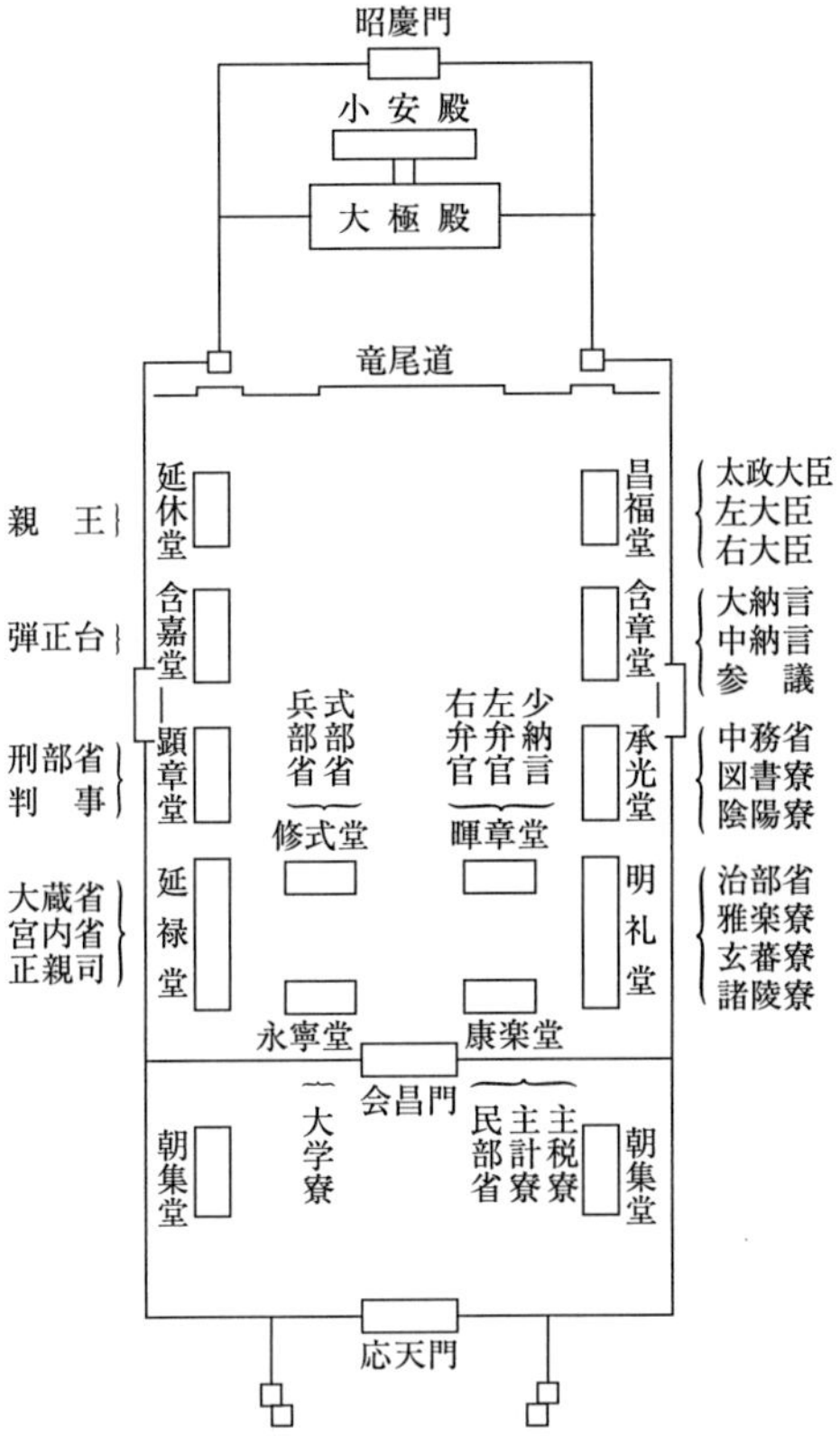

第6図　平安宮朝堂院における朝座の配置

に割り当てられていた[41](第6図)。

朝堂院にある一二の朝堂に版位を常置することについては、『延喜式』に次のような規定がある。

⑽　凡昌福堂、含章堂及含嘉堂版位、竝置㆓前庭㆒向㆓正北㆒、余司各置㆓堂後㆒、其版位皆二枚、公事就㆑前、私事就㆑後、〔『延喜式』式部上[42]〕

この規定は短いけれども、種々の検討すべき問題を含んでいる。まず「余の司、各堂後に置く」と記し、「余の堂」と記さないのは、版位を堂単位に置くのではなく、官司ごとに置くという意味に解される。たとえば、修式堂の場合、ここに朝座を有する式部省と兵部省に対しておのおの一組の版位が置かれるのであって、修式堂全体としては合計二組の版位が置かれることになる。朝堂の版位を、「昌福堂版位」「含章堂版位」[43]というように漢風の堂名を冠して呼び分けることもあれば、「太政官版位」「左弁官版位」[44]「(弾正)台版位」[45]というように官司名を冠して呼び分けることもあるのは、版位が官司に対応して置かれているからである。一二の朝堂に置かれていた版位の数を試算してみると、合計二四組、四八枚の多数に上る[46]。

昌福、含章、含嘉の三堂のみが前庭に版位を置き、他の諸堂が堂後に版位を置くのはいかなる理由によるのであろうか。昌福、含章の二堂に座するのは、大臣、大中納言、参議という八省を統轄して天皇に直結する太政官の幹部である。含嘉堂に座するのは、太政官を経由しないで、弾劾について直接、天皇に奏上する権限を持つ弾正台の官人である。版を前庭に置く諸堂には、天皇に直結する官司の堂であるという共通点があり、版を堂後に置く諸堂には、太政官を介してしか天皇と結びつき得ない官司の堂であるという共通点がある。版を堂前に置く堂と、堂後に置く堂が区別されているのは、それによって、官司の指揮統属関係を視覚的に表現しようとする意図に出たものと解される。

朝堂の前庭の版が堂の方を向かないで、北を向いて置かれるのは、天皇の座する大極殿に敬意を表したのであろう。この規定を念頭に置くと、同じく『延喜式』の、

(11)　凡諸司人等就二台版位一、皆向二正北一、（『延喜式』弾正台[47]）

という規定に見える「台版位」とは、弾正台の曹司の版位でなく、含嘉堂の前庭に置かれた弾正台の版位を指していることがわかる。

一組の版位は二枚より成り、それぞれ「前版」「後版」[48]と呼び分けられた。前版、後版というのであるから、一直線上に前後して置いたようにも受け取れるが、果してその通りであろうか。これについては臨時の版であるが、小安殿（大極殿後殿）で行われた伊勢神宮奉幣の儀における版位配置が参考になる。その配置は、次の通りである。

(12)　自二小安殿東南廉一斜去二丈二尺、向レ乾置レ版、是為二前版一也、又斜去一尺、更東北去四尺、向レ乾置レ版、是為二後版一也、（『儀式』九月一一日奉伊勢大神宮幣儀[49]）

小安殿に正対せず、斜めに西北を向いて版を置くのは、小安殿と大極殿との間隔が狭く、小安殿に正対すれば儀式に必要なひきをとれないという事情によるのであろうが、これは、いま問題にしていることとは関係がない。注意すべきは、廉から東南の方向二丈二尺に前版を置いてのち、同一線上の後方に後版を置くのでなく、前版の後方一尺のところから東北に四尺ずらせて後版を置くことである。つまり、前後の版を雁行させていることである。この儀式に限って版を雁行させなければならない特殊事情を見い出し得ないので、むしろ、これが前後の版の一般的な配列法であったのかもしれない。

史料(10)の割書によれば、公事によって官司に来る者は前版に就き、私事によって来る者は後版に就くことになっているけれども、複数の者が公事によって就版する際は、前後の両版を使用することがある。その場合は、五位以

上が前版に、六位以下が後版に就くというように、上位の代表者格の者が前版に就き、随行者格の者が後版に就くことになっていた。多数の者が同一の版に就く場合は、いずれかの方向を上《かみ》と定めて、序列順にならんだ。

朝堂に常置された版位は、元正朝賀の儀など、朝堂院の中庭全体を使って行われる大規模な儀式には全く利用されない。朝堂の版位は、主として朝堂における日常の執務に際して使われるものであった。大臣が朝堂において「尋常の政」を聴く際の作法については、『儀式』と『延喜式』の両方に、ほぼ同じ内容の記述があり(50)、そのなかに朝堂の版の用法が示されている。次にそれを略述しよう。

朝堂で政が行われる日、昌福堂に出務した大臣は、含章堂で待機している中納言、参議を呼びよせるが、そのためにまず二度、声を発して召使を喚ぶ。召使が称唯(おおと応答)して昌福堂の版位に就くと、大臣は召使に大夫等を召せと命じる。召使は退いて含章堂の版に北に向って就き、堂内に待機している中納言、参議に大臣の命を伝える。中納言以下は声をそろえて称唯し、進んで昌福堂の座に着席する。一方、暉章堂で行われていた左右弁官の事務が終了すると、少納言や左右弁官の官人も、大臣に政について上申するため昌福堂に参入するのであるが、彼らはただちに堂内に入ることを許されない。少納言と左右の弁が先に進んで昌福堂の前版に就いて揖礼する。外記と左右弁官の史はその後を追って走り昌福堂の後版に就く。一同は北に向って版位に就き、東を上として序列順にならぶ。一同立ち定まったところで、大臣が彼らを召すことを告げると、まず五位以上の者が声をそろえて称唯し、次に六位以下の者が称唯して、ようやく、五位以上の者が堂内に入り、六位以下が庇の下に置かれた机に就いて立つことを許される。用務が終って堂から退出する際にも、五位以上は版に就いて揖礼することになっていた。太政官以外の諸司の官人が政について説明をするため、弁官の官人に引率されて昌福堂もしくは含章堂に入る時も、同様に堂前の版位に就いていったん停止をし、参入の許可を待つことを要求された。

以上からわかるように、朝堂付設の版位も、やはり、堂外にいる一定の資格以下の者が堂内にいる上位の者と接触を持つ場合に立つべき地点を示しており、その基本的な役割は、内裏の尋常の版と同じである。右にふれたのは、昌福、含章二堂の版位のみであるが、その他の朝堂付設の版も、官司相互の連絡などの際に、同様な使われ方をしたことは、『儀式』『延喜式』の記載から推定できる。[51]

朝堂の北にあって、儀式の際に天皇が着座する大極殿には、版位を常置した証拠がない。式の類では、常置の版のある場所に臨時の版を置き副える場合、常置の版を基準として割付を示すのが通例であるが、大極殿前庭における臨時の版の割付は、大極殿の中階を基準として示されている。[52]常置の版を基準としていないのは、それが無かったからであると受け取ってよかろう。

ついでに記すと、平安宮において朝堂院の西側に設けられ、宴などに使われた豊楽院にも常置の版がなかった。もっとも、豊楽院での儀に使われる版位のなかに「尋常の版」と称されるものがあり、その名称だけを聞くと常置の版であるかのごとく受け取れるが、これは、

(13)　当日昧旦、中務録率二史生省掌等一、殿南七丈七尺置二宣命版一、南去一丈置二尋常版一、〔『儀式』元日御豊楽院儀〕[53]

などの記述が示すように、臨時の版である。同様に、臨時の版でありながら「尋常の版位」と呼ばれるものは、五月五日の武徳殿における騎射の際にも使われている。[54]これらの事実を根拠にして、尋常の版位はすべて臨時の版であると主張する説があるけれども、これは一面を強調して全体に及ぼそうとするものである。正しくは、尋常の版と呼ばれるもののなかに、常置の版と臨時の版との両種があることをここで確認しておきたい。[55]

4　曹司その他常置の版

朝堂院の外にある諸官司の曹司にも、朝堂に准じて版位が常置されていた。曹司のなかで常置の版のあったことが最もはっきりしているのは太政官曹司庁である。太政官曹司庁の常置の版については、内裏の尋常の版と同様、

(14)　大雨、白鷺集二太政官庁版位間一、記レ異也、（『日本文徳天皇実録』天安二年七月二七日）

(15)　有二白鷺一一、集二太政官曹司庁版位上一、（『日本三代実録』元慶五年七月二三日）

と、それをめぐる異変が記録されている。また、太政官曹司庁の常置の版が、「尋常の版」[56]「常の版」[57]と呼ばれ、前版と後版の二枚から成っていたことは、[58]『儀式』『延喜式』の記載によって明らかである。

太政官曹司庁の尋常の版は、日常、官人の正庁への出入に際し、前節で述べた朝堂の版位の用法に準じて使用されたものと考えられる。また、諸司長上成選人列見儀、授成選位記儀、任官儀、叙任郡領儀[59]など、人事行政の節目ごとに、多数の官人が太政官庁の前庭に参入して行う儀式では、尋常の版を基準として臨時の版や標が置き副えられた。

大臣が「尋常の政」を聴く場所は、朝堂が建前であったけれども、実際にはすでに早い時期から太政官曹司庁に移っており、さらに太政官候庁(外記候庁)に移って、遂には内裏内の左右近衛の陣に移行している。それぞれの移行の年代を的確に知ることは難しいが、『日本三代実録』の記事を参照すると、[60]貞観一〇年代までに、大臣執政の場所が太政官候庁に移ってしまっていたことがわかる。この太政官候庁の庭に版位が常置されていたことは、

(16)　有レ虹、見二太政官候庁版前一、（『日本三代実録』貞観九年一〇月一六日）

という異変の記録から明らかである。太政官候庁における大臣執政(外記政)の作法は、朝堂での旧い執政作法とは

かなり違ったものになっているが、それでも、少納言や弁官の官人の庁舎への出入に当っては、朝堂の場合と同様、中庭常置の版が使われたようである。(61)

太政官曹司庁、太政官候庁のほかに、文献の記載から常置の版を備えていたことがわかる官司の曹司を列挙すると、(62)神祇官、(63)弁官、(64)中務省、(65)式部省、(66)宮内省、(67)皷吹司(68)などがある。文献を博捜し、精読すれば、常置の版を持つ官司の数はさらに増えるものと思われる。以上列挙した官司のなかに皷吹司が含まれていることは注意されてよい。このような格の低い現業的な官司にも常置の版があるということは、ほとんどの官司が常置の版を備えていたことを示すのではなかろうか。

さらに推測の範囲を拡大するならば、大宰府のような地方ブロック官衙や、国衙においても、版位が用いられた可能性がある。これらの地方官衙は、都の朝堂院を縮小簡略化したような平面をとっているのであるから、版位の設置についても、中央官衙の制に準じていても不思議ではない。また、令には国衙でも元日に朝拝を行うべきこと、宴を許すことが規定されており、(69)これらの儀式に版位が使われた可能性も考えられる。ただし、同じく地方官衙であっても、郡衙の場合は、庁舎の配置や官人の人事に在地色が強い。版位の制が郡衙にいたるまで浸透していたか否かは、現在のところ推測の限りではない。

宮殿官衙以外で版位を備えていた所としては、伊勢神宮の内宮と外宮がある。延暦年間に編纂された『皇太神宮儀式』によると、神宮の第三御門の前方に版位があり、神嘗祭をはじめ、祈年祭、月次祭などの奉幣、祝詞奏上の際に使われていた。(70)この場合、版位は、人が神に近づいてよい限界点を示す標識となっているわけである。のちの『西宮記』『江家次第』や中世の記録は、この版位のことを「石壺座」「石壺」と記している。(71)「石壺」と称するのであるから、石造であり、常置の施設であろう。ただし、これが延暦の頃の古制を踏襲したものであるか否かは確認できない。

五　おわりに――ふたたび版位の実物について

すでに明らかにしたように律令時代には、都の内裏や朝堂や諸官衙に、そしてまたおそらくは諸国の官衙にも、常置の版と称すべきものが広汎に備えられ、君と臣、君の代理者と臣との境界を示す標識となっていた。第二節に紹介した平城宮跡出土の二個の文字塼が官衙常置の版の実物であることは、常置の版に関する本稿の記述によっておのずから明らかになったと思うが、念のため最後に確認をしておきたい。

まず、二個の塼は、いずれも厚味のある平面方形の物体であって、版位として使用するのにふさわしい形をしている。その大きさは奈良時代の尺に換算して、公事塼は方約八寸四分、私事塼は方約九寸二分である。やや大き目であるが、諸書に見える版位の大きさをいちじるしく逸脱するものではない(第4図)。「公事」「私事」の刻字は、史料⑽の割書に見える「公事は前に就き、私事は後に就く」という、前版、後版の使い分け方を版面に表示したものと解される。とすれば、公事塼は前版、私事塼は後版として、二枚で一組の版位を構成し、それらが出土した官衙ブロック内で、正庁の前庭に常置されていたと見て誤なかろう。後版が前版よりもやや大きいけれども、この程度の大きさの違いは、若干の距離をおいて配置すれば目立たない。

版位をとくに塼製としたのは、塼を多用した周囲の建造物との調和を考慮したのであろう。所属官衙ブロックの設計当初から予定されていた仕様である可能性が大きい。この官衙ブロックの造られた年代は、まだ検討中であってくわしいことはわからないが、大まかに見て、奈良時代の前半に遡ると見てよい[72]。文献資料では平安時代にたらなければその存在を確認できない官衙常置の版が、すくなくとも奈良時代の前半に遡ることを、この一組の文字塼は物語っているのである。

右の一組の文字塼は、現在のところ、版位であることが確認できる唯一の資料であるが、これ以外にも、版位と関係づけて理解できるのではないかと思われる資料が若干ある。その種のものでまず挙げるべきは、奈良県高松塚古墳の墓道内から発見された方形の切石である。(73)切石は、上面が五九・〇×五八・八センチ、厚さ三六・〇センチで、石室の前方四・七メートルのところに置かれ、墓道を埋めもどして墳丘を完成する際に埋めこまれている。この切石は、大きさが通常の方形版位の倍以上もあるが、形状は版位によく似ている。同類の施設ではないかと見られているものに、京都府石のカラト古墳の墓道内から発見された方形の礫敷がある。(74)これは、大き目の礫をならべて八〇×一一〇センチの縁どりを行い、その内部に小さ目の礫を充塡したものであって、石室の前方二・六メートルのところにある。やはり、墓道を埋めもどす際に埋めこまれている。

高松塚の切石、石のカラト古墳の礫敷は、ともに墓前祭祀に関連した施設である可能性が大きい。猪熊兼勝氏はさらに具体的に、これらの施設を、誄を言上する際の「拝石」ではないかと考えており、類似の性格を持った施設として、奈良県牽牛子塚古墳の石室前にある支点石、同県艸墓古墳の横穴式石室内にある石棺の前の平らな自然石、大阪府鳥坂寺の金堂の前に置かれた家型石棺の蓋、奈良県山田寺の金堂前に置かれた長方形切石を挙げている。(75)これらの施設を、誄を言上する際に就く施設、礼拝の際に就く施設と見れば、その用途は版位の用途にきわめて近い。高松塚の切石その他、版位類似の施設が、日本で独自に発生したものであるのか、宮殿官衙の版位と同一系譜に連なるものであるのかということは、今後、十分検討に価する課題であると考える。

今後、版位の研究を進めてゆくためには、版位の実物資料の増加が不可欠の要件である。これまで版位の実物資料が乏しかったのは、単に、それが残りにくいという悪条件があったばかりでなく、意識的な捜索がなされていなかったという事情にもよると思われる。版位の考古学的徴証が発見される可能性のある遺跡は、都の宮殿官衙にとどまらず、大宰府や国衙のような地方官衙、神社、寺院、特殊な古墳の各種にわたっている。これらの関連遺跡の調査に従う研究者が、版位というものの存在を頭脳の一隅にとどめておくならば、今後も、版位の考古学的徴証が発見される可能性は絶無でないと考える。

この論文の作成に当っては、坪井清足氏をはじめ、奈良国立文化財研究所(一九八二年当時)の諸氏に種々の便宜をはかっていただいた。ことに、狩野久、町田章両氏からは多くの実際的な教示を受けた。また、中国における儀式用の標識については、京大人文科学研究所林巳奈夫氏の教示に負うところが多い。記して感謝の意を表する。

註

(1) 本稿で引用する文献のうち、『延喜式』は新訂増補国史大系本に、『内裏式』『儀式』『西宮記』『北山抄』『江家次第』『拾芥抄』『大内裏図考証』『江家次第秘抄』は新訂増補故実叢書本によった。以下の註のうちカッコ内に示す頁数は、これらの刊本の頁である。

(2) 儀式の際、版位と似た目的で使われる標識に「標」がある。版を設置することを「置く」と称し、標を設置することを「立つ」と称するから、標は平の面を垂直にして立てる標識と見てよい。『江家次第秘抄』(五四九)は標の大きさについて「長五寸、幅四寸許ノ白木也」と記す。版位と標との系譜関係や使い分け方は難解である。のちに述べる尋常の版や宣命の版は、標によって代用されることはないが、列立者の位次を示す版は標によって代用されることが多く、また、位次を示すために版と標を併用することがある。『大内裏図考証』第二(四三)は「按、朝堂院儀、有レ版無レ標、儀制令、称二版位一者、即標也、是非二南殿前版一也、」と記す。位次の版と尋常の版の区別を指摘している点は賛成できるが、位次の版と標とを同一視している点は賛成できない。筆者は、位次を示す場合、版位のみによるか、版標を併用するのが正式で、標のみによるのは簡略型式であろうと想像している。なお、有職家は一般に置版は中務の、立標は式部の担当とするが、これも、そのように簡単には割り切れない。この問題は、中務省と式部省の成立史、宮の構造の変遷、儀式の行われる場所の変遷を考慮に入れなければ解けないと思う。

(3)『延喜式』中宮職、女官朝賀条(三七四)によると、一月二日皇后受女官朝賀儀では、例外的に殿上にも版を置く。

(4) 宴を伴う儀式では、屋内あるいは握舎(幕舎)内に座が設けられる。しかし、その場合でも、参加者はまず庭中に列立し、謝酒謝座の儀を行ってから座に着いた。

(5)『説文』に「朝会束レ茅表レ位曰レ蕝」。『史記』『漢書』叔孫通伝は、叔孫通が、弟子百余人と野外に緜蕞をつくって、礼を習ったと伝える。蕝については林巳奈夫氏の教示を受けた。なお、日本でも蕝を使った記録がある。『日本文徳天皇実録』(斉衡三年一一月二三日)は大納言藤原良相等を河内国交野郡柏原野に派し、蕝を設けて郊祀の礼を習わしめたと記す。文字通りに解すれば、蕝は版位の出現後も存続したことになる。

(6) 韓国ソウル市景福宮には、位階を表わす石造の標が現存する。朝鮮に版位が伝わったことは確かであるが、伝来の年代は確かめる余裕がなかった。日本への版位の伝来が、中国から直接であるか、朝鮮経由であるかは、今後、検討が必要である。

(7) 全文を本文史料(2)に引用。なお、職員令式部省条は、同省の職掌の一つに版位の事をあげている。

(8) 全文を本文史料(3)に引用。

(9) 大宝令施行期以前における版位の使用を示す確実な文献史料はない。ただ、「持統紀」(四年六月二五日)に「尽召二有レ位者一、唱二知位次与二年歯一」とあるのを、黛弘道「律令官人の序列」(坂本太郎博士還暦記念会編『日本古代史論集』下、一九六二年)、『律令』(『日本思想大系』3、一九七六年)補注、公式令五五aは、朝儀での列立序次確定の準備と見る。そのような詳細な序次が定められるからには、版位の使用が開始あるいは準備されていたのではないかと思われる。このほか、「推古紀」(一八年一〇月九日)の新羅任那使人の応待を叙した文中、二個所に見える「自レ位起」という字句が問題になる。版位によって示された位置から起つ場合に使われる表現であるが、『日本書紀』編者の潤色がどこまで加わっているかわからないので、版位使用の証拠とするのは躊躇される。

(10) 青木和夫「律令国家の権力構造」(岩波講座『日本歴史』3、一九七六年)など。

(11) 『礼記』明堂位。

(12) 『内裏式』元正受群臣朝賀式(二六)、『儀式』元正朝賀儀(一五五—一五六)。列立の序次ならびにその意味については『律令』(『日本思想大系』3)補注、公式令五五a・cに要を得た概観がある。

(13) 『儀式』践祚大嘗祭儀中(一〇三、一〇七)。なお、大嘗祭には現代にいたるまで版位が使われている。西川順土「近代の大嘗祭」付載資料(皇学館大学神道研究所編『大嘗祭の研究』一九七八年)参照。

(14) 猪熊兼勝・森郁夫「昭和四一年度平城宮跡発掘調査概報」『奈良国立文化財研究所年報』一九六七年、阿部義平他「奈良国立文化財研究所要項」『奈良国立文化財研究所年報』一九六八年。

(15) 『大唐六典』巻一四、奉礼郎。

(16) 仁井田陞『唐令拾遺』一九三三年(五〇〇—五〇一)。

(17) 『延喜式』中宮職、女官朝賀条(三七四)。

(18) 『延喜式』木工寮、雑作条(七八七)。

(19) 『本朝世紀』新訂増補国史大系本(六五—六六)。

(20) 『永昌記』史料大成本、続編三八(二〇—二一)。

(21) 『拾芥抄』衣服寸法部(四九〇)。この記事は『本朝世紀』によったものと考えられる。

(22) 『江家次第秘抄』(五三四)。

(23) この版位が特に薄手小型であるのは女官用であり、かつ、殿上でも使われるからであろうか。

(24) 『元日節会次第』続群書類従本、第一〇輯、上(四九八)に、「宣命使下殿就版」のあとに割書して、「尋常版外節会ノ版ヲ置副也。其儀石ノウヘニ筥ノ蓋ノ如ヲオフ也」。『江家次第秘抄』(五三四)に、宣命版に註して「長一尺五寸、幅一尺計、高八寸箱也」。

(25)『大内裏図考証』を見ると、項目の立て方、史料の集成の仕方を通じて、著者裏松固禅が常置の版というものを正確に理解していたことが読み取れる。ただし、残念ながら彼は解説を残していない。

(26) 諸書に頻出。たとえば本文史料(9)。

(27) 六国史に記録された紫宸殿の版位をめぐる異変は、本文に掲げたほか、次のものがある。『続日本後紀』(承和九年七月七日、嘉祥元年七月七日、同年九月二日)、『日本文徳天皇実録』(斉衡三年一一月二九日)、『日本三代実録』(元慶元年四月一九日、同二年六月一五日、同三年二月二二日、同七年六月一〇日、仁和二年九月二四日)。

(28) 裏松固禅作成の内裏復原図草案(藤岡通夫蔵、『平城宮発掘調査報告』Ⅲ(奈良国立文化財研究所、一九六三年)図版二六)には、この位置に尋常の版を記入し、「日月花門正中ニ置ベシ　永昌記ニアリ」と添書してある。

(29)『永昌記』長治三年四月六日、史料大成本、続編三八(二〇―二二)に「当紫宸殿中央間与日月華門中央令置之」とある。

(30) たとえば、『西宮記』正月上、節会(第一巻八)に、「宣命使就レ版、出レ自二軒廊東二間一、南行、当二日華門北扉一揖、西折就レ版」とある。このような場合には斜行が許されないから、宣命使の立つ位置はほぼ日華門北扉の西方に当るはずである。宣命使は宣命の版の南に就き、北に向って宣命を読む。宣命の版は尋常の版の「北一許丈」に置くと定められている。以上のことから、尋常の版のおよその位置を推定できる。

(31) 一月七日の節会では、儀式のなかで行われる御馬渡に版位が邪魔になるので、一時これを取り除いた。『西宮記』正月上、七日節会第一(二五)に「左将監取レ版、置二殿巽角壇上一」とある。『内裏式』『儀式』『延喜式』では、一月七日の宴を豊楽院で行う建前になっているが、実際には貞観四年(八六二)以降、内裏で行うのが慣例となっていた。

(32)『延喜式』大舎人寮、奏事条(三八二)その他。

(33)『延喜式』中務省、位記印条(三五〇)。

(34)『儀式』一一月一日進御暦儀(二二二)。

(35)『内裏式』奏成選短冊式(四四)、『儀式』奏成選短策儀(二一五)。儀式の際、大臣等が君側に侍立するために昇殿する場合は、版に就くという手続を経ない。

(36)『儀式』賜将軍節刀儀、将軍進節刀儀(二三三)。

(37)標については註(2)を参照のこと。

(38)『儀式』(一九四)。

(39)『江家次第秘抄』(五三四)。

(40)皇太子の在所である春宮の殿庭にも常置の版があったか否かが問題になるが、これについては存否二様の史料がある。『儀式』正月二日拝賀皇太子儀(一六七―一六八)に寝殿中階を基準として臨時の標の割付を記しているのは、常置の版がなかったことを示すかの如くであり、また『延喜式』春宮坊、元日条(九三一)に見える「殿庭版」という字句は、常置の版の存在を示すかの如くであって、版の存否は決し難い。

(41)岸俊男「朝堂の初歩的考察」『橿原考古学研究所論集』創立三十五周年記念、一九七五年。

(42)『延喜式』式部上、置版位条(四七一)。

(43)本文史料(10)。

(44)『延喜式』式部下、諸司禄条(五〇六)、馬料条(五〇七)。諸司禄条が二月・八月一〇日禄文上申の儀を朝堂で行われる儀として記述していることは、「直度二馳道一」「若於二曹司庁一即亦准二此儀一」という字句により明らかである。したがって、この条文中の「左弁官版位」(五〇六、2行目)「太政官前版位」「後版位」(ともに五〇六、3行目)は朝堂の版位を指すことになる。また、馬料条において、一月・七月一〇日馬料文上申の儀の記述に見える「左弁官版位」「太政官版位」(ともに五〇七、6行目)も、「亦如二季禄儀一」というのであるから、朝堂の版位を指すことになる。なお、『延喜式』のこれらの記述に対応する『儀式』の記述は、同書の二月一〇日申春夏季禄儀(二〇七―二〇八)、正月二二日賜馬料儀(二〇四―二〇五)に見える。『儀式』では、禄文上申の儀を行う場所を朝堂、曹司のいずれとも明示していない(もっとも、二月一〇日は朝堂の座に着かない建前の日である)。また、馬料文上申の儀について、本文は太政官庁で行うように記し、割書は朝堂で行う建前で記すという不統一が見られる。すくなくともこれらの儀の記述に関する限り、『儀式』よりも、時代の降る『延喜式』の方がかえって朝堂尊重主義に徹しているのは、それぞれの時代の現実を反映したというよりも、むしろ、編者の意識の相違によるものと考えられる。

(45)　本文史料⑾。

(46)　少納言、左弁官、右弁官はおのおの独自の版を持つ、判事は独自の版を持たず、刑部省の版を使った、と仮定して試算した。判事が独自の版を持たなかったことは『延喜式』刑部省、告罪名条(七二二)により推定した。

(47)　『延喜式』弾正台(九〇六)。

(48)　『儀式』朝堂儀(二一〇)、『延喜式』式部下、朝堂座条、申政条(ともに四七〇)。

(49)　『儀式』(一四七)。

(50)　註(47)に同じ。

(51)　たとえば『延喜式』式部下、考問条(五〇八―五〇九)。この条文によると、諸司諸家畿内から進められた官人の考選文について、一〇月七日、式部省が考問を行う。朝堂院の南廊会昌門以西に待機した諸司の代表を、式部省が順次呼び出して考問を行うのであるが、呼び出された諸司の代表は、いったん、版位に就いてのち、昇って座に着く。『延喜式』はいずれの堂の版位とも明記しないが、修式堂にある式部省の版位であると推定する。

(52)　『内裏式』元正受群臣朝賀式(二六)、『儀式』元正朝賀儀(一五五)。

(53)　本文引用史料は『儀式』(一六三)。このほか『内裏式』元会(一九)、七日会式(二二)、『儀式』践祚大嘗祭儀下、午の日の儀(一一二)、新嘗会儀(一四一)、正月七日儀(一七〇、一七五)、正月十六日踏歌儀(一七七―一七八)に、字句はさまざまであるが、臨時に尋常の版を置いたと受取れる記述がある。ただし『内裏式』一一月新嘗会式(五一)のみは「中務置二宣命位於尋常位北一許丈一」と、尋常の位が常置の版であるかの如き表現をとる。

(54)　『儀式』五月五日節儀(一八八)。

(55)　『江家次第』元日宴会(一四)は「常不レ撤レ之故謂二尋常版一」と記す。尋常の版＝常置の版という考えである。これに対し、中川経雅『大神宮儀式解』大神宮叢書本、後篇（一一二一）は「諸の儀式に置二尋常版位一、とあれば、その時々置く事明らけし」などの根拠を挙げ、尋常の版を含めて、すべての版位は儀式に当って臨時に置かれたと主張する。正しくは、本文に述べたように、尋常の版のなかに常置の版と臨時の版があるのである。それにしても、「尋常の版」という名称は常置の版にふさわしい名称であるのに、なぜ、臨時の版のなかにも尋常の版と呼ばれるものがあるのだろうか。これについて筆者は「尋常の版」というのはもともと常置の版に与えられた名称であったが、のちに、臨時の版のうち常置の尋常の版と似た役割を果す版に対しても、この名称が拡大適用されたのであろうと考えている。臨時の版でありながら尋常の版と呼ばれるものの用途を検してみると、受命者、奏上者の就く版であって、儀式のなかで内裏その他の尋常の版と同じ役割を果している。

(56)『儀式』太政官曹司庁叙任郡領儀（二一八）ほか頻出。

(57)『儀式』四月一五日授成選位記儀（二一六）。

(58)『儀式』二月一一日列見成選主典已上儀（二〇六）ほか頻出。この儀の記述のなかで、前版のことを「一の版位」（二〇六、13行目割書）とも呼んでいる。とすれば、後版を「二の版位」とも呼んだのであろう。

(59) いずれも『儀式』等に見える。

(60)『日本三代実録』貞観一三年六月一七日、同一五年一一月三日。

(61)『西宮記』外記政（第二巻、一〇）「少納言一人、弁二人、外記一人、史三人、着二深沓一、入レ自二中門一立二庭中一、上卿召寸、少納言弁称唯、次外記史称唯、一々着床子」。『北山抄』外記政（四七五）、「少納言一人弁二人外記一人史三人入レ自二廊西戸一、列二立庭中版位一、立定、上卿宣喚、五位同音称唯訖、六位又称唯、各着座畢」。

(62) 式の類は、どの版が曹司常置の版であるかを明記しているわけではないが、①曹司での儀に使われる版であること、②儀式次第のなかで臨時に置くことが明記されていない版であること、以上三点を目やすとすれば、式の類にあらわれる多くの版位のなかから曹司常置の版と推定されるものを選び出すことができる。

(63)『延喜式』神祇三臨時祭、負幸条に見える「版位」（六七）。

(64)『儀式』正月二二日賜馬料儀に見える「左弁官版」(二〇四、9行目)。
(65)『延喜式』中務省、上表条に見える「版位」(三五一、12行目)。
(66)『延喜式』式部下、試貢人条に見える「版位」「後版位」(ともに五一〇、5行目)。
(67)『儀式』鎮魂祭儀に見える「版」「版位」(一三九―一四〇)。
(68)『儀式』三月一日於皷吹司試生等儀に見える「版位」(二一一、3行目)、「版」(二一二、2行目)。
(69)儀制令元日国司条。
(70)『皇太神宮儀式帳』群書類従、経済雑誌社本、第一輯(三四以下)、『止由気宮儀式帳』同上刊本、第一輯(六九以下)に頻出。福山敏男「伊勢神宮の八重榊」(『日本建築史研究』一九六八年)に神宮の版位についての考証がある。
(71)『西宮記』伊勢使(第二巻、三一二)、『江家次第』伊勢公卿勅使(三六七)。
(72)この官衙ブロックのある場所は、もともと緩かな傾斜地であって、宮造営の際に、二回にわたって盛土による整地が行われている。問題の官衙ブロックは第二回目の整地面にあるので、その年代は、平城宮全体の創建当初にまで遡り得ないことは確かである。この官衙ブロックに多用されている軒丸瓦六一三五Aと軒平瓦六六八八は編年的位置づけがむつかしいけれども、その造りから見て、奈良時代の後半に降るものではない。森郁夫『奈良国立文化財研究所基準資料』Ⅱ・瓦編2(一九七五年)は、これらの瓦を平城宮瓦編年の第Ⅱ期(養老五年―天平一一年)に編入する。
(73)橿原考古学研究所編『壁画古墳高松塚―調査中間報告』一九七二年。同書はこの切石について「一応、墓碑の台石・拝石・石榻の位置表示、等々のことが考えられる」(三四)と記す。
(74)金子裕之「石のカラト古墳の調査」『奈良山』Ⅲ、奈良県教育委員会、一九七九年。同書はこの礫敷を「墓道を埋める直前に行った墓前祭祀に関連した施設」(九)と見ている。なお、福山敏男氏の教示によると、伊勢神宮には、祭の際に神職が座する方形の礫敷があるとのことである。石のカラト古墳の礫敷も、これと同様な使われ方をするもので、版位のようにその前に人が就くものではないかもしれない。
(75)『飛鳥時代の古墳』奈良国立文化財研究所飛鳥資料館、一九七九年(五〇)。

図a　版に就く官人の墨画

＊　版位資料補遺

1　画像資料の発見

私は「古代の文献に見える「版位」とその実物」を、各地で宮殿・官衙の調査を担当している研究者に向けての「手配書」のつもりで書いた。版位の実物の残欠なり据付痕跡の検出に留意してみようという呼びかけである。もとより実現のむつかしい目標であるので、すぐに成果が出ることは期待していなかった。予想どおり、今日に至るまでこの線にそった朗報は私の手元にとどいていない。要所を精査してみたが痕跡は見当たらなかったという知らせをわずかに受けただけである。

ところがその後、平城京跡の既出土品のなかに、版位に就く人物の墨画が含まれていることがわかった。これは日本古代の版位に関する最初の画像資料の発見であり、版位に関しても画像資料のあり得る可能性を示すものであった。

図 b　昌慶宮明政殿．前庭の品階石（『韓国の古宮建築』p. 190）

発見場所は平城京の左京、二条大路の路肩に掘ったゴミ捨て穴（ＳＤ五三〇〇）に大量の木屑とともに捨てられていた。ゴミ捨て穴から大路をはさんだ向い側は長屋王邸（左京三条二坊１・２・７・８坪）に当るが、王邸とゴミ捨て穴との関係はさだかではない。

墨画は曲物の底板の廃材をキャンバスとして使っている。板は両面とも多くの墨画と習書で埋めつくされている。その墨画の一つが問題の男性の全身像である。

この男性は頭に冠帽を被り、両手で笏を持った官人風の装束をし、恭敬の意を表するかのように、やや腰をかがめて立つ。その足先には箱状の小さな立方形の物体がえがかれている（図ａ）。

箱状の物体は発見当時しばらくのあいだ性格不明とされていたが、これを最初に版位であると見抜いたのは服装史の研究者武田佐知子である。武田はさらにつづけて描かれた版位が日本風の厚みのある形状をしていることを根拠として、墨画は外国から伝来した粉本の模写ではなく、当時の日本の実態をえがいたものであろうと推定している。武田の慧眼に敬意を表し、その所説を支持したい。

墨画の年代は伴出の墨書土器や木簡の年紀と年輪年代学的データから七三五（天平七）年頃と推定されている。この年代は、墨画の官人が持つ笏の日本への導入の時期とも矛盾しない。

現代人は「版に就いて奏上」という古代の文献の文言に接する時、どのような姿勢を思いうかべるであろうか。スポーツ大会の宣誓式を連想して直立不動の姿勢を考える人も多いのではないだろうか。しかし実際にはこの墨画のようなかしこまった姿勢がとられたのである。そういうことがいろいろ推測できるだけでも画像資料の発見は意味がある。

2　中国近隣諸国における版位の実物資料

版位の制は日本ばかりでなく中国の近隣諸国にも受入れられている。その実態を示す考古学的資料はまことに乏しいが、まったくないわけではない。次に同学の士の教示を得て私が知り得た資料を列挙しておく。

渤海国（七一三―九二六）　中国黒竜江省の渤海上京竜泉府遺跡から出土した塼製版位の残欠が遼寧省博物館に展示されていたことがあったという。表面に「国位」の刻字が読めるので、官人が序列順に列立する際の目じるしとして作られたものと考えられる（西谷正教示）。

朝鮮王朝（一三九二―一九一〇）　韓国ソウル市にある景福宮その他の王朝時代の古宮には、正殿の前庭に群臣列立の目じるしとして位階を刻した石製の「品階石」を設置したものがある（坪井清足、西谷正それぞれ教示）。

ソウルの悦話堂が刊行した『韓国の古宮建築（合本）』（一九八八年）には、宮殿の前景に品階石を写しこんだ鮮明な写真（図b）が収められている。ただし戦乱や災害による破壊に加えて、日本統治時代に改変を受けているため、品階石設置当初の姿や現在にいたる沿革を知ることは容易ではない。

グエン（阮）王朝（一八〇二―一九四五）　グエン朝はベトナム最後の王朝である。古都フエ市に残る王宮の正殿（太和殿）の前庭には群臣列立のための位次の版が今も保存されている（西谷正教示）。中国にはじまって近隣諸国に受入れられて二〇世紀にまで生きのびた版位の制の最後の残英をここに見ることができる。

以上が私の知り得た中国近隣諸国出土の版位に関する実物資料のすべてである。いかなる理由によるのか、おそらくは私の捜索が不十分なためであろう、版位の制を生み出した中国中原地域からの発見例を知らない。我々が最も関心を持つのは版位の制の生成期の過程であるが、以上の資料からそれを知ることは難しい。ただし、版位の制が最大限に拡大した範囲と、最後に消滅した年代をおおまかに知ることはできる。

第一〇章　考古学とはどんな学問か

一　考古学の定義

取り扱う時代

考古学に関心をもっているが体系的な勉強はしたことがないという人々に、考古学の定義について質問をすると、たいてい、「原始時代のことを研究する学問である」とか、「大昔の遺跡や遺物を研究する学問である」という類の答が返ってくる。当たらずとも遠からずの答であるが、現在の日本の研究者が考えている考古学の定義との間には若干のズレがある。まず、このズレを修正することからはじめよう。

考古学の定義について世界中の考古学者の間に完全な意見の一致があるわけではないが、最大公約数に近いものをとると、

考古学とは過去の人類の物質的遺物を資料として人類の過去を研究する学問である。

ということになる。これは日本における考古学方法論の古典的名著、浜田耕作『通論考古学』に記された定義を口語に書き改めたものである。

この定義を、先に述べた専門家以外の人の下す定義と比較してみると、「原始時代」とか「大昔」というような時代を限る言葉が入っていないことに気づくだろう。あるのはただ「人類の過去」という、はなはだ漠然とした言葉だけである。現実の考古学的な研究活動が原始・古代に集中しているので、考古学は古い時代のことを研究する学問だと思われがちであるが、理論的にはそのような制限はない。考古学が取り扱う時代は、人類が地球上に出現してから、現在のこの瞬間にいたるすべての時代にまたがるのである。事実、ヨーロッパでは産業革命期を取り扱う産業考古学という分野が開拓されつつあるし、日本でも江戸時代の陶磁窯跡はいうに及ばず、明治時代につくられた北海道の官営工場のような新しい遺跡さえ発掘の対象になっている。

取り扱う資料

アメリカでは、考古学を人類学の一部門として位置づけている。しかし、日本をはじめ多くの国々では、考古学を歴史学の一部門とする考えが主流を占めており、本書(『新版 日本考古学を学ぶ』1、有斐閣、一九八八年)もまた、この立場に立って書かれている。考古学が歴史学の一部門であり、しかも、取り扱う時代に制限がないとすれば、なにによって考古学は他の歴史学の部門と区別されるのであろうか。それは、取り扱う資料の種類によって区別されるのである。歴史学の資料としてよく使われるのは文献資料である。また、言語や地名、風俗習慣、芸能などの民間伝承も歴史の資料として活用できる。しかし、考古学が使うのはこの種の資料ではない。考古学がもっぱら用いるのは物質的資料であり、そのことによって考古学は他の歴史学の諸部門と区別されている。

ここで物質的資料というのは、物質の上に残された人間活動のすべての痕跡を指す。この中には多種多様なものが含まれている。代表的なものは、土器・石器・家・水田・墓など、人間の積極的な意図によって製作されたものである。その他、石器製作の際に生じる石屑、ごみ捨て場から発見される貝殻や獣骨など、人間の生活にともなって生じる種々の残滓、また、人間が無意識的に残した足跡や車のわだちにいたるまでが考古学の資料となる。

考古学者がこれらの資料を利用する場合、資料の形態だけを問題にするのではない。材質や色などを含めた広義の形態のほかに、考古学者が着眼するのは、その物が占めていた空間的位置関係である。どの集落跡から発見されたかというようなおおまかな位置関係ばかりでなく、竪穴住居跡の床面から発見されたか、住居が廃絶したのち流れこんだ土の中から発見されたかというような微細な位置関係も問題になる。位置関係のデータを欠いた資料は、それがいかに美術品として、骨董品として価値があろうと、考古学的な研究には役立たない。

形態と位置関係という二つの基本的な着眼点をはっきりさせるため、現在の日本の考古学では遺物・遺構・遺跡という概念を使う。遺物とは土器・石器のようなもともと可動的な人工物であり、遺構とは住居・窯・古墳のように人間が大地につくりつけたものである。遺跡の定義はまだ浮動しているが、筆者は、過去の人間の活動を反映した位置関係を保っている遺物や遺構の総体を遺跡とよぶことにしている。遺跡を構成している遺物や遺構は移動可能であるが、遺物や遺構を動かしたとたんに、遺跡が保っていた位置関係は解体され、遺跡は破壊されたことになる。

考古学の形成

原始・古代の遺物を集め研究することは古くからおこなわれていた。ヨーロッパではルネッサンスの時代に、古代ギリシア・ローマの遺物の収集が盛んにおこなわれた。中国ではすでに宋代に『考古図』『博古図』など、青銅器を中心とした古代遺物の図録が編纂されている。日本でも江戸時代になると、遺物の収集、一括出土品の記録作成や、勤王思想と結びついた天皇陵の探索がおこなわれた。しかし、これらの研究は考古学の萌芽ではあっても、本格的な考古学的研究とはいい難い。なぜならば、文献的研究と考古学的研究は未分化の状態にあり、物質資料だけで歴史を再構成しようという考古学的研究法はまだ自覚されていなかったからである。

本格的な考古学的研究法を実践した最初の研究者は、一般にドイツ人のヴィンケルマン(一七一七〜六八年)であると見なされている。彼の研究は作品に即したギリシア・ローマ彫刻の歴史である。しかし、現在の考古学はヴィンケルマンから一直線に発展しきたったものではない。彼の研究は現在でいう古典考古学の分野に属するのであって、これ以外にもいくつかの特殊分野の研究がおこなわれていた。エジプトやメソポタミアの古代文明の研究、北欧や中・西欧の先史時代文化の研究がそれである。これらの諸研究は、当初、たがいに関連なくはじまったのであるが、オリエントの文明も、ギリシア・ローマの文明も、その前段階として先史時代の文化をもっていたこと、オリエントとヨーロッパの間に文化的交渉のあったことが明らかにされるにつれ、当初、分散的にはじまった諸研究分野を包括して、地域や時代に限定されない(一般)考古学という概念が成立するにいたった。その時期はおよそ一九世紀の終わりころである。

日本の近代的考古学は、江戸時代の古物研究から直接発展したのではなく、明治の初期に欧米から移植されたものである。一八七七(明治一〇)年にアメリカ人モースが大森貝塚でおこなった発掘が、日本における最初の科学的発掘調査であり、この年をもって日本の科学的考古学が発足したと見なされている。

二　考古学はなぜ必要か

文献のない時代がある

歴史をなぜ研究しなければならないかということは、ここで述べるにはあまりにも大きすぎる問題である。それは自明の前提として、ここでは歴史学の中で、なぜ考古学的な研究が必要とされるかについて述べよう。

文献資料はいろいろの欠陥をもっているものの、歴史の資料としてはもっとも利用しやすい。しかし、当然のことながら、文献が存在するのは文字の発明以後の時代に限られる。文献の出現の早いオリエントでさえ、それは六〇〇〇年前をさかのぼらない。一方、放射性元素による年代測定の結果を信じれば、地球上での人類の出現は三〇〇万年前にさかのぼる。人類の初現期から文字の発明までの間には、長い長い文献資料の空白期間があった。この記録出現以前の時代にさかのぼって人類の歴史を明らかにするためには物質的資料を頼りにせざるをえない。これがおそらく考古学が必要とされる最大の理由であろう。

もちろん、考古学的な資料以外にも、言語や民族学的事実から、ある程度、文献出現以前の歴史を知ることはできる。しかし、それは後の時代の資料から、つまり変形してしまったものから、もとの形を推測しているのである。それに対し考古学は、人類の歴史のあらゆる時代にわたって同時代の資料をもちうるという特長を備えている。

文献出現以前の時代がいかに悠遠であっても、人類の歴史の中でさほど重要な意味をもたないという意見もあるかもしれない。だが、この評価は誤りである。文献出現以前の時代こそ、人間が他の動物とほとんど変わらない状態から徐々に脱却してきた時代である。自然界における人間の位置を正しく認識し、現代文明の行く手を考えるためには、先記録時代の研究を欠かすことはできない。

文献に記録されないことがある

それでは、考古学の主たる任務は先記録時代の研究にあるのかというと、そうではない。文献資料が豊富ないわゆる歴史時代についても、考古学でなければ明らかにできないことがある。

文献には必ずしもその時代のすべてのことが記録されているわけではない。種々雑多な現象の中から当時の人々が記録する必要があると認めた事柄だけが選別され、書き記されるのである。したがって、異常な事柄は記録に残りやすいが、ごくあたりまえの日常くり返される事柄は文献に残りにくい。

古代の朝廷では毎月一日に、告朔《こうさく》という月例の事務報告がおこなわれていた。この行事に関する最古の文献は、六七六(天武天皇五)年九月一日に雨のため告朔を中止したという『日本書紀』の記事である。もし、この日、雨という異常事態がおこらず、告朔が恒例どおりおこなわれていたとしたら、正史にはなにも記録されず、この行事が天武朝にさかのぼるという証拠は残らなかったかもしれない。宮廷のことでもこのようなありさまであるから、まして、古代の庶民がどのような家に住み、毎日なにを食べていたかというようなことは記録に残りにくい。考古学は、このような記録に残りにくい生活分野の復原に大きな力を発揮することができる。

日本の原始時代には竪穴住居が一般におこなわれていた。日本の庶民がいつから竪穴住居に住むことをやめ、地上に垂直の壁をもつ家屋に住みはじめたかを調べてみると、この風はおよそ飛鳥時代に畿内ではじまり、何百年かをついやして地方に波及している。ここで注意しなければならないのは、この庶民の生活水準の向上と受けとられる現象が、律令制の成立期にはじまっていることである。つまりこのことは、律令制がかつて考えられていたような権力側の一方的な搾取強化の制度ではなく、庶民の力の向上に対する権力側の対応策であることを示している。これは文献資料からでも推測できることであるが、考古学的な研究の成果を重ね合わせることにより、いっそう的確な判断をうることができる。

古代中世における商品流通の実態というような、当時の人々でも全貌を把握することが困難であり、記録に残りにくい事柄でも、特定の品目については、考古学の側からの究明が可能である。最近、古代末期や中世の村落跡の発掘がすすんだ結果、この時代に中国から輸入された陶磁器が一般の村落にまでもちこまれており、遠くは北海道のアイヌ村落にまで元代の青磁がもたらされていることがわかった。中世の西日本に窯業が発達しなかったのは、輸入陶磁が容易に入手できたからであろうとさえいわれている。一方、中世における国産陶磁の流通状況の追跡もおこなわれており、愛知県の常滑《とこなめ》産の陶磁が瀬戸内海沿岸に多量にもたらされていることがわかった。要するに、これらの商品流通の実態は、文献資料から考えられていた常識を越えるものであり、改めて文献史学者に考古学的研究の必要性を認識させることになった。

考古学による文献の批判

考古学は文献に記録されない事実を明らかにするばかりでなく、すすんで文献の信頼性を批判する役割をはたすことができる。文献は人間によって書かれるのであるから、記事の中には筆者の思いちがいや創作、意識的無意識的な事実の歪曲が入りこむ余地がある。これは『古事記』『日本書紀』の場合を考えてみれば明らかであろう。文献資料に必然的につきまとう事実の歪曲も、それ自身一つの歴史的事実であるが、その背後にあるわれわれが本当に知りたい歴史的事実を見ぬくには、それ相当の手続を必要とする。文献史学者は、文献資料の筆者というフィルターを通してしか歴史的事実にせまりえないという宿命を負っている。これに対し、考古学が取り扱う物質的資料は、歴史的事実の直接の痕跡である。文献資料と物質資料のちがいは、まさに、犯罪捜査における自白と、物的証拠とのちがいに相当する。考古学は物的な証拠を用い、文献という一種の自白について、信頼性をチェックすることができる。

たとえば、『日本書紀』の「垂仁紀」には、皇后日葉酢媛命《ひばすひめのみこと》が死んだ時、殉死の風習をやめ、かわりに土で人馬や種々の物の形をつくって墓に立てた。これが埴輪のはじまりであると記してある。この埴輪起源説話が歴史的事実であるならば、人物の埴輪は、埴輪の発展の最初の段階からなければならないが、考古学的研究の結果では、埴輪円筒や器材埴輪が先に出現し、人物埴輪の出現はかえっておくれることがわかっている。したがって、『日本書紀』の埴輪起源説話は後人の創作であると判断されるのである。これは、文献の信頼性が否定された例であるが、逆に、疑われていた文献の信頼性が考古学的研究によって保証される場合もあり、また、伝説がどの程度、歴史的事実を反映しているか判断できる場合もある。

三　考古学のむつかしさ

資料の少ないこと

むつかしくない学問などは、およそ存在しないだろう。だが、学問ごとにむつかしさの質が違っている。ここでは、考古学特有のむつかしさを、考古学と近い関係にある文献史学と比較しながら説明しておきたい。

過去の人間が残した活動の痕跡のうち、腐朽しないで、また、後の時代に破壊されることもなく、現代にまで残りうるものはわずかである。考古学の研究者は、そうした零細な資料から過去の人間の全生活を復原しなければならない。しかし、資料の少ないことを考古学特有のむつかしさとして強調しすぎてはいけない。文献資料の場合でも、古い時代の資料、たとえば、飛鳥時代の文献などは、いくらも残っていない。資料の少なさという点では、文献史学者の中にも考古学者と似た条件を背負っている人々がいるのである。考古学特有のむつかしさとしては、むしろ、つぎに述べるような、資料の性質に由来するむつかしさを強調したい。

生の痕跡

文献はもともと情報を蓄え、伝達するために書かれたものであるから、歴史の情報源としても利用しやすい。文献の内容はすでに筆者によって概念の形に整理され、言葉で表現されている。これに対し、考古学の資料は、なんらの整理をも経ていない人間活動の生《なま》の痕跡である。考古学者は、まず、生の痕跡を概念的に認識し、それを言葉で表現することからはじめなければならない。

生の痕跡を分析的に認識することは意外にむつかしい。これを漫然と見ればつかみどころがなく、機械的に分析すれば無数の要素に分かれて、生きたイメージは失われてしまう。実際のところ、完全な事実の記述というものはありえない。その証拠に、考古学の世界では、新しい着眼点から研究を進めようとすると、それまでの事実報告書が、全く役に立たなくなってしまうことが、しばしばある。

一例をあげよう。佐原真は、弥生土器のあるものが回転する台の上でつくられたことを立証しようとして、土器をめぐって描かれている線が、左廻りに描かれているか、右廻りに描かれているかを問題にした。線を描いた方向をつきとめるには、線を描いた工具によって土器の胎土に含まれている砂粒がどちらの方向に移動しているか、その痕跡を見ればよいことに気づいたが、既刊の報告書には、そのようなことは全く記載されていなかったので、同氏はこの研究を完成するために、各地の弥生土器の実物を観察してまわらねばならなかった。土器面で砂が動いた痕跡などは、漫然と土器を見ていたのでは意識に上らない。この線がどちらの方向に描かれているかという問いかけがあって、はじめて的確に認識できる。生の資料からどれだけのことを認識できるかは、実は、観察者の物に対する問いかけ方にかかっている。問いかけは無限にありうるので、将来提出されるであろうあらゆる問いかけに答えうるような、完璧な事実報告書をつくることは不可能である。

このような事情があるので、考古学の研究者は、しばしば原資料を再点検する必要にせまられる。原資料が博物館にある遺物の場合は、そこに出向きさえすれば実物に接することができる。これは文献の場合と同様である。しかし、考古学の資料の中には再点検の不可能なものがある。それは、遺跡における空間的な位置関係である。どの位置関係を記録するかは発掘現場における調査者の判断にかかっており、調査者が記録しておかなかった位置関係は、発掘によって解体されてしまえば再点検の方法がない。このように、考古学の研究作業の中には、一発勝負的な場面が含まれているのであって、このことがまた、考古学の研究をいちじるしくむつかしいものにしている。

物質資料の限界

考古学のむつかしさは、物質資料が運びうる情報の質とも関係がある。物質資料は人間の物質に関する行為の痕跡である。したがって、物質資料から第一次的に取り出せるのは、生産消費というような物質にかかわる生活分野の情報である。それをさらに処理することによって、生産消費活動の動機となった精神の働きや、生産消費活動を規制した社会的制度を復原できるが、それは間接的に可能なだけである。物質に直接の痕跡を残さない生活分野にわけ入ろうとする時、考古学の研究者は靴をへだてて痒きを掻くような焦燥感を味わされる。

抽象的な概念を運ぶことができないということも、物質資料の決定的な弱点である。寺院跡の調査によって、ある宗教の興亡、伝播、教団組織の変遷までは推定できても、宗教の教義そのものを知ることは至難の業である。固有名詞を運べないということも物質資料の弱点である。考古学者は、遺物の上に印された製作者や所有者を示すマークを手掛りにしたり、製品の上にあらわれた工人の癖を手掛りにしたりして、個人の行動をつかもうと努力するが、文献を資料とした場合のように明確に個人の行動を跡づけることはできない。結局、考古学が明らかにできるのは、主として集団の歴史に限られることになる。

このように、考古学の資料はさまざまな弱点をもっているので、一つの歴史的事実を明らかにするためにも、きわめてまわりくどい資料操作をくり返さなければならないが、それを乗り越えてえられた結論は、物的証拠に裏づけられた結論として、文献資料の研究成果とはちがった強さをそなえている。

〔参考文献〕

浜田耕作『通論考古学』大鐙閣、一九二二年(復刻版　雄山閣出版、一九八四年)。

V・G・チャイルド著『考古学の方法』改訂新版、近藤義郎訳、河出書房新社、一九八一年。

V・G・チャイルド著『考古学とは何か』近藤義郎訳、岩波新書、一九六九年。

近藤義郎「原始史料論」『岩波講座日本歴史25 別巻2　日本史研究の方法』一九七六年。

H・J・エガース著『考古学研究入門』田中琢・佐原真訳、岩波書店、一九八一年。

藤本強『考古学を考える—方法論的展望と課題』雄山閣出版、一九八五年。

『岩波講座　日本考古学』全九巻、岩波書店、一九八五〜八六年。

鈴木公雄『考古学入門』東京大学出版会、一九八八年。

第一一章　戦後五〇年の日本考古学をふりかえる

一　戦中から戦後へ

敗戦と研究者の意識

一九四五年八月、アジア・太平洋戦争の終結にともない、日本の考古学は皇国史観の重圧から解放され、研究の自由を手にした。その前年の秋、考古学を専攻する大学一年生となっていた私が戦争終結のニュースを聞いて感じたのは、これから自由に研究ができるという無限の解放感であった。

敗戦に先立つ一九三〇年代、日本考古学は縄文時代が狩猟採集の時代、弥生時代が初期農耕の時代であることに気付き、この食料獲得手段の転換が日本歴史の大きな画期であるという認識に到達していた。この認識を一歩延長すれば、「大和朝廷の成立」、あるいは「国家の成立」というテーマが研究の視野に入ってくるはずであったが、そのような研究は皇国史観との真正面からの対決を意味していたので、研究者によって回避された。研究者の大部分は、資料の相対的編年研究など、皇国史観に直接抵触しない実証的な研究にテーマを絞り、身を護ろうとした。ただ、和島誠一氏等少数の研究者は、『日本歴史教程』一九三六、三七年に「科学的歴史学」の立場から原始・古代の通史を発表したが、この動きは弾圧によって挫折した。

外には沈黙を守っても、頭の中のシミュレーションは自由である。戦争中の考古学研究者はこの最低の自由さえも十分に行使しなかったようである。敗戦直後の一時期、考古学は真実の歴史を解明できる学問として、文献古代史家の大きな期待を集めたことがあった。しかし、その期待はまもなく失望に変わった。考古学研究者の側に文献史家の問題関心に十分に応えられるだけの研究の蓄積がなかったからである。

日本の考古学者の意識は、敗戦によっても全く変わらなかったといえる。戦争中の現実回避についての反省はおろか、その自覚さえもなかった。むしろ、自らも皇国史観の被害者であると考え、考古学者の中に皇国史観に迎合して学説を曲げた人がほとんどいなかったことを誇りとさえする風があった。後年、近藤義郎「戦後日本考古学の反省と課題」(考古学研究会『日本考古学の諸問題』一九六四年)は、以上のような戦中の考古学者の現実社会に対する消極的な態度を痛烈に批判し、その学風が紀元節問題、教科書問題に対する考古学研究者の消極的な態度につながっていると指摘している。

歴史学の一分野としての自覚

敗戦後の考古学界には明るいニュースが続いた。一九四七年から静岡県登呂の大発掘が開始され、それを契機として、翌四八年、日本考古学協会が設立された。四九年には群馬県岩宿遺跡の発掘によって、日本の考古学が長年探し求めていた旧石器時代の存在が確認されるという、輝かしい成果が得られた。また、近畿地方では敗戦まで事実上禁止に近い状態にあった古墳の発掘が可能となり、いくつかの前期・中期の前方後円墳の発掘が行われた。これらの発掘の成果はマスコミによって大きく報道され、市民に考古学という学問の存在を印象づけた。

しかしながら当時の日本考古学は、これらの華々しい調査の成果を総括して一つの体系的な歴史叙述にまで高めるには、まだ力が不足していた。研究者が最も熱中していたのは戦前・戦中と同じく土器の編年研究であった。そのような研究の状況に対して、研究者の若い層から「考古学は歴史学であるべきだ」という主張が起こったのは、むしろ当然のことであった。

当時の若い世代の意識を象徴するものに「文献史学」という言葉があった。現在の考古学研究者が日常会話の中で何気なく使っているこの言葉は、もともとは考古学概論の講義のような改まった席でのみ使われる言葉であった。「文献史学」という言葉が若い考古学研究者の日常会話で使われるようになったのは一九五〇年代の前半である。彼らが口にするこの言葉の中には、考古学は広義の歴史学の中で文献史学と並び立つ独立の一分科であるという主張と、考古学の研究水準を文献史学と同等の位置にまで高めたいという志が込められていた。

この言葉は当の文献史学の研究者にとって快いものではなかったので、文献史学者が自らの学問を「文献史学」と呼ぶことは、めったになかった。ところが、戦後五〇年を経た今日では、文献史学者と考古学者が同席する研究会、あるいは両者の共編著の中で、この言葉がごく自然に文献史学者からも使われるようになってきた。一方、考古学の側からも、「考古学は歴史学の補助学ではない」というような肩肘を張った言説を聞くことが少なくなったのは、意識だけが先行していた一九五〇年代とは違って、考古学の研究者が自らの実績によって考古学の可能性を実感できるようになり、自らの学問に自信を深めてきたことの現れであろう。

二　埋蔵文化財問題と考古学

遺跡保存運動のはじまり

日本考古学は戦後一〇年を経るか経ない間に、新たに困難な外部環境の変化に直面することになった。日本経済の復興、ついで高度成長に伴う開発の急増に対し、考古学の研究者が自らの研究資料であり、また国民共有の文化遺産である遺跡を護るために多大のエネルギーを傾注しなければならないことになったのである。そして、その事態は今日も続いている。

最初の本格的な遺跡保存への動きは、一九五五年の大阪府イタスケ古墳の保存運動であった。遺跡の破壊が目立ちはじめ保存運動が始まった最初の頃は、文化財保護運動側も保護行政側も経験の蓄積が乏しく、個々の遺跡について当面の処置に追われていた。しかし、一九六二年に平城宮跡の保存運動が起こり、その運動の高まりの中で関東に文化財保護対策協議会、関西に関西文化財保存協議会という個別遺跡を越えた運動団体が生まれ、のち一九七〇年、両協議会を基礎に全国組織である文化財保存全国協議会が生まれ、保護運動の体制が整った。日本考古学協会も一九六五年以来、専門の委員会を置き、保護問題に大きな貢献をしている。

行政側の対応

遺跡破壊に対する国の方針は一九六四年に一応確立された。それは開発側と行政側の事前協議、原因者による費用負担、調査実施の都道府県教育委員会への委嘱を骨子とするものであった。その後、七〇年代になって発掘の許可制を含む文化財保護法の大幅改正を望む気運が高まったことがあったが、結局、抜本的改正は見送られ、部分的修正にとどまった。したがって、現在も日本の埋蔵文化財行政は、基本的には上記したいわゆる「六四年体制」の中にある。この体制の下で行われている全国の緊急発掘は、一九九六年度の一年間で一一七〇九件、そのための費用は一二九〇億円、調査員総数六一二六人に達し、諸外国からも驚きの眼で見られている。

「六四年体制」に対する批判

この体制は文化財保護運動側から大きな批判を受けている。最も根本的な批判は、この体制は遺跡の記録を作成して破壊するための実務的なルールを整備したにすぎないのであって、破壊に瀕した遺跡を救い保存する力はないという批判である。この点は文化庁自身が「次善の策」と認めているように、「最善策」でないことは明らかである。問題は現在の体制の中で事態を取り繕ってすませるか、現在の体制を一つのステップと考え、さらなる前進のための努力を怠らないかにかかっている。

調査費の原因者負担の方式は保護運動側からの批判が集まるところであるけれども、この方式すら当初から開発側に簡単に受け入れられたのではない。今日、文化財行政の先進地域において、原因者負担の方式が一つの社会的慣行として定着しつつあるのは、開発側と接触する自治体の第一線の行政担当者、その多くは考古学の研究者でもあるが、その人たちの世論をバックにした絶え間ない折衝、説得、前例の積み重ねの結果である。戦後の埋蔵文化財行政の歴史を振り返ってみると、極めて弱い法制度の下で、現実の施策が一歩も二歩も先行し、それが社会に容認されるのを待って少しずつ制度化がはかられるという経過をたどっている。埋蔵文化財行政は今後もこのような地道な努力を積み重ねつつ、機の熟すのを待って大きな改革に進むという方針をとらざるを得ないであろう。

遺跡の保護を考える場合注意すべきは、都市計画の立場、村おこし、町おこしの立場など、新しい方向から遺跡を含めた歴史環境、自然環境を活用しようとする動きが強まっていることである。住民の要望を基礎として、これを重要施策に掲げる自治体の首長も増えている。今後の遺跡保護運動は、こうした動きと結びつくことによって、大きな広がりを得ることができるであろう。

情報の洪水

すでに度々指摘されていることだが、緊急調査の激増は考古学情報の洪水をもたらした。現在、日本で年々発行されている発掘調査報告書は三千冊以上と推定される。これは恐るべき数字である。もはや一個人で全容を把握することは不可能である。日本考古学協会が多大の努力を払って年々刊行している『日本考古学年報』は情報流通のためにあるのだが、二〜三年の刊行の遅れはやむを得ないし、またすべての情報を尽くしているわけではない。

情報の洪水がもたらすものは研究テーマの細分化である。研究者は自分で洩れなく情報を集められる安全圏内にテーマを絞るので、テーマは限りなく細分化してゆく。そして、テーマの細分化に応じて研究グループの細分化が生じているのが現状である。

この状況を改善するにはコンピューターを利用した情報システムを作り上げるより他はない。以前から予告されていたが予算の関係で入力が遅れていた奈良文化財研究所の「遺跡データベース」が、一九九八年九月で、文化庁の把握する全国三七万個所の遺跡のうち約二一万個所の入力を終わったと聞く。このデータベースは非常に簡単なものであるが、全国のすべての遺跡に固有の番号を与えているので、これを利用して全国の研究機関、調査組織が分担して集めたデータを結びつけることが可能になる。作業はまだ緒についたばかりであるが、この作業を急がなければ、膨大な経費をかけて得た発掘の情報がそれを必要とする人に届かず、二〇世紀後半の緊急発掘は壮大な浪費であったということになりかねない。

三　研究視野の拡大

発掘面積の拡大

戦後における日本考古学の発展を、研究視野の拡大という切口で概観してみたい。

研究視野の拡大を最も即物的な形で示すのが、発掘面積の拡大である。発掘面積の拡大は研究課題の発展と連動している。土器の編年研究が主要課題であった時期には、二×二メートル程度のいわゆる坪掘りと称する発掘が多く行われた。発掘の目的を土器のサンプルの採取と層位関係の観察に限れば、この程度の発掘面積で十分に目的を達することができたのである。敗戦直後にもまだこの程度の発掘が数多く行われていた。

考古学の課題が単なる編年から生産や社会構造に拡大されると、広い範囲にまたがる発掘が行われるようになった。一九四七〜五〇年に水田と集落を同時に発掘した静岡県登呂の発掘はそのはじまりであって、当時としては非常に先進的な発掘であった。一九五三年の岡山県月の輪古墳の発掘は、市民の文化活動と研究者の研究活動を結合した調査として有名であるが、また古墳の全面発掘を目指し墳裾の陪葬など、部分的な発掘では見逃されたかもしれない事実を明らかにした。そしてこの頃から「部分発掘よりも全面発掘を」というスローガンが研究者の間に広がった。

取り上げる生活分野の拡大

戦前の調査では、弥生時代以前の時代については集落遺跡が主な対象であり、古墳時代については古墳が、歴史時代については寺院跡が主な調査対象であった。取り上げられる遺跡の種類の時代による偏りが、その上に立つ通史的概観をいちじるしく妨げていた。

戦後はまず水田が調査の対象となり、ついで窯跡、製塩遺跡、製鉄遺跡など生産関係の遺跡が取り上げられ、さらに都市、宮殿官衙、道路、城、墓、祭祀遺跡など、ここにその種目をあげきれないほど多様な遺跡が取り上げられて、今日では人間生活に関わるすべての資料が取り上げられるのが原則になった。ことに、トイレ遺構を判別する方法が確立され、屎尿処理、環境衛生までが研究課題に加わったのは象徴的であった。

対象とする時代範囲の拡大

日本では浜田耕作『通論考古学』(一九二二年)以来、考古学の対象とする時代に制限を設けないというのが一般の考えであった。しかし、現実に考古学が対象とする時代は、文献の全くない時代と文献の乏しい時代であると考えられ、具体的にはせいぜい奈良時代までを主な対象とした時代が長く続いた。

戦後の日本考古学に生じた最も大きな変化は、日本列島における人類の歴史のあらゆる時代を現実に研究の対象とするようになった事である。一九九五年開催の第一回「新発見考古速報展」では、宮城県上高森遺跡出土の五〇万年前と称する旧石器時代の石器[43]から、明治期の東京都新橋停車場出土の切符、駅弁用茶碗などにわたる資料が展示され、見る人に改めて日本考古学が取り扱う時代範囲の広さを感じさせた。実際には、日本考古学が対象とする時代範囲はこの展示よりも広く、最近では太平洋戦争中の沖縄の戦跡までを取り上げている。

研究の時代範囲が拡大してゆく経過は日本考古学協会編『日本考古学年報』に収録された研究動向の時代割の変化にあらわれている。まず、旧石器時代(無土器時代)が独立した時代として扱われるのが一九五〇年度からである。一方、新しい時代については、一九四九年度から古墳時代と歴史時代が分離され、一九七六年度には歴史時代が古代と中・近世に二分され、一九九〇年度にいたって中・近世が中世と近世に二分される。新しい時代についての研究情報の増加がこのような時代割の細分化を必要としたのである。

旧石器文化の確認

研究時代範囲の拡大は、旧石器時代に向かっての拡大と、歴史時代に向かっての拡大に分けて考える必要がある。日本の旧石器文化は、明治期以来探し求められていたものが確認されたのである。それまでの研究者は、日本列島に適応しすでに特殊化の方向をたどりつつあった縄文文化を最古の文化として列島の歴史を叙述しなければならなかったが、旧石器文化の確認によって列島の歴史を人類世界史に連結して叙述する可能性を手にしたのである。

歴史時代考古学の発展

戦後における歴史時代考古学の隆盛は、旧石器時代の場合と異なっている。歴史時代の研究資料はすでに以前から研究者の手に届くところにあった。歴史時代の研究の隆盛は、研究者がそれまで十分に認識していなかった資料の価値に目覚めたところから始まった。

その契機は愛知県西南麓の平安時代窯跡の調査である。この調査によってそれまで全く知られていなかった平安時代の窯跡が意外に豊富な内容を持っていることが明らかになった。さらにそれに引き続く中世古窯跡の調査、消

表　「日本考古学年報」にみる学界動向の時代割の変遷
（先土器時代・無土器時代等は旧石器時代に統一）

年　度	時　代　割						
1948		縄　文	弥　生	古　墳			
1949-		縄　文	弥　生	古　墳	歴　史		
1950-	旧石器	縄　文	弥　生	古　墳	歴　史		
1976-	旧石器	縄　文	弥　生	古　墳	古　代	中・近世	
1990-	旧石器	縄　文	弥　生	古　墳	古　代	中　世	近　世

費地における国産陶器、輸入陶磁器の流通状況の調査により、文献にはほとんどあらわれない、考古学資料によって初めて実態を知り得る広大な歴史的世界のあることが浮かび上がってきた。

歴史考古学の発展は、文献史学、歴史地理学、民俗学のような広義の歴史学に属する諸学との共同研究の可能性を開いた。現在ではこれら諸学の協業を標榜する中世都市研究会という学会さえ設立されている。

日本列島のもう二つの文化

研究の時代範囲の拡大は、一九八〇年代にいたって南島から北海道までを含む日本列島の歴史の新たな構想を産み出した。この構想の主唱者の一人、藤本強氏の『もう二つの日本文化』（一九八八年）の表現にしたがって述べよう。かつて日本列島は縄文文化として一括できる一つの狩猟採集の文化によっておおわれていた。ところが、列島の中央部にアジア大陸から農耕文化が流入し、弥生文化が成立すると、日本列島の文化は琉球列島の「南の文化」、本州群島の「中の文化」、北海道の「北の文化」の三つに分裂し、それぞれ独自の道を歩み始める。三つの文化は互いに接触しながらも自律的に発展し、またそれぞれ独自にアジア大陸との接触の道を持っていた。

最も優勢な「中の文化」はいち早く国家の形成に進む。「南の文化」も遅れて国家の形成に達するが、「北の文化」は「中の文化」に戦を挑むまでに成長するものの、挫折して国家の形成にいたらなかった。そして最終的には

「南」「北」の文化は「中の文化」の日本近代国家の傘下に組み込まれるというのである。

日本列島の歴史の道筋がいったん三叉に分岐し、その後再統一されるというこの構想はきわめて当たり前のようにも聞こえるが、改めて指摘されることによって初めて鮮明なイメージを結ぶことができる。この構想は、「南」「北」の地域の考古学的調査が「中」の地域の近世相当期に及び、そこから逆に先史時代までを見通すことによって初めて意識されたものである。

この構想は埴原和郎氏等の形質人類学的検討の結果とも整合するので、賛成する研究者も多い。

アジア大陸への視野の拡大

戦後、日本人研究者の東アジアにおける野外調査は実にきびしい制約を受けることになった。これはきわめて当然のことである。代わってアジア諸国と日本の研究者の相互訪問、共同研究が盛んとなり、互いの関係は戦前に比べて対等で、より親密なものとなった。

近年、日本の考古学は、もはや日本列島内の資料のみでは論じられないということが盛んにいわれるようになった。これは戦後のシベリアから中国、朝鮮半島、さらに東南アジアにまたがる広い地域での考古学的活動の発展に負うところが大きい。その詳細は他の論者にゆずり、ここでは「アジア大陸への視野の拡大」という項目を掲げるに留めておきたい。

関連自然科学分野との連携

戦後の日本考古学に生じた重要な変化の一つは、自然科学との連携の強化である。その兆しはすでに以前から現れていたが、一九八〇年度に「古文化財に関する保存科学と人文・自然科学」が文部省の科学研究費の特定研究領域に選ばれたことによって、動きが一気に加速した。その後、特定研究の流れを受けて設立された日本文化財科学会が研究者を結ぶ中心的な組織として活動している。日本考古学協会編『日本考古学年報』もこのような動向に応じて、研究動向の記述の中に「学際的研究」の項を設けるようになった。

取り扱われるテーマは、年代測定をはじめ、古環境の復原、分析科学を応用した物の産地推定、製作技法の研究、食生活を含む生活技術の研究、保存科学など多岐にわたり、最近では地震など災害の考古学がテーマに加えられた。これらの研究には原子物理学、分子生物学などの先端的な手法を利用するものもあるので、「ハイテク考古学」という名称も生まれた。この種の研究は外国人研究者にも理解されやすいため、日本考古学の特質の一つとして数え上げられ、高い評価を受けている。

四　日本考古学と外部理論

マルクス主義の影響

アジア太平洋戦争の終結にともない、日本考古学は国家の抑圧から解放され、原始時代から国家の成立に至る過程の解明に公然と取り組むことができるようになった。この課題に取り組む過程で日本の考古学はマルクス主義的社会発展論の影響を大きく受けている。その理由としては、第一に、戦前からの「科学的歴史学」の伝統があったこと、第二に、当時、日本考古学の手の届く範囲内で国家の成立過程を体系的に説明できる理論がそれ以外になかったこと、第三に、この理論が当時の社会的雰囲気に適合していたことが考えられる。

当時、日本考古学とマルクス主義理論の間には三つの通路があった。

第一の通路はマルクス、エンゲルスの著作である。ただし、日本の考古学者の中にはマルクス主義の古典を精読した人は多くなかった。そのためであろう、考古学研究者はマルクス主義の古典の解釈をめぐる訓詁学的な論争には参加していない。

第二は原典は読まないが、唯物史観の立場で日本の文献史学者が書いた著作を読むという通路があって、むしろこの方が第一の通路よりも太かったように思う。当時、藤間生大氏や石母田正氏などが活躍していて、特に藤間氏は考古学の資料を随分引用して、たくさんの本を書いていた。また、石母田氏は「英雄時代論」に関する有名な著作があって、前階級社会から階級社会に移行する過渡期の社会のリーダーというものは、人民の先頭に立って戦う英雄という側面と、階級的支配者という側面の二つを持っていたと論じた。そこで、日本にも英雄時代の可能性がないかどうか、石母田氏は検討してみようという問題を提起したのである。これが日本の古墳時代の研究者に大変な影響を及ぼして、前期古墳に葬られた人たちは、こうした英雄ではないかと、私たちも考えたのである。

第三の通路はイギリスの考古学者V・G・チャイルドの著作である。チャイルドには伝播論者とマルクス主義者の両側面があった。浜田耕作『東亜文明の黎明』(一九三〇年)は前者の側面の影響を受けて書かれたものである。後者の側面は採集経済から生産経済への転換を「新石器革命」と呼び、社会的分業の発展などによる都市の出現を「都市革命」と呼び、これに産業革命を加えて人類史上の三大変革とする史観にあらわれている。彼は階級闘争をあまり重視しなかったため、旧ソ連ではマルクス主義の正統派とは見なされなかったが、それだけにかえって日本の考古学研究者にはなじみやすかった。彼の著作の多くが日本語に訳されていて、彼がマルクス主義者であることを特に意識しないで引用する人も多い。

このように、マルクス主義の理論はいろいろの通路を経て、途中で変形されながらも日本の考古学界に流れ込んだ。影響の質と深さは個人によって大きな差があるが、影響の及んだ範囲は非常に広かったということができる。

しかし、マルクス主義的社会発展論を意識して書かれた本格的な研究的・通史的著作が刊行されたのは遅く、近藤義郎『前方後円墳の時代』(一九八三年)が最初のものであり、ついで都出比呂志『日本農耕社会の成立過程』(一九八九年)があるにすぎない。これらの著作とその基礎になった論文を検討してみると、日本考古学におけるこの種の研究が、既成の図式を機械的に適用した単純なものでないことが分かる。例えば近藤氏は、発掘現場で視覚的に確認できる住居のまとまりを基礎として「単位集団」という概念を構築している。これは「世帯共同体」という概念に近いので、なぜそう呼ばないのか、学界共通語を使った方が他の学説とのすり合わせに便ではないかという批判があったにもかかわらず、近藤氏は頑として「単位集団」の語を使い続けている。これなどは、可能な限り帰納的手法によって歴史を再構成したいという姿勢を伺わせるものである。また、都出氏の場合、例えば「小規模経営の先行」のようにマルクス主義の発展段階論の重要な部分を修正する提言を行っている。

マルクス主義の影響の退潮と「八宗兼学」

はっきりした画期を示すことはできないが、上記した近藤、都出両氏の著作の刊行に先立つ一九七〇年代を境として、日本考古学へのマルクス主義理論の影響は徐々に退潮の傾向をたどり始める。この問題を論じた溝口孝司氏(Koji Mizoguchi, 1997, "The reproduction of archaeological discourse: the case of Japan"(考古学的言説の再生産——日本の場合), *Journal of European Archaeology*, vol.5, No.2)の表現を借りると、それは他の理論に取って代わられる、いわゆる「パラダイム転換」という劇しい形をとらず、ゆっくりと「忘れられる」というかたちで進行した。

マルクス主義理論の影響の退潮によって生じた主導的理論の空白状態と、緊急発掘によって生じた情報の洪水の中で、限りない研究テーマの細分化が続いているのが現状である。この状態から抜け出す即効性のある特効薬は今のところ見あたらない。ただ注意されるのは、都出氏をはじめ、国家の形成過程を研究テーマとする人々の一部が、マルクス主義の批判的継承と同時に、アメリカを中心とする文化人類学の社会発展論への関心を強めつつあることである。その文化人類学との接触状況を見ると、ある一つの有効な大型理論を探し求めるというのではなく、多くの理論を比較検討する中で新たな枠組みを創出する手がかりを得ようとしているようである。世界の国家形成に関する人類学・考古学の理論を集成した植木武編『国家の形成』(一九九六年)のような編著が刊行されたのもこのような動向と関係がある。「八宗兼学」と言えば言い過ぎかもしれないが、それに近い状況が学界の一部にあらわれつつある。

マルクス主義理論が優勢であった時期においても、この理論が学界の全体をおおっていたわけではない。旧石器時代、縄文時代、あるいは宗教のような観念の世界の研究者には、民族誌を類推の拠り所として使うために、新進化主義人類学の興隆以前から文化人類学＝民族学あるいは日本民俗学に関心をよせる人が多かった。また、最近の旧石器時代、縄文時代に関する研究業績の中には、威信財、互酬関係、双系制、埋め込み理論など文化人類学に起源するキーワードを多く見かけるようになった。こうした別の方向からの文化人類学への接近と、国家形成期の研究者の動向は、将来どのように関係しあうのだろうか。現在のところ全く見通し難い。

未来を予測することは至難の業である。ここではただ現状を述べて稿を終わりたい。

補　註

［1］刷毛目研究ではその後、埴輪製作における生産組織などの分野で、本章横山の成果をもとにいくつか意欲的な試みがなされた（後掲［2］参照）。その研究の進展を跡付けながら独自な実験手法を駆使して刷毛目研究の総括と今後の可能性に積極的に取り組んだ最近時の成果に次のものがある。木立雅朗「「刷毛目」調整と工具の基礎的研究1――「刷毛目」研究の課題と「刷毛目」の役割」『立命館大学考古学論集Ⅲ－2　家根祥多さん追悼論集』二〇〇三年。

［2］その後の主な埴輪の刷毛目研究に次のものがある。藤沢敦「第5章第4節　菅沢2号墳の埴輪の生産体制」（山形市教育委員会『菅沢2号墳』一九九一年）、樫田誠『矢田野エジリ古墳』小松市教育委員会、一九九二年、犬木努a「下総型埴輪基礎考――埴輪同工品論序説」（『埴輪研究会会誌』第1号、埴輪研究会、一九九五年）、b「埴輪製作における個体内・工程別分業と種類別分業――千葉県小見川町城山1号墳出土埴輪の再検討」（同a第2号、一九九六年）。

［3］その後も、埴原和郎編『日本人の起源』（増補、朝日選書、一九九四年）、同著『日本人の成り立ち』（人文書院、一九九五年）などで指摘されている。

［4］金関恕・大阪府立弥生文化博物館編『弥生文化の成立』（角川書店、一九九五年）ではこの問題を集中的に扱っている。ただし「縄文人」に比重を置く。

［5］家根祥多は、「朝鮮無文土器から弥生土器へ」（『立命館大学考古学論集Ⅰ』一九九七年）ほか一連の論考において、後者の見解を精力的に推し進めた。

［6］佐原真らは、この板付Ⅰ式土器を遡る刻目突帯文土器（夜臼式土器）を最古の弥生土器とする（佐原真編『弥生土器』Ⅰ・Ⅱ、ニュー・サイエンス社、一九八三年）。

［7］山崎純男「弥生文化成立期における土器の編年的研究」『鏡山猛先生古稀記念古文化論攷』一九八〇年。

[8] 家根祥多は成形技法(外傾接合技法)からこの問題を追求した(「縄文土器から弥生土器へ」『縄文から弥生へ』帝塚山考古学研究所、一九八四年ほか)。

[9] 近年の成果に次のものがある。安在晧「松菊里類型の検討」『嶺南考古学』第11号、一九九二年(後藤直訳『古文化談叢』第31号、九州古文化研究会、一九九三年)、家根前掲[5]一九九七年。

[10] その後の主な研究に次のものがある。郭鐘喆「韓国慶尚道地域出土陶質土器甕の成形をめぐって――底部丸底化工程を中心に」『東アジアの考古と歴史 岡崎敬先生退官記念論集』上、同朋舎出版、一九八七年、白井克也「須恵器甕の叩き出し丸底技法と在来土器伝統――福岡市・比恵遺跡第五一次調査成果からみた工房の風景」『古文化談叢』第36号、一九九六年、望月精司「林タカヤマ窯の須恵器貯蔵具製作痕跡――七世紀前半の須恵器貯蔵具製作技術復元予察」小松市教育委員会『林タカヤマ窯』一九九九年。

[11] その後の主な研究に次のものがある。都出比呂志「畿内第五様式における土器の変革」『考古学論考』一九八二年、都出比呂志「弥生土器の製作技術2 タタキ技法」『弥生文化の研究3 弥生土器』雄山閣出版、一九八六年、西弘海「平底の土器・丸底の土器」『土器様式の成立とその背景』真陽社、一九八六年、平尾政幸「畿内の土師器甕の製作技法」『古代の土器研究――律令的土器様式の西・東4 煮炊具』古代の土器研究会、一九九六年、深澤芳樹「東海洋上の初期タタキ技法」『一色青海遺跡』自然科学・考察編、愛知県埋蔵文化財センター、一九九八年、小林正史「弥生土器のタタキ技法――タタキによる原型の変形度を中心に」『北陸古代土器研究9 須恵器貯蔵具を考えるII つぼとかめのつくり方』北陸古代土器研究会、二〇〇一年。

[12] 現在では「中世須恵器」と呼ばれることが多い(吉岡康暢『中世須恵器の研究』吉川弘文館、一九九四年)。

[13] この第一次成形の擬口縁の、乾燥を防ぐために木葉を貼付する事例が、埼玉県の南比企窯跡群などに認められる(大谷徹「V結語 2. 木葉底について」『桜山遺跡V』埼玉県埋蔵文化財調査事業団報告書第162集、一九九五年)。

[14] 石鹼形には、その後初期須恵器に伴うと考えられる例(擬格子目)が、陶邑窯の大庭寺窯跡から検出されている(『陶邑・大庭寺遺跡III』大阪府埋蔵文化財協会調査報告書第75輯、一九九三年)。

［15］その後、いまだ少数ながら各地で無文例を含めた事例が加わり、次の文献に集成されている。亀田修一「陶製無文当て具小考——播磨出合遺跡出土例の紹介をかねて」『生産と流通の考古学 横山浩一先生退官記念論文集』Ⅰ、横山浩一先生退官記念事業会、一九八九年、熊谷葉月「須恵器貯蔵具の製作過程」『シンポジウム古代の須恵器貯蔵具Ⅱ——貯蔵具の製作技術を復元する』北陸古代土器研究会、二〇〇〇年。

［16］この窪田遺跡例を含め木製当て具は、奈良国立文化財研究所『木器集成図録 原始編』(一九九三年)を基に、前掲［15］熊谷文献に集成されている。

［17］その後の出土例は、前掲［15］熊谷文献に集成されている。

［18］大甕の製作技法については、近年、望月精司による成果がある(「甕の製作痕跡と成形方法」前掲［11］『北陸古代土器研究9 須恵器貯蔵具を考えるⅡ つぼとかめのつくり方』二〇〇一年)。

［19］これに対して「フレンチホルン姿勢」の呼び方がある(前掲［10］白井文献)。

［20］前掲［18］望月文献参照。

［21］北陸の南加賀窯の事例研究では、中・小型同様に側面の叩き目が先行すると導き出されている(前掲［18］望月文献)。

［22］前掲［10］郭文献。

［23］その後この点については、土師器のもつ列島的社会関係から白井克也が説いている(前掲［10］)。

［24］植野浩三「須恵器𤭯の製作技術」『文化財學報』第1集、奈良大学文学部文化財学科、一九八二年。

［25］『老洞古窯跡群発掘調査報告書』岐阜市教育委員会、一九八一年、『各務原市史　考古・民俗編』一九八三年。

［26］大村敬通・水口富夫編『魚住古窯跡群』兵庫県文化財調査報告第19冊、一九八三年。

［27］前掲［12］吉岡文献。

［28］「車輪文叩き目」そのものではないが、その後の研究に東北地方を中心に須恵器当て具痕を取り上げた次の文献がある。高橋与右ヱ門「須恵器大甕にみられる「放射状当て具痕」について」(『紀要Ⅳ』岩手県埋蔵文化財センター、一九八四年)。

［29］その後、美濃須衛窯跡群例・計三例のうち二例(「十」)は、前掲［25］『各務原市史』で取り上げられている。渡辺博人

によれば八世紀後半と九世紀前半と考えられる(渡辺博人『美濃須衛古窯跡群資料調査報告書』各務原市教育委員会、一九八四年)。

[30] 生産年代は前掲[29]からみると八世紀代の可能性が残る。

[31] 前掲の美濃須衛窯例によって若干量が補われるほか、埼玉県南比企窯に美濃須衛窯の搬入例(「十」)が検出され、八世紀前半と考えられている(渡辺一「第3章第1節 出土遺物の検討」『鳩山窯跡群Ⅲ――工人集落編(1)』鳩山窯跡群遺跡調査会・鳩山町教育委員会、一九九一年)。

[32] 「車輪文」との接続関係は判然としないが、東北地方では九~一〇世紀に「放射状当て具痕」と呼ばれる別の展開が認められる(前掲[28]高橋文献)。

[33] 前掲[28]高橋文献に、札馬窯跡(兵庫県加古川市)の例(「放射状当て具痕」)が取り上げられている。本章の「車輪文」との関係は、前掲東北地方同様判然としないが、九世紀前半~一〇世紀前半とされているので、あるいは九世紀以降の車輪文の展開に関わるかもしれない。

[34] 前掲[25]文献『各務原市史』。

[35] 前掲[25]文献『各務原市史』には七世紀後半に遡る同心円文当て具が一例掲載されている(尾崎大平1号窯)。

[36] 群馬県下には「の」の字の当て目」と呼ばれる渦巻文状の内面叩き目が分布している(酒井清治「8 関東」(『古墳時代の研究6 土師器と須恵器』雄山閣出版、一九九一年)二一五頁)。

[37] 西健一郎編『九州大学埋蔵文化財調査報告』第3冊、一九九四年。

[38] 前掲[16]文献(奈文研、一九九三年)で木製が、また前掲[15]熊谷文献で木製・陶製当て具が集成されている。

[39] 前掲[38]の二文献に柄の長い当て具が一例掲載されている(大阪・長原遺跡、年代は六世紀前半)。

[40] 大規模な須恵器工人集落を検出した埼玉県南比企窯跡群の竪穴建物式工房の床面には硬化焼土面が多数認められ(渡辺一ほか『鳩山窯跡群Ⅲ』・『同Ⅳ』鳩山窯跡群遺跡調査会・鳩山町教育委員会、一九九一・九二年)、場合によっては焚火による乾燥に関わるかもしれない。この視点での検討が期待される。

［41］　前掲［40］。

［42］　なお近年、越前焼の大甕造りの民俗例を調査し、その系譜の歴史的意義に言及した次の文献がある（木立雅朗「大甕造りの民俗事例と須恵器の大甕」『北陸古代土器研究』第9号、二〇〇一年）。

［43］　この遺跡は捏造で、学術資料としては使用できない（日本考古学協会『前・中期旧石器問題の検証』二〇〇三年）。

あとがきにかえて

本書は著者が過去に発表した論文の中から後に残しておきたいと考えるものを選び、これに若干の追註・補遺を加えて編集した論文集である。

原則として初出論文には手を加えず、訂正は単純な誤記、誤植の範囲内にとどめた。また語句の不統一な個所があるが、読者に異同を容易に推測していただけると思われる語句については原論文どおりとして、あえて統一をはからなかった。

各章の初出時の収録書・誌は以下のとおりである。

第一章　『九州文化史研究所紀要』第23号、一九七八年
第二章　『九州文化史研究所紀要』第24号、一九七九年
第三章　『史淵』117輯、一九八〇年
第四章　『九州文化史研究所紀要』第26号、一九八一年
第五章　『森貞次郎博士古稀記念古文化論集』下、森貞次郎博士古稀記念論文集刊行会、一九八二年
第六章　『東アジアの考古と歴史　岡崎敬先生退官記念論集』下、同朋舎出版、一九八七年
第七章　『九州文化史研究所紀要』第27号、一九八二年

第八章　『九州文化史研究所紀要』第28号、一九八三年
第九章　『考古学論考　小林行雄博士古稀記念論文集』平凡社、一九八二年
第一〇章　『新版　日本考古学を学ぶ』1、有斐閣、一九八八年
第一一章　『日本考古学』第6号、日本考古学協会、一九九八年

編集作業の途中で健康を害し、作業を中断せざるを得なくなったが、友人の近藤義郎氏は岩波書店編集部の沢株正始氏に本書の刊行を推挙するとともに、数回にわたって福岡に来られ、編集作業について協力された。校正に当たっても、近藤氏に全体にわたって目を通していただいた。

さらに、I・II部については渡辺一氏(埼玉県鳩山町教育委員会)の助力を得て、たんねんな校正のうえ補註*をつけていただいた。

* 補註は、本文の行間に[1][2]……の数字で該当箇所を示し、二七九頁以下に一括して掲げた。

近藤義郎氏、渡辺一氏、また渡辺氏をご紹介くださり、III部の校正にもご助力いただいた吉村武彦氏(明治大学文学部)、さらに、岩波書店編集部の前担当者・沢株正始氏、引き継いでくださった入江仰氏等の並々ならぬお力添えのおかげで本書ができ上がった。心からお礼を申し上げたい。

二〇〇三年九月

横山浩一

■岩波オンデマンドブックス■

古代技術史攷

2003年11月14日　第1刷発行
2025年 4 月10日　オンデマンド版発行

著　者　横山浩一《よこやまこういち》

発行者　坂本政謙

発行所　株式会社 岩波書店
〒101-8002 東京都千代田区一ツ橋 2-5-5
電話案内 03-5210-4000
https://www.iwanami.co.jp/

印刷／製本・法令印刷

ISBN 978-4-00-731549-7　　Printed in Japan